JN157242

史料が語る、保科近悳の晩年

佐瀬　渉

目次

第六章　地方御家人越後表口出陣について……129

第七章　代田組　廃田再興・新田開発に関する文書……143

第十章　在所で藩主・藩士の鷹狩史料

善龍寺山門、戊辰戦役では焼失遁れる。

東京西麻布、長谷寺の九代西郷頼母近光の墓所。

院内御廟の麓に並ぶ西郷家の三代より十代墓所、墓石で一番大きいもので高さ九尺（二メートル七十センチ）もある。

はじめに

わたしは平成八年三月にどうにか現職を退き、地元会津坂下古文書研究会に所属しつゝ、町委託の諸家文書収集に参加した。

現在の会津坂下町は藩政時代の坂下組、牛沢組、青津組と野沢組の一部より構成されている。しかし、牛沢組の西部は柳津町へ、坂下組の北部は喜多方市へと編成替えが行われている。古文書の多くは藩政時代の集落の肝煎（庄屋・名主・里正）宅の所蔵文書である。更に平成十四年より町史編纂の専門員として集落の所蔵文書収集に足を運び目録造りに携わったことが何よりの楽しみであった。町内多くの諸家文書の中で佐瀬家所蔵文書に「西郷頼母近悳」が保科近悳と姓を古復した関係史料があった。それは戊辰戦役最中、八月二十三日に受難した一族の殉死後、二十六日に子息吉十郎有鄰を連れ、西郷頼母近悳は米沢、仙台より函館へ赴き、函館戦争後に江戸へ戻りかつ館林藩に幽閉された後、明治三年二月に兵部省より赦免（赦免状には南部藩一名・伊達藩二名・会津藩保科頼母）された。その後東京で過し、かつ明治四年には斗南県に連絡し伊豆半島の松崎町にて謹慎学舎という塾を開き吉十郎有鄰や妹の美越も連れてゆき、姉たよ一家も当地で暮らしていたのが安堵の時ではなかっただろうか。後添え「きみ」の勧めにより妹美越らは上京し、裁縫など教え自活する。その後明治五年学制発布により国民皆学となったことで謹申学舎は明治六年廃止となる。その頃妹の美越に鈴木真一との縁談が兄保科近悳よりあった。その後明治八年には棚倉都々古別神社の宮司に就任し、明治十一年には職を解かれたが、明治十三年には松平容保の依頼により日光東照宮の禰宜を務め、更に福島近くの霊山神社宮司を明治二十二年より務める。明治三十年一月に甥の井深梶之助、一瀬多喜衛、妹の亭主の鈴木真一ら宛てに、明治三十二年には古稀を迎えるので「会津へ退隠候外なしと覚悟致候哀れ 賢姪諸子翁が一世の願 不餓不寒三年を終り候様隠退するので・・・」と便りを認ている。本書では、それに応えて妹井深八代、一瀬幾代、鈴木美越らと甥の井深梶之助、山田重郎、井深彦三郎（井深八重の父）、佐瀬熊鉄らの会津へ退隠された伯父への便りや援助の有様を紹介したい。寂しくはあったろうが物乞いのような、貧すれば鈍する晩年ではなかった。亡くなる前年には甥の佐瀬熊鉄は衆議院議員に当選し、かつ三十三回忌の飯盛山の慰霊塔には一族による寄進の銘などがある。八握髯翁の告別式の知らせには喪主保科近一、親戚佐瀬熊鉄が記されている。以下「断簡片泉」上巻、下巻の紙片や原史料として多くの手紙などを掲載した。

更に、佐瀬家の文久二年（松平容保京都守護職就任の年）以降の史料を掲載した『会津藩家老西郷頼母近悳の遺品（佐瀬家所蔵）』により、保科近悳が古稀を迎えた晩年、霊山宮司より若松に移り住む心境と、十軒長屋に東京より妹や甥・姪らから便りがあり、暮しを支援されておられた有様を、兄上様・叔父上様宛ての便りで紹介したい。決して寂しい晩年ではなかった。養子の西郷四郎悳武は後胤ではなく、「老後の為メ承知居候所・・」と甥の井深彦三郎らに述べている。

また、保科近悳宛ての文書だけでなく、その外の諸史料も紹介したい。

栖雲院殿従七位八握髯翁大居士

善龍寺「奈与竹能碑」の裏の墓碑

保科近悳終焉の地は、沼沢屋敷跡の向かい、現在松沢宅がある場所にかつて同じような長屋があり、その奥南であった。

沼沢屋敷跡　十軒長屋　城前の酒造博物館、道路向かい

●凡例として「※註」には註釈を記述した。

地方御家人であった佐瀬家史料・遺品などを紹介したい。史料については解読と※註釈を付した。なお墓誌等については見えるように粉飾したものがあることを承知ねがいたい。あくまでも史料・資料集であり迂生の余暇の楽しみを纏めたものである。

第一章　保科近悳の晩年

西郷頼母様への便りはなく、すべて保科近悳宛便りであり、己れも保科近悳を名乗っていた。
保科近悳の晩年は決して寂しくはなかった（福島霊山神社宮司隠退後）
三人の妹たちや甥の多くと親交があった。

便りなどの紹介

禰宜保科近悳（ほしなちかのり）（旧会津藩家老 西郷頼母同人）の面影

明治十三年旧藩主松平容保侯が東照宮宮司を拝命するとともに、禰宜（権宮司相当）に就任してこれを輔けた。日光で英国人フェノロサが撮った写真（牧野登）

西郷家墓地は善龍寺に「初代保科正近・二代保科正長・十一代保科近悳と室、二十一人殉死墓碑、養子近一家納骨墓地」、院内藩主御廟の麓に「三代より十代」三代西郷頼母近房・四代近方・五代近張・六代近致・七代近義・八代近寧・九代近光・十代近思の墓碑が十五墓ほどある。外に東山温泉瀧の上墓地にもある

一、保科近悳の系譜概略

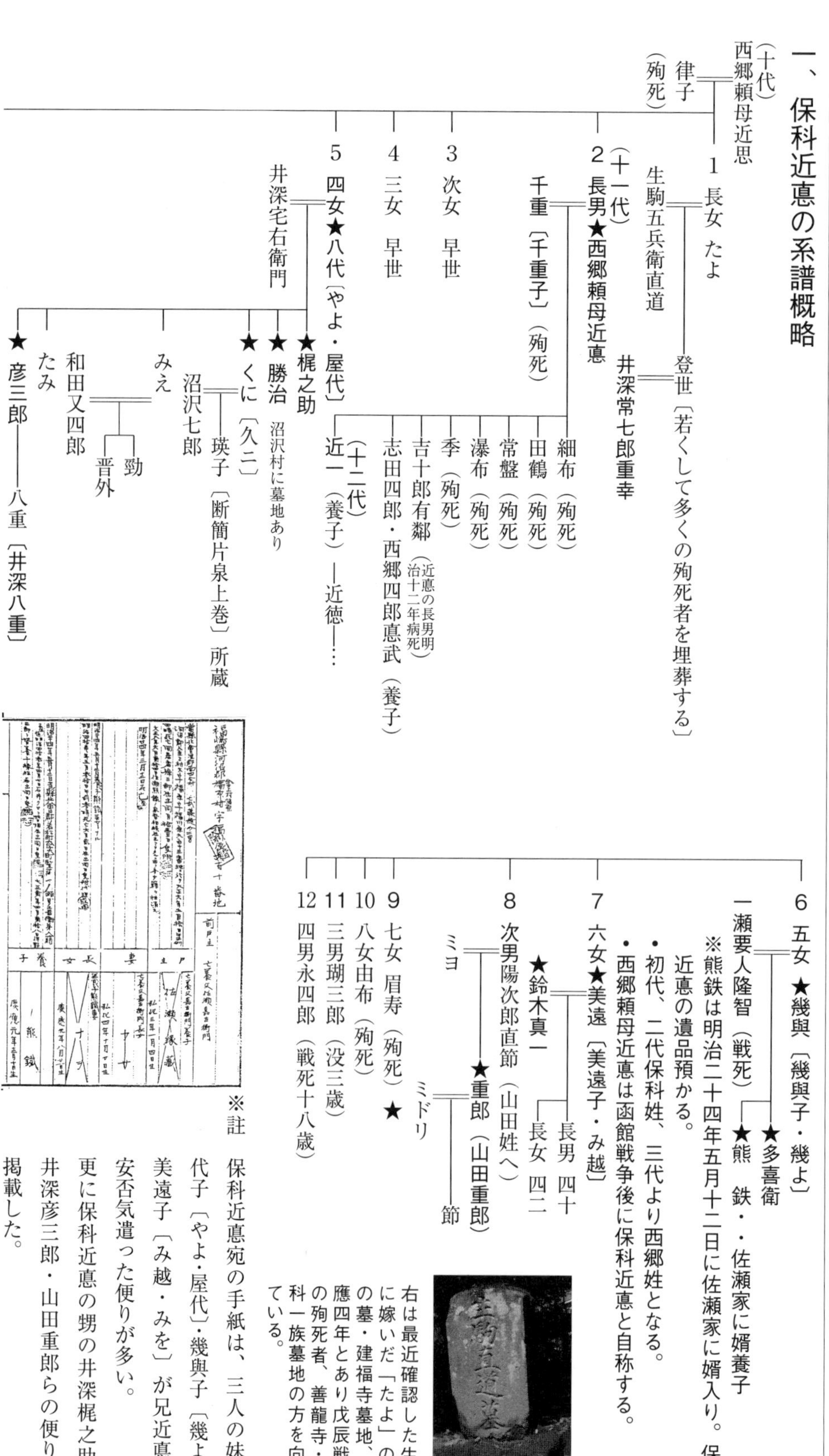

生駒直道墓

右は最近確認した生駒に嫁いだ「たよ」の夫の墓・建福寺墓地、慶應四年とあり戊辰戦役の殉死者、善龍寺・保科一族墓地の方を向いている。

※註　保科近悳宛の手紙は、三人の妹八代子〔やよ・屋代〕・幾與子〔幾よ〕・美遠子〔み越・みを〕が兄近悳の安否気遣った便りが多い。更に保科近悳の甥の井深梶之助・井深彦三郎・山田重郎らの便りを掲載した。

二、保科近悳の葬送に携った佐瀬熊鉄について

保科近悳（西郷頼母）明治三十六年四月二十八日午前六時卒
（五月二日午前十時門田善龍寺にて葬儀）

1、★酒井誠仰が寄稿

▲会津の奇傑西郷頼母病を以て逝く惜むべし嗚呼 如何なる英雄も死せば一片の白骨化すれば一塊の土石今更人生の果なきを思ふ

保科近悳遠逝と佛葬式の知らせ

西郷頼母翁の遺稿　酒井誠仰

翁維新後保科を冒す一世の奇傑たるは人の知る所なり 去月二十八日永眠せられたり不肖嘗て翁に就きて戊辰の戦争に関することをきゝたることあり 其時不肖に示すに栖雲記を以てす翁の曰く 此書未だ人に示さざるものただ子孫に遺すためにものせしのみ其心して観よと 余一夕借りて謄写せしが今は已に遺稿となれり蓋し世に公にするは翁の本意にあらざるべきも 亦憚るべきふしも無きがごとし依て貴社に投じて以て翁の経歴の一班を世人に紹介すといふ爾り明治三十六年五月二日

栖雲記　一名雨の名残

・・・後　略・・・・

※註　酒井誠仰が保科近悳遠逝の知らせと、生前に『栖雲記』を借りて謄写したものを遠近のかたに知らせるため、遺稿を加え掲載したものである。

善龍寺に於て佛式相営申候喪主保科近一・親戚佐瀬熊鉄

旧越後街道沿い、会津坂下町海老沢村荒明静夫氏より戴いた史料〔昭和四十七年秋〕

酒井誠仰は如何なる方か不明である。ご存じの方にお聞きしたい。

西郷頼母は荒明家に越後街道往来の際には立寄っておられたらしく、近くの金上盛備舘跡を訪ねたときの和歌なども荒明家に有り、複写を戴いたことがある。

2、

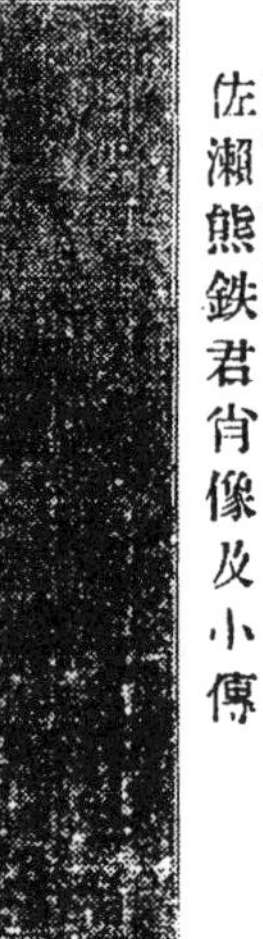

衆議院議員候補者推薦狀

佐瀬熊鉄君肖像及小傳

明治廿八年韓國京城ニ於テ撮影セルモノ

君ハ舊會津藩ノ老職一瀬要人ノ二男ニシテ母ハ閥老西郷頼母ノ妹ナリ君幼ニシテ穎悟才學儕輩ニ擢ス年十五初メテ笈ヲ負フテ東京ニ遊ヒ故山川將軍ノ門下ニ苦學ス明治十五年海軍醫學校ニ入リ二十年卒業シテ軍醫ト爲ル在職二年感スル所アリテ職ヲ辭シ故山ニ歸リ河沼郡ノ豪農佐瀬氏ノ家ヲ嗣ク明治二十六年再ヒ東京ニ出テ、同盟倶樂部ノ理事トナリ又立憲革新黨ノ組織ニ與カリ其名政黨間ニ知ラル二十七年日清ノ役起ルニ及ンテ孤劍飄然朝鮮ニ航シ内部大臣朴泳孝ノ知遇ヲ得同國政府ニ顧聘セラレ陸軍及警察ノ醫務ヲ監ス竊カニ該國改革黨ノ志士ト交ヲ締シ大ニ企畫スル所アリ廿八年十月偶々王妃暗殺ノ變アリ嫌疑ヲ以テ公使三浦子爵及岡本柳之助柴四朗等諸氏ト共ニ廣島ニ監セラル在獄三月証據不充分ヲ以テ免訴トナル君資性敏活雄辯流ル、カ如シ故男爵楠本正隆翁ノ最モ親愛スル所トナリ能ク中央政界ノ事情ニ通ス籍ハ憲政本黨ニ屬シ本縣支部ノ代議員タリ今回同黨會津五郡ノ候補者ニ撰定セラル

右衆議院議員候補者ニ推選ス

明治三十五年七月

會津五郡憲政本黨員及同志

河沼郡酒造組合全員

河沼郡醫會全員

② 衆議院議員候補者推薦状（若松市　会津五郡　有権者は国税納付十円以上）

佐瀬熊鉄君肖像及小傳

君は旧会津藩の老職一瀬要人の二男にして、母は閥老西郷頼母の妹なり、君幼にして穎悟才学優輩に擢ず、年十五初めて笈を負ふて東京に遊び、故山川将軍の門下に苦学す明治十五年海軍医学校に入り二十年卒業して軍医と為る、在職二年感する所ありて職を辞し故山に帰り河沼郡の豪農佐瀬氏の家を嗣ぐ、明治二十六年再び東京に出て、同盟倶楽部の理事となり又立憲革新党の組織に与かり其名政党間に知らる、二十七年日清の役起るに及んで、孤剣飄然朝鮮に航し、内務大臣朴泳孝の知遇を得、同国政府に顧聘せられ陸軍及警察の医務を監す、密かに該国改革党の志士と交を締し大に企画する所あり、廿八年十月偶々王妃暗殺の変あり、嫌疑を以て公使三浦子爵及岡本柳之助柴四朗等諸氏と共に広島に監せらる 在獄三月証拠不充分を以て免訴となる、君資性敏活雄弁流るゝが如し、故男爵楠本正隆翁の最も親愛する所となり能く中央政界の事情に通ず、籍は憲政本党に属し、本県支部の代議員たり今回同党会津五郡の候補者に撰定せらる

右衆議院議員候補者に推選す

明治三十五年七月

会津五郡憲政本党員及同志

河沼郡酒造組合全員

河沼郡医会全員

※註　第七回　衆議院議員選挙　明治三十五年八月十日　当選者

福島第四区北会津・大沼・河沼・南会津・耶麻

若松市　当　一七七　渡部　鼎　政友会

九〇　秋山清八　憲政本党

六四　前田兵郎　政友会

郡部　当　二、六八七　日下義雄　政友会

当　二、一一一　柴　四朗　憲政本党

当　一、八五一　佐瀬熊鉄　憲政本党

渡部鼎は野口英世の手術医、日下義雄は白虎隊士石田和助の兄で井上馨の知遇により長崎県知事・福島県知事を務める。

3、一瀬熊鉄は明治四年坂下村の一傳院の寺子屋〔安応堂〕に学び、十四歳にして明治十年福原小学校の教授雇後に上京し、山川将軍（浩、山川健次郎の兄）の書生門下にて苦学する。幼年の頃より熊鉄は当村〔福原村〕のことを知っていたとおもわれる。坂下村の一傳院の寺子屋〔安応堂〕は結城神主宅（図掲載）。

寺子屋で学んだ方の名簿があった。

〔結城朝誠著・結城家文書〕

安応堂の略図

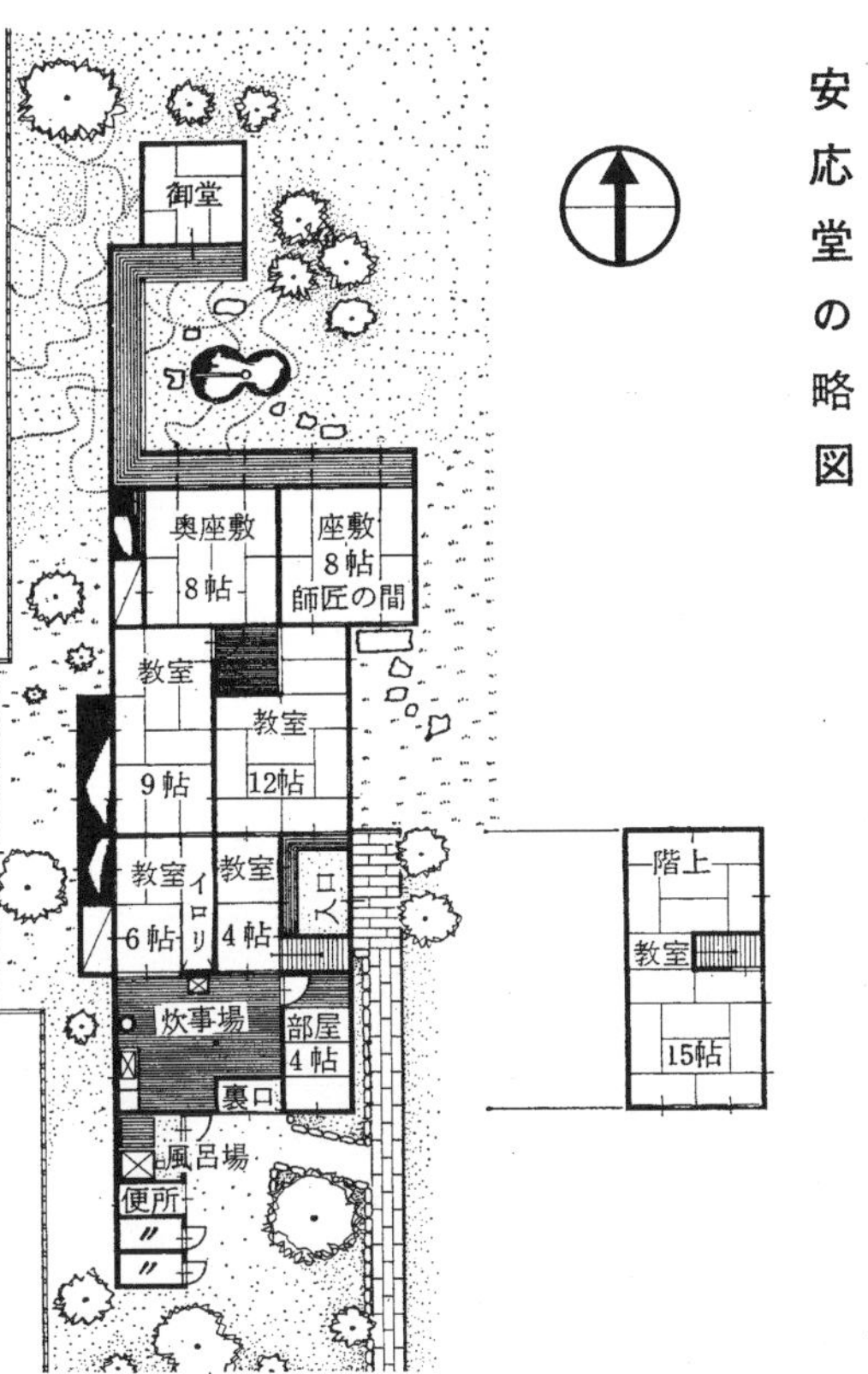

※註　結城氏は法印様であり、御堂には大日如来の仏像が祀られていた。現在同町内の定林寺本尊となっている。

※註　西郷勇左衛門近潔〔西郷礫州〕は斗南へは行かず、明治六年五月より拙村、福原小学校〔会津坂下町・金上小学校草創期・徳正寺〕の教師となった。

詳細は高畑すてさんの著書『会津藩士の実録』をご覧いただけば、西郷勇左衛門近潔の生涯が分かる。左の史料・金上小学校沿革誌には西郷礫州、更に一瀬熊鉄も明治十年には教授方雇で当村に居た。

〔金上小学校沿革誌〕

職員ノ進退及学事関係員

仕轉免年月日		族籍	氏名	資格	俸給	昇給
明治六年五月十四日拝命 明治七年五月十五日辞職		士族	西郷礫州	教師	四圓	
明治六年五月十四日拝命 明治七年五月十五日辞職		平民	五十嵐多平	教師	参圓	
明治七年五月十七日拝命 明治九年十二月十日辞職		士族	永田又助	教師	四圓	
明治七年五月十七日拝命 明治九年十二月十日辞職		士族	赤羽勇助	教師	参圓	
明治九年十二月十二日拝命 明治十二年十月十八日辞職		士族	田最上七太郎	四等授業生	参圓	
明治十年一月十日拝命	明治十年三月十七日御戸小学校へ転任	士族	牧原助太輔	四等授業生	参圓	
明治十年一月二十日拝命	明治十二年四月五日坂下小学校へ転任	士族	一瀬熊鉄	教授方雇	十壹圓	
明治十年三月十七日拝命	明治十二年十二月十六日西羽(?)小学校へ転任	士族	草川鉄太郎	二等授業生	六圓	明治十一年一月十七日一等授業生拝命 七圓

◎西郷勇左衛門近潔

◎後の佐瀬熊鉄

※註　西郷礫州　西郷勇左衛門近潔〔六二歳〕

慶應元年生れなので一瀬熊鉄は〔十四歳〕坂下の寺子屋安応堂にて明治四年に在籍していた記述があり、士族若松と記されている。一瀬熊鉄が学んでいたことが分かる。

4、明治十九年　熊鉄の叔母・美遠の嫁ぎ先　九段の　鈴木真一写真館にて撮影

※鈴木真一写真館の鈴木美越さん〔保科近悳の妹〕

上の写真は曾孫の島田ユリ（エッセイスト、札幌在住）が會津稽古堂に寄贈

※註

鈴木真一写真館で会津坂下町の方々が撮影する。

写真の下に記述されている通り、東京九段と横浜真砂町の二ヶ所にあった。坂下町の赤田彦吉、猪俣政吉、高久学之助、左端が佐瀬熊鉄ら。明治三十一年一月に、横浜か九段で撮影されたものである。坂下の商人は薬用人参輸出のため横浜へ行っていた。高久学之助は大正十三年山川健次郎に、簡易水道完成に際し『坂下水道記』撰文を依頼し、台の宮公園に顕彰碑が建立されている。

揮毫は男爵松平保男「水は善く万物を利す」

鈴木真一写真館にて、撮影する。保科近悳の妹 六女美遠の夫が写真館を営む（上の写真は、赤田京子所蔵）

第二章　保科近悳へ親族からの便り

兄上様（井深八代・一瀬幾代・鈴木美越）

西郷勇左衛門近潔　（萱野権兵衛自決後の便り）

（井深梶之助　井深彦三郎　山田重郎）らは伯父上様へと便りを送っている。

帽直垂ノ装束ニテ式場ニ列スル
コトヲ得
但事宜ニ依リ神饌ノ傳供ヲ為ス事アルヘシ
右之通創立五家協議之上
被願候所十月廿八日福島縣
知事山田春三ノ認可ヲ得候也
明治三十一年十一月一日
霊山神社
宮司　保科近悳
日下金兵衛殿

日下金三郎家文書
（福島県史料情報）

※註　内容は略す。翌年明治三十二年四月に霊山神社宮司職を辞し会津に隠退する。

一、西郷四郎〔志田四郎・保科四郎〕の養子説と実子説について

1、「西郷四郎は血統もなき者を何年の後、おれは子也と公然申し居り候て御家のためご先祖へ申し訳これ無く・・・・」としたためている。

この下書きは西郷四郎が実子ではないと甥の井深彦三郎へ相談している。

※註　前文は近悳の妹八代の嫁いだ井深宅右衛門の三男、井深彦三郎宛ての便りの下書き。

井深八重の父は
井深彦三郎

明治四十五年

井深彦三郎
衆議院議員

①　攙舌

親類之内偏□□□説にも元
来四郎を養子に致され候処　已の老後
の為メ承居候所　△　当時古稀以前の
身にても見縺もこれ無く　且つ去年
来　音信もなきとは申せ　何たる事に候や
又本人より御兄弟方へ御頼みの次第にても
これ有り候義に候や　血統もなき者を何
年の後　おれは子也と公然申し居り候て　御家の
為め御祖先へ御申訳これ無く候也
右への答如何致し　然るべくや　兼て御弁護人も
これ有る事故え　御示し相い成り度く　近々御
頼み申し上げ候

△何か一廉立たず候ては相い成り間敷

八月廿八日

八握髯翁〔保科近悳のこと〕

彦三郎様

2、西郷四郎について

志田四郎は明治に保科近悳の養子として保科四郎、その後西郷四郎武悳となる。

②
度々申上候 陳は此度津川町の佐藤氏
帰京致候に付き 御書面拝見仕り候
然処 愈御健康の由 奉南山候次に
迂生においても恙なく消光罷在候間
憚りながら御休神下されてく致し候 陳は 亦毎
月入費及三円五十銭の儀も送
籍の上 御依頼下され候様 御申越に
相成り候得共 然れば余り日数も
掛り候間　送籍これ無く候ても御依
頼下されたく候　如何んとなれば先日 日光
より此別紙の書状達し候間 決
して苦しからず候間 御依頼下れたく度
候 然して 又送籍の儀は左程
御急きこれなく候ても 宜敷く候間 日光
より申迄 御過きに相成り候様が宜
敷候と存じ候 此れも一策に候 又
御家内様より此書面達す次第一円
丈け御送り下たされ候 早々頓首

※註　新潟の五泉にお住まいの西郷四郎の縁戚の志田孝雄氏。津川町の角嶋にある墓地には四郎の父の志田貞二郎の墓碑がある。

九月廿二日

四郎

御家内様

二伸　西郷ヨリノ書面之写・・近悳の書状の写し

此間は始ての来翰 面会の心地にて
両人折より悦び入候 弥御無事勤学一
段の事に候 手前萬事御安忘給うべく候
其内 出京致候事もこれあるべく候間
一同撮影も致すべくと存じ居候 扨以来
ご送籍は相い済ず候へとも 我等は
家族と心得居り候間 以来何事にても
用向き遠慮なく 御申越しこれあるべく候 且又
息災 無事の節は 互に沙汰致さず候ても
苦しからず 又々身躰堅固に修行出来少しも
早く成業候は 我は何より楽しみに存じ
居り候 此状も返書に及ばず候 早々已上

九月廿日

近悳

四郎殿

※註

西郷四郎は養父である保科近悳より手紙を受け取り、それを津川の志田家へこの様な便りの二伸（追伸）があったことを四郎が書き写し実家に送った紙面である。 保科近悳が日光東照宮の禰宜を務めていた明治十三年から明治二十年の頃であり、この便りは新潟の五泉にお住まいの志田孝雄氏所蔵の書面である。 単なる養子であって頼母の実胤ではないと語る。（訪ねた日は平成二十六年六月九日）

3、

左の便りの下書きは保科近悳が七十歳になる二年前の明治三十年十二月に、会津に「退隠候外なくと覚悟致候・・・」と妹美遠子の夫・鈴木真一、妹井深八代の子梶之助、妹一瀬幾與の子多喜衛に宛てた霊山神社宮司の頃の便り下書きである。一瀬多喜衛の名は頼母研究会の著には出てこない。一瀬多喜衛は耶麻郡の書記を勤めた事がある。この下書きは興味ある、貴重な史料であると思う。

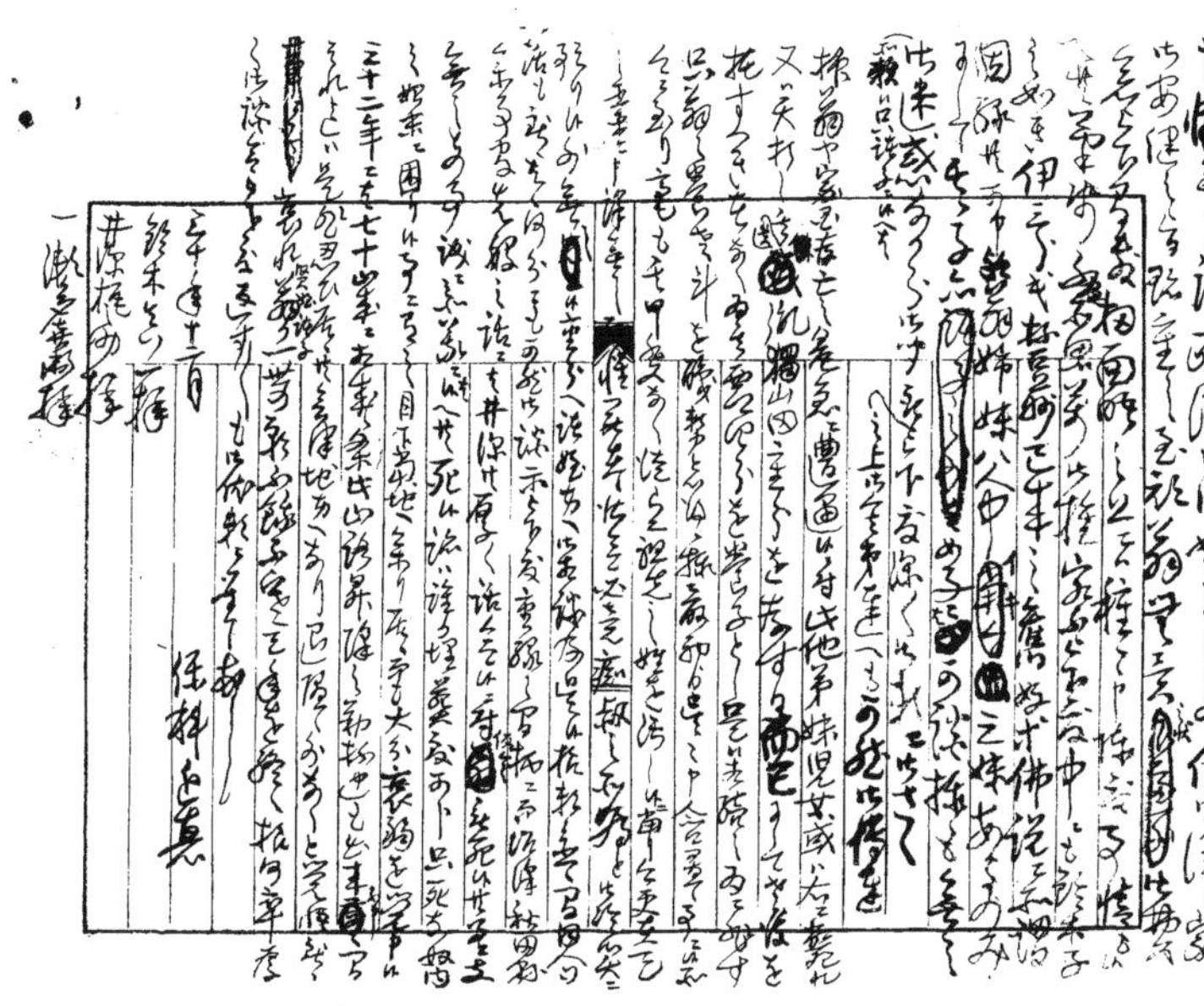

③ 老惰御申譯無く疎潤御海恕を乞 各位御渾家御安健の旨 珍重の至り 頑翁無異の状 御費念下だされ間敷く 扨て面晤の上には 種々申し陳度事情も候へ共 筆決為さず所 思い萬御推察下だされ度く中にも鈴木子の如き伊三郎儀など豆州已来の旧好等佛説に所謂る因縁共申すべく歟 頑翁姉妹八人中当今生きの妹あるのみにして其諸子の外女子には談ずべく様もこれ無く所 頼は只諸子に候へば御迷惑ながら御聞取の上、下だされ度くの上御舎弟達へも然るべく御伝達下たされ度く深々御頼に御ざ候 抑々翁や家国存亡の危急に遭遇候に付き 此他弟妹児女或は右に斃れ又は夭折し 其遺胤獨 山田重郎を存するのみにして老後を托すべき者なく其の為 西郷四郎を養子とし是は相続の為に非ず 只翁の養老計りを職務と心得候様 最初より呉々申し含み置候事に候所 今に至りても其の甲斐なく徒に 祖先の姓を汚し候に当たり 今更在天霊に申し訳これ無く 恐懐罷り在り候 必竟痴叔の所為と御冷笑に預り候外これ無候 重郎へ諸姪方へ御相談及呉候様 頼み置き候間 同人御話も致し居り候は丶 何分にも然るべく御談示 下だされ度く 重縁の間柄にて沼澤秋田県参事官先般の話には 井深共厚く話合い候につき 仮令死なれ候共 差支えこれ無くとの事 誠に忝義には候へ共 死候跡は誰か埋葬致し申すべく 只死なぬ内の始末に困り候事にこれ有り 目下当地へ参り居り候ても大分衰弱を覚い申し候 三十二年には七十才に相い成り候条 此山路昇降の勤な杯迚も出来き申さず候間 これ迄は是非忍び居り候共 会津地方へなり退隠候外なしと覚悟致候 哀れ賢姪諸子翁が一世の願不餓不寒三年を終り候様 何卒厚く御談合下だされ度 返す〳〵も御依頼に御座候　頓首

三十年十二月　保科近悳

鈴木真一様
井深梶之助様
一瀬多喜衛様

☆仮令・・たとい

※註 前文には西郷四郎を養子にしたこと、弟の子息山田重郎の血統のこと、今後は「会津地方へ退隠候外なし・・」と明治三十二年帰郷することが記されている。
会津退隠二年前の手紙の下書。

二、幕末の若年寄

西郷勇左衛門近潔（礫州）
（礫州は江戸・京都勤番を務め、西郷隆盛とも対談したことがある）
より保科頼母様
宛ての便り

1、

●凡例 上に原文、下に解読文を記した。以下お便り、下書きも同じである。不明箇所は□とした。

① 去る秋において 御城中一別以来
☆慶応四年八月二十六日
最早壱固瞬目の間の様に
存じ奉り候 其の後仙台方より
箱館迄お出のご様子夫々
の便りにて承り 御床敷は存じ居り候
へ共 御案事罷り在り候迄に候にて 書
状をもって御起居 相伺ひ候段にも至すべく
事にもこれ無く 歎見致し居り候に
御座候 出城後種々の儀これ有り
人心一和致さず 私杯死を以って御奉公
は覚悟計に罷り在り候所 遂に米
藩の誘ひにあひ 御降伏の事
に立ち至り 立語にも及ばされず事に
御座候 随って箱館戦争も果敢敷
事にも相い至らず 榎本泉州始め
☆榎本武揚のこと
是降伏を以って本意も相違せず 残
念の事にこれ有るべく候 私においても与そな
らす 無念の事に存じ罷り在り候儀に
御座候 逐々当方へ戻り候は この咄に
箱館においては軍事を離座 在らせられ候
哉に承り候所 定て御都合もこれ有る
事に御座候半と 推察罷り在り候
昨日承り候に 増上寺へ御着の由に
☆箱館より帰る
御座候所 定て海路御通行の事
に御座候半 先ず以って御無難重て盈
☆（盈…エイ 頗る）
の事に存じ奉り候 御子息様には
☆吉十郎有鄰
箱館表へ御残り歟候由 是も御都合

在せられ候右の事にこれ在るべく候定て御

☆函館戦争後の明治二年九月の便りか

案事なされ在り候半 何卒当方へ
一聞も御座候事 私儀当正月
出起当方へ登り候節 先ず出起の
惣轄頼を得小川町講武所へ
は着き候と 其通にて相い在り候事
御座候 着後最早九ヶ月に相い成り候
へ共恭順□ゆる□にも相い成らず当
月中には
御二方様御所置も附けなされ御家名
御立遊ばされ候杯 申向も御座候へ共今に

☆御二方様・・容保と容大

何の響も相い聞かず 嘆息罷り在り候
て色々御座候 申後候所
御二方様何等の御隙りもいらせられず
候御様子に御座候 当
殿様御機嫌伺いとして久留米邸へ

☆謹慎は久留米邸

去月七日平馬殿一同罷り在り候処

☆平馬殿・・梶原平馬

益ご機嫌能く入らせられ候 御恭順故
御目通は六ヶ敷く御座候 彼方取締
向近年大きに寛に相い成り御庭廻り
等時々遊ばされ 既に私罷り出で候節の咄に
両三日已前彼邸泉水にて御釣
遊ばされ 御たばこも御用ひなど遊ばされ位にて
終日程御楽しみ遊ばされ候由にて 少數
安心の事に御座候
宰相様在らせられ候因州邸の方は

近来取締向替りに相成り少數
厳重に相い成る御様子相いわからず候へとも
御替りに入らせられず候事にこれ有り候
一御舎弟陽次郎殿先日古河藩
御預に相い成り去月始あの方へ出起に
相い成り御替りはこれ無き由に御座候間 御安
心成されべく候 御城中において御別生の
節は再度懸り御目に所存もこれ無く
御座候所 ケ様の世態と相い成り候ては
何卒得と貴顔候て 懐旧の情
相い開き度御座候 尤これ無く候ては迚も
筆端に尽し兼候次第 尤詳看
取り調べ候ては 萬一後来に残り候
とか 途中往返候間に世に洩れ候て
は忌諱に触れ候も難計く候 依て態々
心中不尽儀に御座候 幸ひもし
得雲霧相い開き候節は 其節
懐旧の情御物語仕り度く存じ奉り候
一長州出にて 先日迄軍務官役
人に相い成り案 杯より頻りに取り入内
敢を得居候 大村益次郎去月
始歟と覚候所 当所出起西京
へ登り候所を比闇殺に逢候由何
者の所為が不相分 右と木戸準一
郎両人頻りに御家の為の由一切を
取扱呉れ候趣に御座候所 木戸は軍
務官判事と歟を退き候由右

☆御舎弟山田陽次郎殿・・雲井龍雄事件で獄死する前

☆大村益次郎

☆木戸準一郎は木戸孝允

☆歟・・か

等ハ御家に取候ては幸か不幸か
実に
底意より懇切の取扱ならば大
き幸に御座候 既に当京へ罷り登り候
間も無の内 木戸準一郎方
より小林平角を以って 御家御人数
壱統へ見舞金として千両送候
事御座候　是の如くの候 心根全解兼候
事に御座候 大村義よりは菓子と
結構成る煎茶壱箱病人
見舞として遣し申候 是は畢竟此より
送り物これ有り候所よりこの事には 御座候へ共
千両は餘り成る様にて 恩を売り候
様にも存ぜられ 安心を得ず事御座候
外にも御家の為を親切に謀り 罷り候
人も御座候へ共 先ず此辺にて筆を
留め申し候 追々秋気も相募り朝夕
は冷気に相い成り候間 折角御加
養専一に存じ奉り候 右御左右
伺奉り旁 此くの如に御座候　以上

九月十三日　　礫州

頼母様

猶 本文を以って認め漏れ候 萱野権兵衛
首謀の所を以 刎首仰せ付けられ候所
立場柄止むを得ず事とは申し乍ら気

☆見舞金千両を木戸孝允より贈られた由 現在の一億相当

★（礫州は斗南へは行かず、河沼、耶麻郡地方の師弟教育にあたる）

●明治二年五月十八日に萱野権兵衛が切腹した後の便りで、保科近悳が函館より東京へ護送された頃の便り

の毒千萬当人に於いては八此上無き
奉公とも申すべく哉 最期の時分
平生の所思候 立派なる如く
事に御座候由 其節はとかく落
涙のみ御座候 右刎首の命下り
節
今さらに聞も悲しな君
の為 なき身はたれもかは
らされども
かくひとりすんじ罷り在り候事に
御座候
幸便を待候て 差出し候 心得にて
認め置き候事も 御座候　以上

※註

礫州について

幕末の会津藩若年寄西郷勇左衛門近潔（西郷礫州）は山都町の寺内村の泉福寺墓地には明治二十九年二月二十五日没とあり、頼母様宛の便りは頼母が函館から東京へ、更に館林藩に幽閉され、明治三年二月赦免された頃の便りであろう。弟の陽次郎がまだ雲井事件に関係する前に近潔が便りしたものと思われる。泉福寺に一族の墓碑があり、近潔の孫・高畑ステが編した『会津藩士の実録』が発刊されている。さて、西郷礫州は明治六年五月には我が村、徳正寺に創立した福原小学校〔会津坂下町立金上小学校の創立期〕初代教師であった。その学校も平成二十七年三月少子化により閉校となり、百四十年の歴史を閉じる。さて、安政二年に我が村に鷹狩のため藩主とその家臣が参り都合上下百六十三人程が宿泊している。御刀番・御祐筆・御医師様・鷹方様・御先走り様など、宿割りや献立などの資料があり、その時に近潔は同行したのではないかと思われる。当時藩主が宿泊した蔵座敷が今も在り、遠藤香村の襖絵や、床の間の違え棚の四季の表裏の絵は香村の筆によるものである。〔県博の川延氏評〕

三、「保科御兄上様宛て」の便り　五通

前系図　5★　井深八代
（八代子・やよ・屋代）
の便り　井深宅右衛門の妻

①

★井深八代の便りは、大変読みにくい

一筆申し上げ候 当年のあつさ
はげしく御座候得共 御機嫌よく
入らせられ候御事 何よりく
有り難く存じ上げ候　日々御案事
申し上げぜひ御伺ひ申上げ度くと
存じながら手前に取まぎれ
御返事に相い成り深く恐れ入り候
此間は細々様の御書物拝見
致し有り難く色々の御くろう様
遊ばされ候事 数々御察し申上げ
よく御書物に伺ひ候所 いなわし
ろ御成の事も御屋敷にて承り
居り候得共 此度の仰せにて 委敷し
伺ひ猶さらむかしを
しのび兄上様の御心中山々
御察し申し上げ候 又来年
一月より送り金の事に付
色々御心ぱい遊ざされ候事
伺ひ梶之助にも申聞き候処
元よりしやうち申上げおき侯事
に御座候間 宣敷く申上候やうと
申事に御座候 勝治へも此由に
申聞候やう致し申候 彦三郎は
此節高輪本の宅にすみ居り
候得共 是も思ふ事はこばぬ
よしに付きこまり居り申候

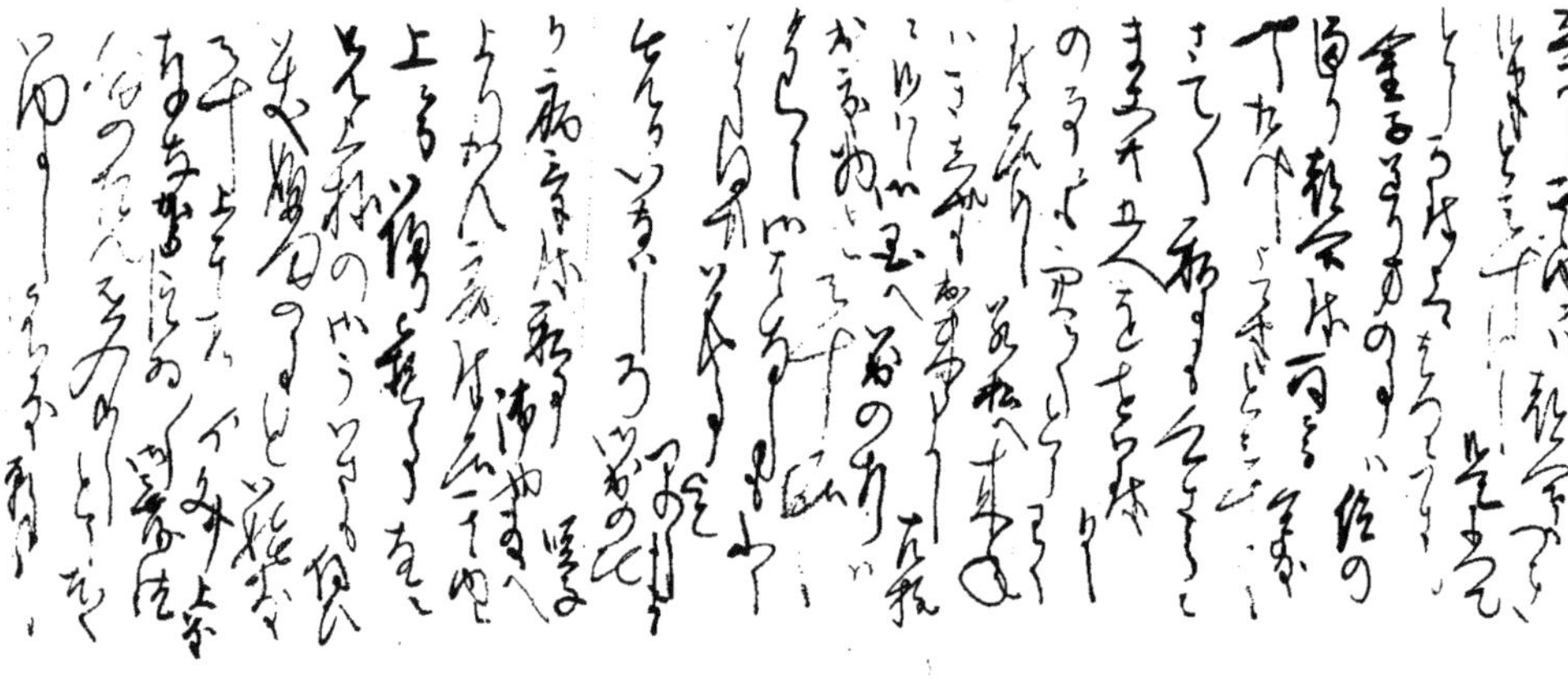

志かし其内には都合つき
候半とぞんじ候 是もって
どうか致し上げ候 はつに御座候
金子送り方の事は仰せの
通り都合致し一同にて宣敷く
やうだんじ上げ候半と ぞんじ候
さて〳〵私事にも今さらに
まご共五人をせわ致し居り候
の事にも実に〳〵とうわく
致し居り候 若松へ来年 ☆〔明治三十二年七月に若松まで汽車開通〕
はきしやも出来候よし 左様
に候は丶 御国へ御出の折は
お夏物とぞんじ居り候
色々御はなしも少々
御座候得共 御返事
早々頓首

先日いなわしろ御出の頃咲子
が病気致し私事御や敷へ
上りかん病致し居り 其内に
上にて 御帰り遊ばされ候事ゆえに
兄上様の御うわさも伺ひ
御丈夫様の事と御嬉敷く
ぞんじ上 其折より文上げ度
存じながら つゐ〳〵御無沙汰
梶のだん恐れ入り申候とうぞ〳〵
御ゆるし下だされ度く願い上げ

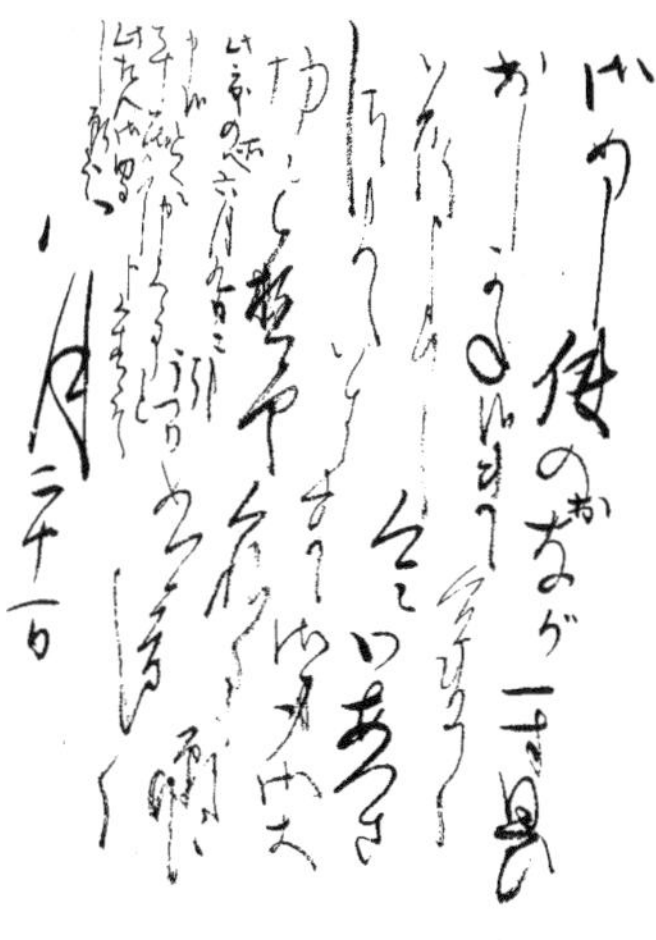

※註　会津武家屋敷で開催された『西郷頼母展』の品目
（昭和五十二年四月二十四日―同年十一月十日）

西郷頼母遺品

一、保科家系図
二、脇差（陸奥大三善長道）懐剣（三善長道）
三、笏（神官時代に使用）
四、如意（頼母自作）
五、文昌硯（粤東禹崖より贈）
六、文昌硯（硯記と文房珍奇記）
七、座右の石（鶴の井石・小田山の石）
八、歌集

以上の展示品は保科近一所蔵とあるが、一時佐瀬熊鉄が保管したものであり、保管預かりの記録がある。

御めし使のおなか一寸思ひ
出しかね候まま今まで
御願い申上げ居り候 今に御あつさ
仕り候まま 御座候まま御身御大
切に遊ばされ候やう くれ〳〵願い上げ候
めで度くかしく

此度の所へ六月九日に引うつり
申し候 とくに申上げ候事と
ぞんじ居り候は、
此だん御ゆるし
願い上げ候

八月二十一日　　やよ

〔兄上様〕

右の方が保科翁の身の廻りを世話されていた「おなか」・左が「おミえ」

2、

② 欠書簡

・・・はやく・ひ候□□□
御返事に相い成り実に恐入り申候□□
兄上様御事御丈婦様□□
□□□度々御左右承りかげ
□□□御事何より御嬉敷存上候
□□□御嬉敷そんじ暮し居り候折から
□□□御ふりどの御手紙いただき
□□□くり返し〳〵拝見致し申候
□□□御返事も申し上候はずの処
□□□候とぞんじ朝夕に御あんじ申し上
いかが御返事申し上候哉と 計心に
たいず又男子ならば此やうに
ただ〳〵心ばゐ計ハ致居間敷
いか計かおたすけもでき候半なと
思計にござ候 又おきよ おみを へも打合何とか
よくくふうも又そうだんも
致し其上に御願い事も申し上度く
心は山々に御ざ候得共 宅右衛門
事十月三十日の夜よりふちゅうの
つえを はづし候てあしを引きちがひ それよりして
いたみ はなく〳〵敷とてに付候てひったりいたし何分
にも私事外出致かね三田迄
くらひの使は出居り候得共とうき
所へは出かね居りこまり申候 憚様
なから大小便に大こまりにて取しまつ致

☆おきよ おみを・・・・妹の幾與 美遠のこと　宅右衛門・・やよの旦那

居り候まま 実にこまり申候 一時はよわり候へ共
十日計過ぎてはしょくだはかわりませんからからたは
丈婦に御座候得共 誠に兄上様御事は
御くろう様には御ざ候得共 御つとめ
遊ばされ候事 誠に〳〵御嬉敷く候事と
そんじ上げ奉り申候□□の四郎どの
もきのどくなる人に御座候 今に御
たよりも申上げず候哉 此間彦三郎
参り候まし御手紙は付ふだ致し
郵便へ出し候ままいかがなる御
手紙かと承り候所 四郎の居所
申し上候やう位に御座候と申候にござ候間
早速申し上候やう申し傳候得哉 其節
申候には長さきに居時たづね申し候
よし 其時おみをどのよりの手紙に
より大になきくどきて実にきのどく
と申し候事にござ候 月きうも二十五円
計り取やうにきまり候 所が先立候人がつぶれて
丸であてちがひ何分致方なく
こまり居り候に付 金子めぐみ候との事に
御座候 此間も飛脚遣し又々こまる
おもむき故に 金送り遣し候と
申し候事にござ候 しやうらい手下に
居り人多きよし故に 彦三郎申候に
は手下はもたずに 人の下に付
四五年しんぼう致し候は丶 どうか

致べくと申しました などかく申し候
はなしよりか実にこまり居り候
よしにござ候　それならば其やうに
うちあけて申し上候得は 宣敷くもの
にと きのどくに存じ申し候 兄上様御手紙も梶助彦三郎
へも拝見致させ一同御察し申し上候よし
おきよ方へ早速送り遣し申候
さためし一同御案じ申し候事と
存じ居り申し候 どうも物品高く相い成り
皆々が くらし方にこまる〳〵の
はなし計にござ候　実に〳〵御こまり
遊ばされ候事と お察し申し上申候 御家うつ
り遊ばされ候よし御都合宣敷くとの
御事御嬉敷くぞんじ上げ候 おなかどの
は誠に〳〵かんしんにござ候宣敷〳〵
御申し遊ばされ下だされ度く願い上げ申し候
近き所に候へば 金になりとも品にて
もめぐみ遣し度く御座候得共はなれ
居りふるぎ類なども遣しかね
ただ〳〵きのどくにぞんじ居り候計り
其内にて折よりてでも何か遣し度
ぞんじ居り申候又御しゃくさいの事
御心ぱい遊ばされ候事も山々御き
のどく様にぞんじ上候 御身御大切
様に御つとめ遊ばされ候やうこくろう様
ながら其所はひとへに願い上げ申候

高田の方へ御出の事はとうく御成り遊ばされ
候事と是又 残念にぞんじ上げ候
実に〱世の中は思うやうに
むつかしきものに御座候　私は
子供大せつ故に色々六人
あれは六ツは かる〱
心にかかる事ござ候　梶助より
月々辛給小遣もらひ居り候所 勝治より
も辛給のつもりの所迚も こまり候に付
此節は少しも出ず差上げ候分
は辛給もらひ やう〱しのぎ居り
候くらいにて送り申し小遣も入りつき
合もござ候まゝ 兎角ゆきとどかず
恐れ入り参り候共 又こう計ては
ある間敷とぞんじ居り申候
どうぞ沼澤にて近き所へ
出候やう 左候へは兄上様にも御心
つよく思し召し候半と それのみいのり居り
申候 色々申し上度ござ候得共
長くなり候折りおしき筆留
め申しどうぞ〱御身ご大切様
に遊ばされ候やうくれ〱もねんじ申候

※註　六人の子供とは・・梶之助・勝治・くに・みえ・彦三郎・沼沢へ嫁いだ、くに［久仁］のことなどを知らせ、「左候えば御心つよく思し召し候半」と便りしている。

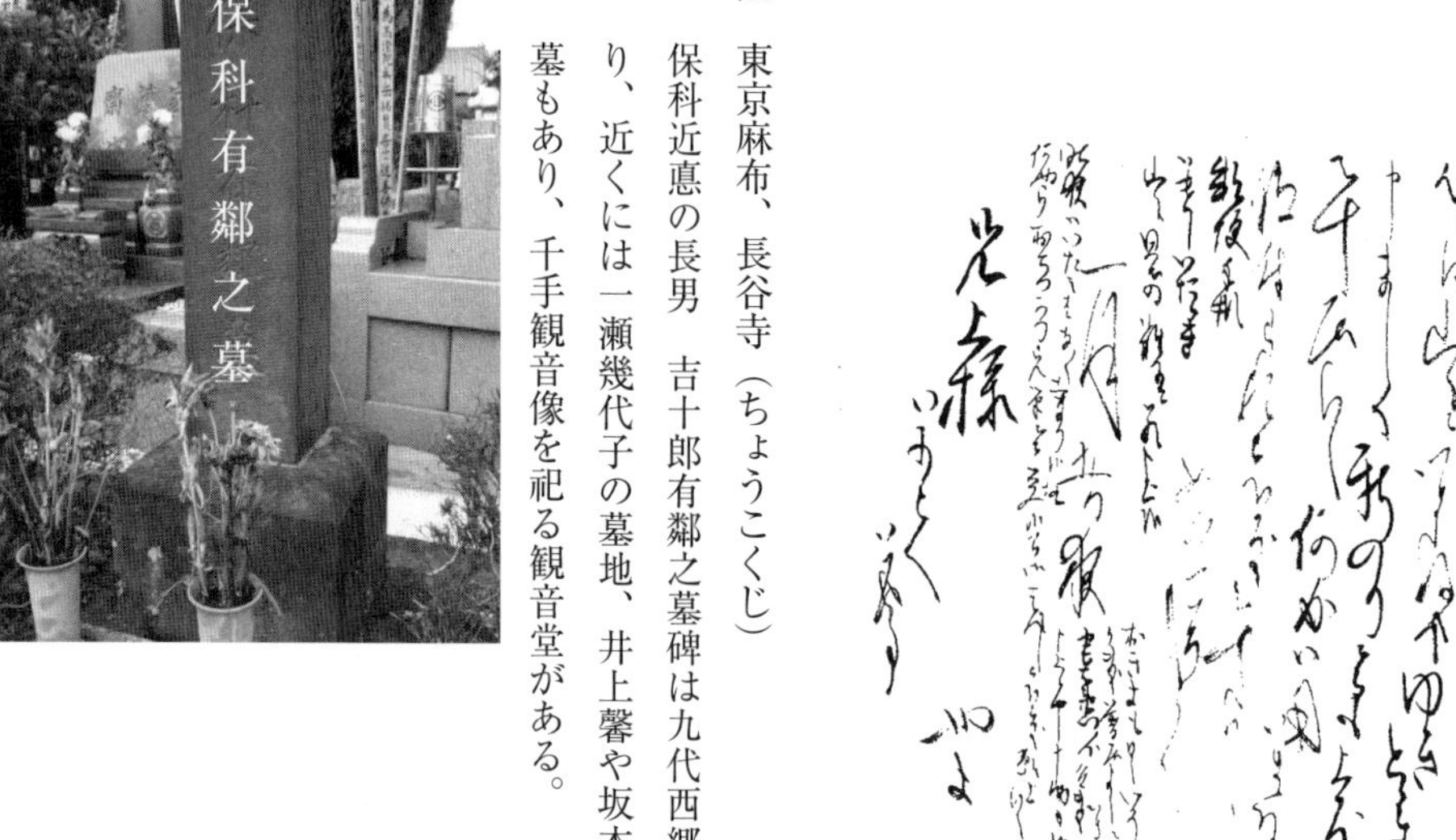

※註　東京麻布、長谷寺（ちょうこくじ）
保科近悳の長男　吉十郎有鄰之墓碑は九代西郷頼母近光の墓域にあり、近くには一瀬幾代子の墓地、井上馨や坂本九・榎本健一などの墓もあり、千手観音像を祀る観音堂がある。

恐入候得共おなかどのへ宣敷く
□□願い上げ候 何か其内に
御口あひ候物にても差上度く
心には山々に御座候得共 ゆきとどき
申まじく 新のりにても上げ度く
ぞんじ居り申候 何成ご用ござ候に付
仰せ付られ下だされ度くぞんじ上げ候
めでたく　　かしく

郵便手形
御遣しいただき
山々思召の難有御礼申上候

おきよも日々いそ
が敷暮し居よしにござ候
宅右衛門より宣敷
申上候やう御もとへ

一月廿五日夜

昨晩はいたくはる〳〵まいり申候
何にやらおちつかず乱筆にて候間 御あんじ被下度願上候

兄上様　　やよ　（井深八代子）
おもとへ
ご返事

※註　何成りご用 ござ候に付仰せ付られ下だされ度くぞんじ上げ候・・・
何ん成り御用仰せ付けて下さいと便りしている。
おきよも日々いそが敷く暮し居るよし・・・妹の一瀬幾與子のこと。
宅右衛門より宣敷申し上げ候やう御もとへ・・宅右衛門はやよの旦那。
やよの便りが読みにくいので誤りがあることはご容赦ください。

3、

③

返々お中どのへもよろしく
願上候おこゑより申遣し
候所よくやさ敷かん心の御あつかい
申上候よし安心致候やうと申遣

時節がら御機けん伺ひ
□□□□中居り申候
度と心にはたいず居な
がら色々の事に取まかれ
御申わけもなき御無沙汰様に
打ち過ぎ恐れ入り候 昨日は御ふりどの
御文いただきくりかへし〳〵
拝し候上 有難くぞんじ上げ候
先々御機けんよく入らせ
られ候御事 何よりも嬉敷く
ぞんじ上げ候 さて〳〵彦三郎
よりも御無沙汰申し上げ候よし
恐れ入り申し候 仰せの通り昨年
四郎との事仰せの御手紙早速
彦三郎へ拝見致させ候処
其後あい候折 四郎方へ
手紙差出し候ま、其内
届く事の有れ次第に御祖父様へ
承り居り候処 御返事にも
申し上げず候よし さそ〳〵御
□□度思召にや存じ候
仰せの通り皆々へ御手紙拝見
いたさせ猶又申し上げ候やう

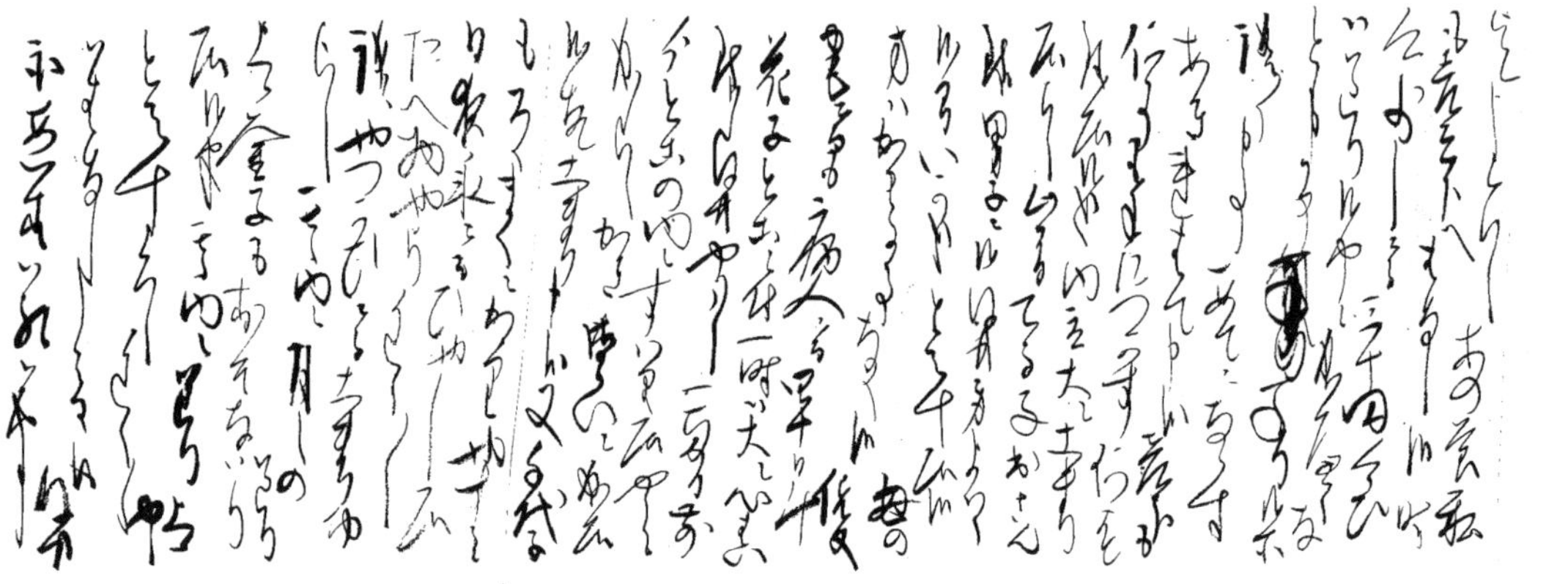

と申し上げ候はゝ　あの節私
も彦三郎へはなし候　昨
今少々にて三十円くらひ
は送り候やう成るべくな
とも申承り候所
誠に〳〵申す事あてにならず
あきれはて申し候　彦三郎も
何事にも手につかず何かと
致し居り候や内立大にこまり
居り候 此間てる子出さん
致し男子に候次第 身よわく
候間いか哉と ぞんじ居り候 母の
方はかわる事なく候 偖又
宅にても病人にて 四十日計
花子とこに付 一時は大に心ぱい
致し候得 次第〳〵一両日前
よりとこの内にすわり居るやう
成り申候 かれ御こいに成り居り
候故 こまり申し候 又千代子
も ろくまくにかかりやすく
日夜氷にてひやし居り
たべ物やっかへにてこまり切
申し候　其内に月々の送り
上げ候金子もおそなはり
居り候半 其内に送り申し上候げやう
おはなし申し度候得共
取あいず御願い御返事

※註　くれ〳〵も兄上様 御安心遊ばされ候やう致し度くぞんじ候など、子息の彦三郎のこと、四郎の消息のことなどを兄上様の保科近悳への便りに記している。明治三十四年頃の便りであろう。

おや敷へつとめ居り
　　申し候
御身御大切勿々くれ〳〵も
願い上げ候
　　めでたくかしこ
六月廿五日
　　やよ（八代）
兄上様
くれ〳〵も兄上様御安心被遊候やう致度
ぞんじ候

※註　明治三十三年は戊辰戦役の殉死より三十三回忌。飯盛山のさざえ堂の前に忠霊車塔が建立され、多くの旧藩士や遺族の寄進者名が刻まれている。その中に一瀬多喜衛や佐瀬熊鉄、柴四朗らの名も刻まれている。

④ 前文欠

くれ候故にもっとも安心致
居り又先日ハ沼沢上京致
其ふしも委舗御左右
も伺ひ何より〱御嬉敷く存じ奉り
居り申し候 猶又此間は柴四郎
の時に兄上様御事も入らせられ
候おもむきのよし承り申し候
さためて御心あたたかく思ひ候
御事も頼りと ぞんじ候 廣田の
いもとより おみゑにはなし
候よし申し遣し候は丶 私事も
とう年おはか参りに参り度
存じ候得共 何分に出かねま丶 山々
残念にぞんじ申し候 おきよ事十月
頃には若松に参り度きよしの
はなしに御座候ま丶 其ふしは
当方の様子委舗御聞き下だされ
度く偏に御願い申し上げ候 前後致
恐れ入り候得共 先達より御手紙戴き
有難く御礼申し上げ候 御返事も申し上ず
さぞ御はら立ちも入らせられ候半
と深く恐れ入り申候 四郎どのの事に
も実にこまり候事に御座候 暮の
こともはなし候得共 何ことも
あたりて致し方なきことにて

★委舗御左右・・くわしくおんかれこれ

★お墓参りのことなど

★委舗・・くわしく

実にこまりたる人に御座候 彦三郎へ
も先達の御手紙も拝見致
させ申し候 いつぞやより兄上様の思召
の所も申し傳えおき候まま今日も
彦三郎方へ参り候故 申し難く候又
四郎にもこまりたるもの故 伯父上様の
御心ぱいも御はら立ちも御もっともと
思ひ候が いかがなるものかと申し
候所 彦三郎申し候は当人もぜひ
〳〵金送り度くと かね〳〵心ぱい
も致居り候よしなれども 人の身
の上も兎角ふまいりになれば
立かたのなきものにて いかに人
を見つきやりたくもできぬ時は
どうしてもできぬもの故に候
まま 彦三郎事私も実にくいめしもやう〳〵たべ
居ばあひに御座候まゝ 其内にはうん
をまち 都合よく成り御たすけ
申し上げ候まゝ よろしく申し上げてくだ
さへと申す事に御座候 それも先頃
も四郎どの事 上京致候よしにて私
方にて出あい候やうと しきりに申
し候よしなれど めんぼくなくて参
られねと申し候よし そうはいはず
ぜひあい候やう申し候まゝ 明日は
参るべかりなど申す事故にこころ
まちて居り候処 にわかに出立

★西郷四郎のこと、困ったとのこと

★西郷四郎の様子が記されてある。めんぼくなく参らないとのこと

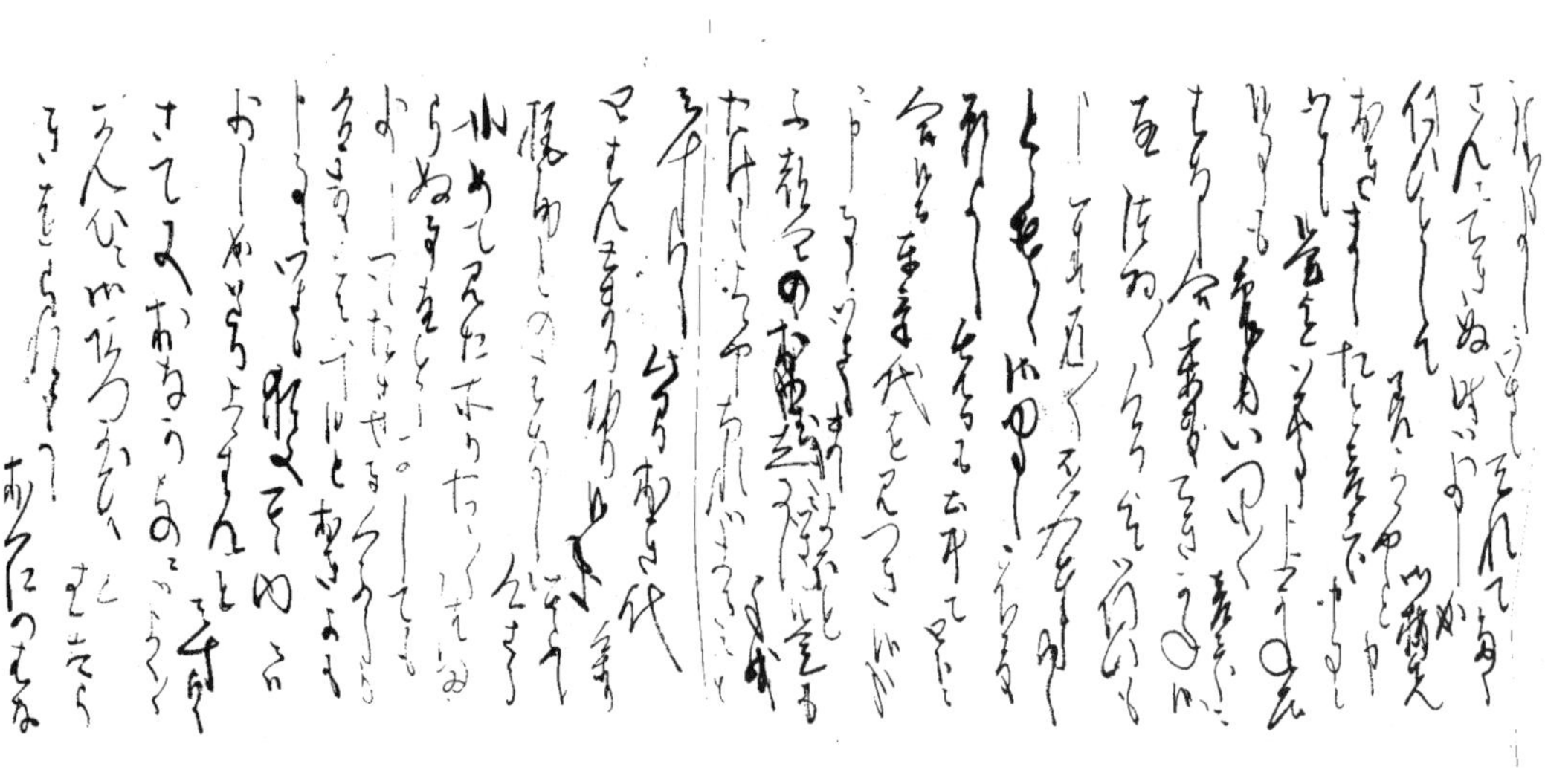

致候よしに御座候 それでたく
さんにできぬ時は少し成御機けん
伺ひとして差上げ候やうと申し
おきましたと彦三郎申す事に
御座候　是迄御返事申し上げかね居
り候事も兎角いつも〱彦三郎に
はなし合い委舗できかね候
故つゐ〱今日迄御伺ひも
申し上ず返す〱恐れ入り候やう
どうぞ〱御ゆるし下たされ度く
願い上候　先日も書中で四郎に
合い候て車掌代を見つき候哉
に申す事に御座候ま丶よほど
不都合のおもむきに御座候へとも手紙
だけも上げ候やうなればよきにも
ぞんじ上げ候 此間おき代参り
四ばんとまり帰り候処 其ふし
梶之助とのはなしに今さら
やめて見た所がただ〱つま
らぬ事故どうかしても
少しでもださせるくふうが
宣敷きかとぞんじ候とおきよも
申す事に御座候 猶又其内には
少し成り送り上げ候はん とぞんじ候は丶
さて又おなかどのにはよく〱
かんしんに御あつかひ申し候とはたら
きをられ候こと おくにのはな

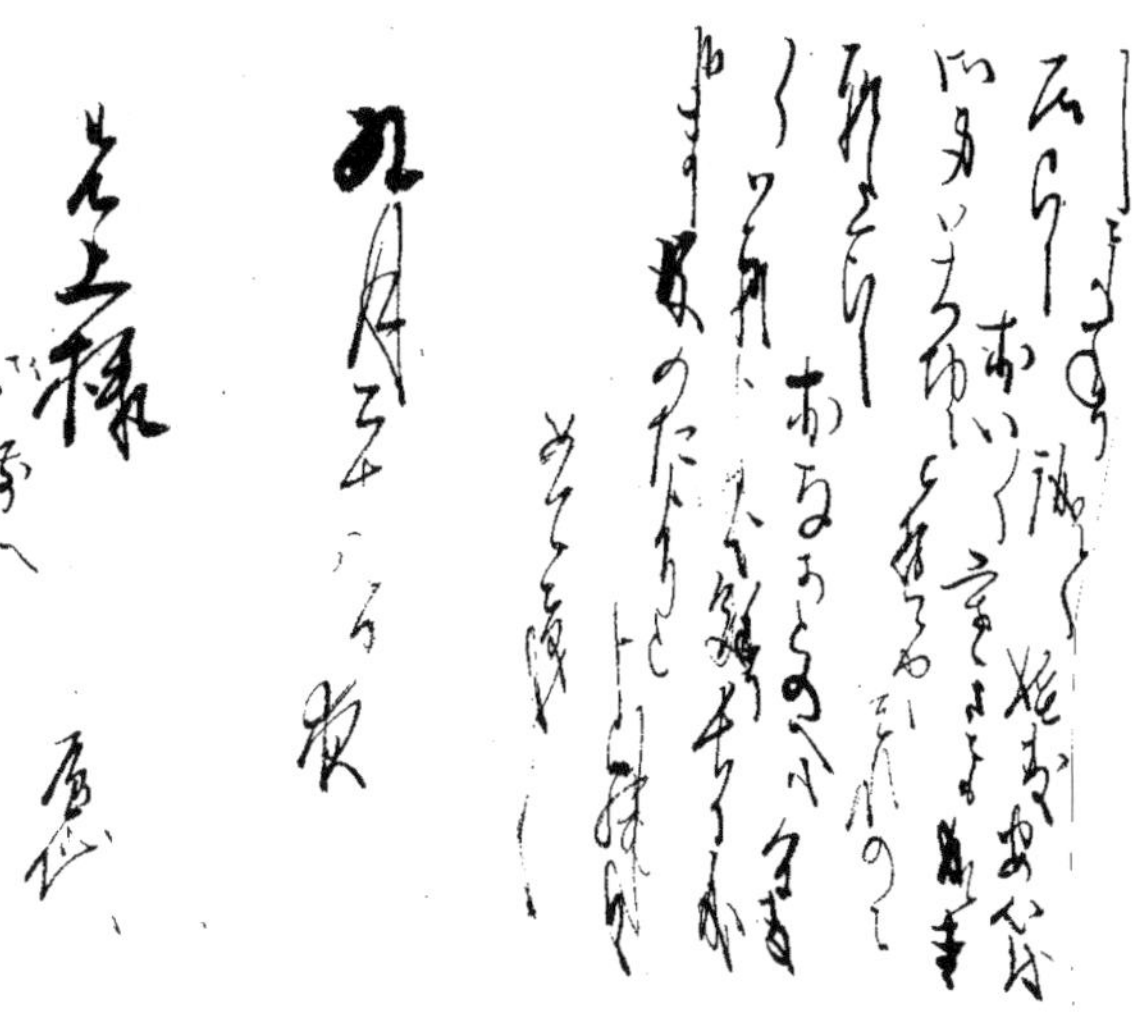

井深八代　天保七年（1836）生まれ
大正7年（1918）没
梶之助・彦三郎らの母

しにも承り誠に嬉敷安心致
居申候 おい〱寒さにも成り候半
御身御大切に遊ばされ候やう それのみ
願い上げ申し候 おなかどのへも宣敷
〱御願い申し上げ候 余り長く成
候まま後のたよりと申し上げまゐらせ候
めでたくかしく

九月二十八日夜

屋代　（井深八代子・八代・やよ）

兄上様

御前へ

※註　保科近悳の妹の「やよ」は井深宅右衛門に嫁ぎ三男五女を生み、長男梶之助は明治学院大学総長、二男は早死、娘「くに」は沼沢七郎に嫁ぎ、三男彦三郎は明治四十五年第十一回衆議院議員選挙で会津五郡より当選している。

井深宅右衛門
八代と梶之助の子供
保科兄上様
一瀬幾世

四、前系図　6★一瀬幾與〔幾與子・幾よ・きよ〕佐瀬熊鉄の母

1、「保科兄上様宛て」の便り　二通、掲載

①
此度の御まつり さだめしにぎ〳〵敷
事と存じ私も此度参らず 残ねん
には存じ候得共 ちと都合有候間
後にて参るつもりに御座候 とうからず
御目にかけ候事たのしみ居り申し候
此間井深え参り 四ばんとまり
申し候 姉上にもたいふん御年よりに
御成り下だされ候得共 御すこやかに御座候
姉上様と二人にて一同見はらし台に
参り 先年皆々様御一同に参り
候事 思い出し色々はなし
致し申候

　　保科兄上様　　　幾よ　より

　　　金子入

☆前掲の写真の時であろうか。

兄上様　幾よ　より
金五円入

☆封筒はなし

☆上は　幾よの夫の墓
門田一ノ堰 光明寺境内

近悳の祖父・西郷近光碑の隣
東京麻布長谷寺墓地

※註　東京麻布墓地「長谷寺」西郷近光墓地　西郷家より一瀬家に嫁した幾與　九代西郷頼母近光の墓地は院内麓の墓地にも在る。

②

原文略

破損欠け・・・・・・・事に候得
ば皆々にて少々づつなりとも より合い
御あつかひ申す外有ましく
などと多喜衛 熊鉄も兼て
申し居り候間 御行末は猶又皆々
にてそうたんの上 御あつかひも
申し上ぐべく候間 あまりに御心を
御いため遊ばされぬ様にくれ〳〵も存
上げ参らせ候 しかし此事はまた
井深姉上えもおみをどのえも
はなし致し候ことはなくてただ〳〵
私のこ供らがはなし居り候事
を申し上げ候事に御座候 其御
そうだんの節は沼沢氏の方
よりにても井深家の方え 御左右
そうたん有り候様に致し度く候 手前子供
は其心にて居り候得共 何れもみじく
の事ゆえ 多分の事はでき申す
まじく候得共 ただ〳〵御きやすめ
にと一寸申し上げおき致し 手前
にても無事年こし候え共 昨年
六月より千里事ろくまくいん
にてなんぎ致し 入院など致候
様十二月末に退院は致し申し候
得共 入費多くかかりこまり申し候
しかししょうばいがら故か何
年もこし候事ゆえ 御案事
遊ばされ下だされまじく候 何方も品高に
相い成り候 御暮しもかかり候半と
御さっし申し上げ存じ候 御屋かたし
遊ばされ候よし 御すまいの家は存じ居り
候得ば目に見ゆる様に見ひ
御なつか敷く存じ上げ申し候 あら〳〵
何かといいとえ遊ばされ候やうくれ〳〵
御ねんじ申し居り候 筆末ながら
おなかどのえも宜敷く御申し下だされ度く
願い上げ申し候 何も早々申し上げ候

めでたくかしく

一月七日　したため

幾與（きよ）

ほしな兄上様

※註　幾與（熊鉄の母）から兄上の保科近悳への便り
「おなか」どのえも宜敷御申被下度願上申候とあり、兄の身の回りを世話していた方への気遣いが分かる。

千里は孫か。
☆御左右・・かれこれ

五、前系図　7★鈴木美遠〔美遠子・み越・みを〕より※鈴木真一の妻

1、「保科御兄上様宛て」の便り・・七通掲載

①

おめで度く一筆申し上げ候 時節がら
とハ申しながら御寒さに相い成り
候へども 先々御機げんよく入らせられ候
御事数々御めでたくぞんじ上げ候
さては御おくり申し上げ候金子年末
の事ゆえ早くさし上げ度くと存じ候
所皆々よりあつまり申さず候
ため大きにおそなわり
おきのどくさまにぞんじ上げ候
もはや日数も少々に相い成り
さぞ〳〵御多用の御事と
入らせられ候半 先々御身御
大切に遊ばされ あたらしき
としを御むかえ遊ばされ候様
願い上げ候 先は春長ひ
申し上げ候事とあら〳〵

めでたくかしく
申上候

十二月廿五日

ミ越　（鈴木美遠）

保科御兄上様
申上

※註　年末につき送金の挨拶、現金書封書は無かった。
明治三十二年暮れだろうか。会津の長屋宛てであろう。

2、

②

一筆申し上げ候 当年の御あつさ
は一しほはげしく候へ共
先々御機げんよく入らせられ
候や 御伺い申し上げ候 手前にても皆々
無事にくらし居候間 御あんじ
遊ばされ下だされ間敷く 願い上げ候
左様に御座候へは 今年は
母上様御はじめ三十三年
にあたらせられ誠にゆめの
間に心あたらしくと存ぜられ申し候

★戊辰戦役の殉死より三十三回忌

私事も前々のやうなれば
御はかまゐりながら兄上様
へ御めもじいたし度 一寸なり
ともまゐり度く存じ候へども
昨年よりの内定にてとても
下り候事出来ず 誠に〱
心ぐるしく存じ申し候 何か
御そなへにてもさし上げ度く候と
存じ候へとも 金子にて一円心さし
上げ候間 あなたさまの
思し召しにてよろしき様
おとりはからひの程 御願い申し上げ候
申し上げ候 先づは御身 御大切に御
いとひ遊ばされ候様 くれ〱願い上げ候

めでたくかしく

みを

八月廿日　兄上様へ

申上尚々

※註 〔明治三十三年〕戊辰三十三回忌のため、多くの追悼行事があった。

3、

③

あらたまりぬる としのはじめ
の御よろこび御めで度く御祝ひ
申し上げまゐらせ候 まづ〳〵
御寒さの御さわりも入らせられず
あたらしき年をむかへ
遊ばされ候事 またおめで度く存じ上げ候
とりわけ手前にても皆々
無事にとし重ね候間 憚り
ながら御あんじ下され間敷く願い上げ
まゐらせ候 当年は当地も
寒さははげしく雪も三、四度
ふり候間 中々寒さも御座候得共
御地はまたまだと御さっし
申し上げ候 寒さの御さわりも
入らせられず候や 御機げん伺ひ
願い上げ候 さて 又誠に御そつかしき
品共に小にもつにて少々おくり
さし上候間わらひ納め下だされ度く
願い上げ候

一、のり　　二状
　　兄上様へ
一、前かけ　　一
　　おなかどのへ
一、ゑり
　是ハおミえどのへ遣し度く候
　間何とぞ御序のおり
　御遣し下たされ度く願い上げ候

☆御序（おついで）

一．本　　二冊
是ハ四二より
伯父上様の御なくさみにも成り候は丶
有りがたく候間　さし上げ度く申し出候間
御わらひぐさにさし上げ申し候
本人にても常々御ぶさたば計
いたし居り候間　何か心計りの品にても
さし上げ度くと申し居り候所　先日井深
姉上様へのお笑に御たいくつの
ためと　御本などよろしくこれ有り候間
おもしろくも入らせられ間敷
候へとも　さし上げ度くと申し候
来年は四十事も帰国に
成り候半　早く帰り候て月きうにても
とり候様に成り候は丶　少々づつもさし上げ
候様にも成り候半と　存じ候へども是も
いつの事やらとも存じ居り候
私事はどのやうに成り候ても一圓づつ
はさし上げ候間　左様思し召し下だされ度く願い
上げ候　先々御寒さ御いとひ
遊ばされ下だされ度くくれぐれお願い申し上げ候
万々めで度く申し上げ候
恐れ入り候へどもおなかどの
へも御ついでのせつよろしく　願い上げ奉り候
一月十三日
御兄上様へ　　　　ミ越
申上度

☆四二〔よに子〕は美遠の娘

☆四十事も帰国に・・長男の留学より帰国

☆ミ越は鈴木美遠

4、

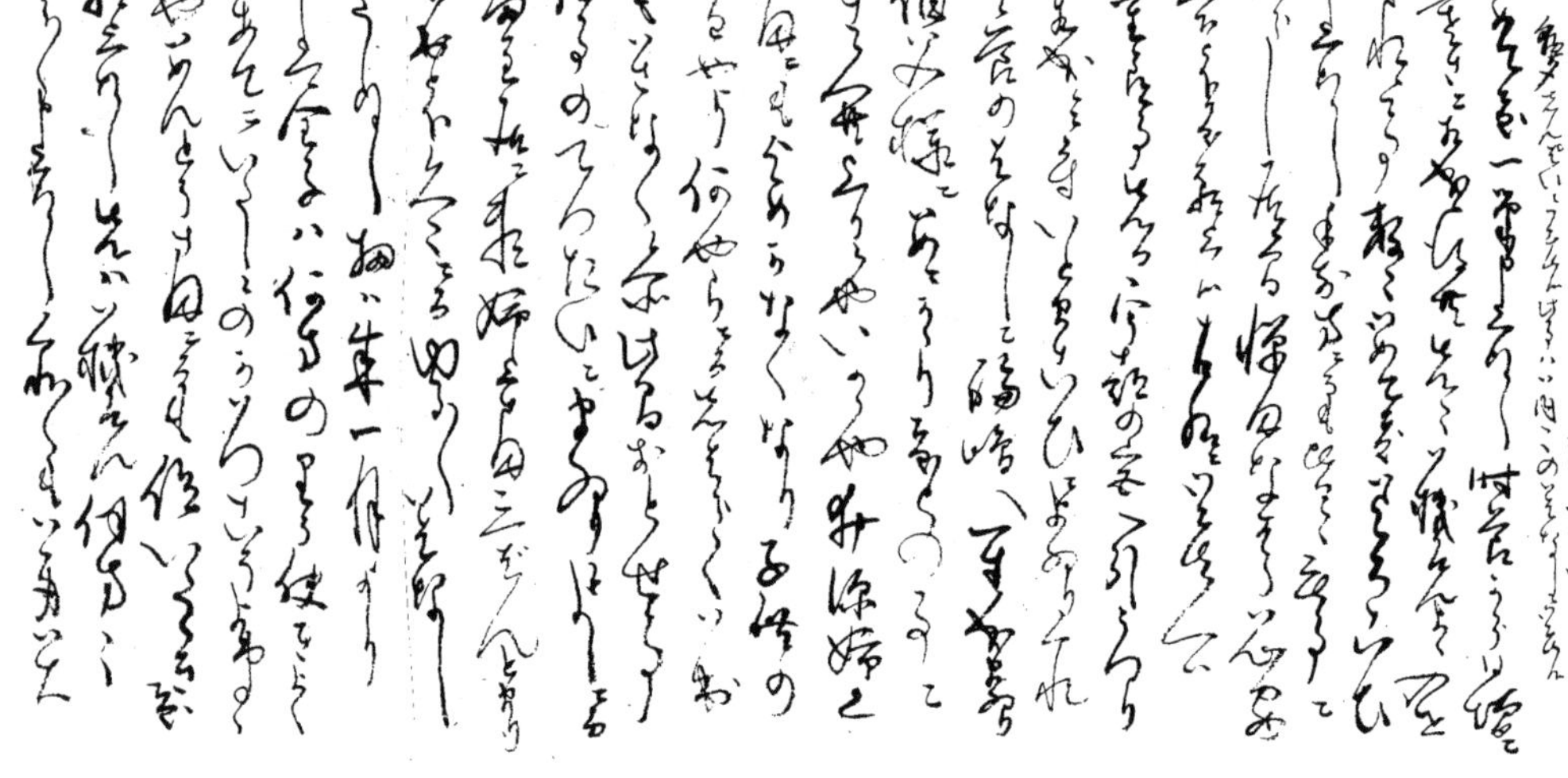

④

九段の方ほらふきの山か　此節誠にふつこうにて
朝夕さんぱいに候　此事は御内々のおはなしに御座候
御めで度く一筆申し上げ候　時節がら日増しに
寒さに相い成り候得共　先々御機げんよく
入せられ候事　数々おめで度く御よろこ
び申し上げ候　手前方々にても皆々無事に
くらし居り候間　憚り様ながら御心安く思し召し
下だされ度く願い上げ候　左様に御座候へば
　重郎事　先日宇都宮に引うつり
に相い成り候に付きとまこひにまゐりくれ
其節のはなしに福島へ一寸成まゐり
伯父様に御目にかかり度との事に
候へ共　上り候やいかがや井深姉上
さまにもよめがなくなり子供の
せわやら　何やらとてしばらくは出
も御座なく候所　此間おとせ事
仕事のてつだいにまゐり候よしにて
留守居に頼み　姉上様三晩とまり
に御いで下だされ久々にてゆる〳〵御はなし
いたし申し候　扨は来一月より
さし上げ候金子は何方の郵便きょく
をあてにいたし候のか　いつこうよろしく
候や　あんどう様にても仰せいただき度く
願い上げ候　先は御機げん伺い方々
あら〳〵申し上げ候くれ〳〵も御身御大

5、

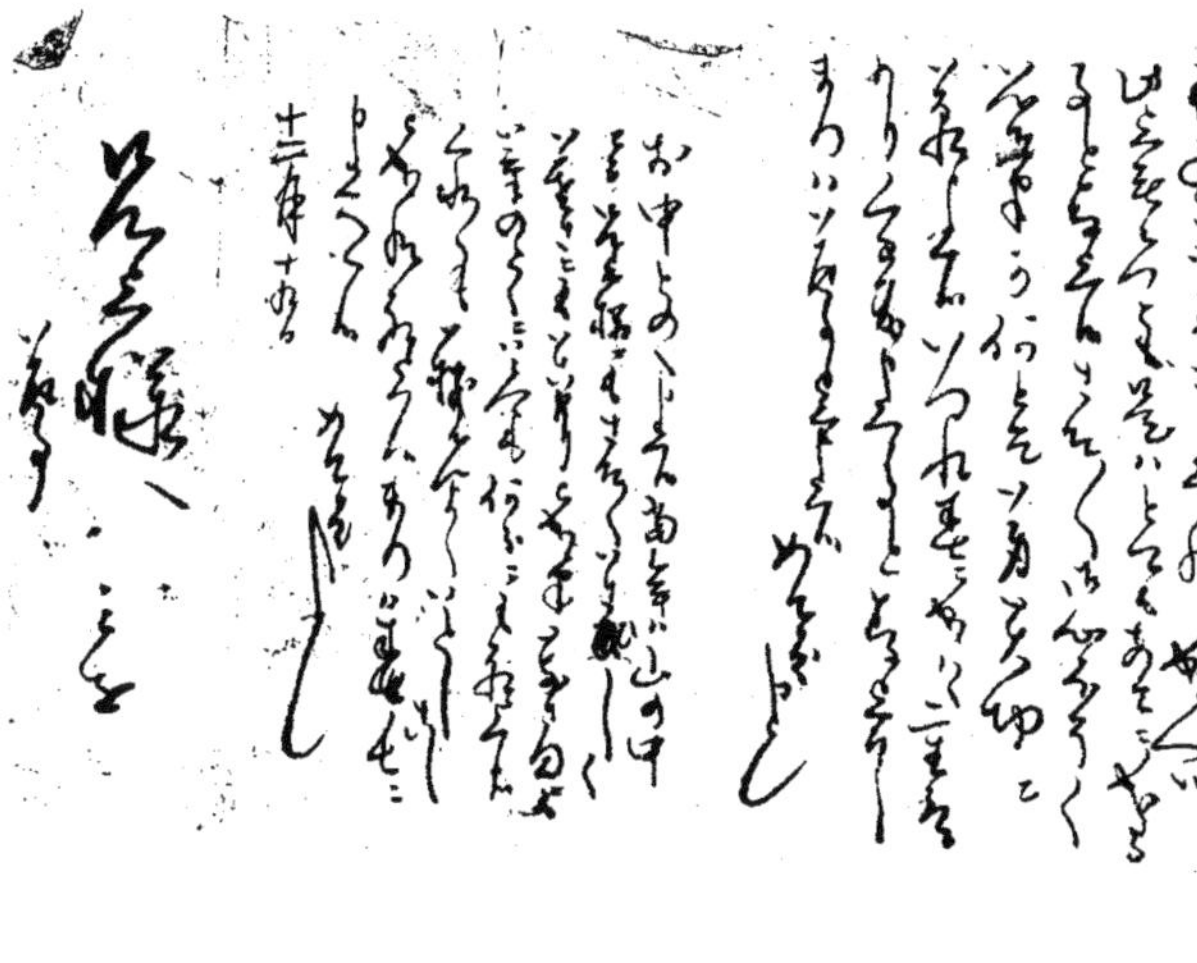

切に遊はされ あたらしき年を御むかへ
遊ばされ候様 願い上げ万々　めで度くかしく
御中どのへもよろしく御申し下だされ度く
願い上げ候
十二月十一日
ゆう便きょくの御返事下だされ度く
ミを
兄上様

⑤
もう少々づつもさし上げ候様に成し候へば
此の上へ無く候へとも 是はとてもあてに成る
事とも存じ上げ候 さぞ〳〵御心ぼそく
思し召し候半か 何とぞ御身御大切に御願い申し上げ
候いづれ春に成り候は丶 重郎よりくわ敷
申し上げ候事と存じ上げ候は丶 まづは御返事迄申し上げ候
めで度く申し上げ候
お中どのへ申し上げ候 当年は山の中
にて兄上様にもさぞ〳〵御さびしく
御寒暮しにも御こまり成され候半 お前さまにも
御気の毒には候へども 何分にも願い上げ候
くれ〳〵も御機げんよく御としこし
成され候様願い上げ候 まづ幾世 長に
申し上げべく候　めで度く申し上げ候
十二月十九日
ミを
兄上様へ
御返事

6、

⑥

一筆申し上げ度く候 御地方はいかが御座候や
此地方はとかく雨天かちにて又天気
に成り候得ば九十にち以上に成り誠に
おもわしからぬ気こうに御座候所 先々
御機げんよくあつさの御さわりも
入らせられず候や 御伺い申し上げ候 手前方
皆々無事にくらし居り候間 憚様
ながら御心安く思し召し下だされ度く願い上げ候
井深 一ノ瀬姉上方にも五月中
御いで下だされ 其後御ぶさた申し上げ居り候
へども 何も御さわりも無きよし
に御座候 当節八重郎どのにも
此地に居り候間 折々は手前方へも
まゐりくれ居り申し候 此間まゐり
候時のはなしに 四郎どの住所
もわかり手紙遣し候よしに候へ共
いつも〳〵ほう給の事 こまり
候ものに御座候 あなた様も御
としの上一日も早く四郎どの
身きまり候て 御安心遊ばされ候様に
ねんじ上げ候 御つとめも御
むつかしく候義に成り候時の事も
姉上方や重郎とも色々は
なしもいたし居り候へども 女の身
分其の上としより共に相い成りいつれも
子供らのせわに成り居り候事ゆえ

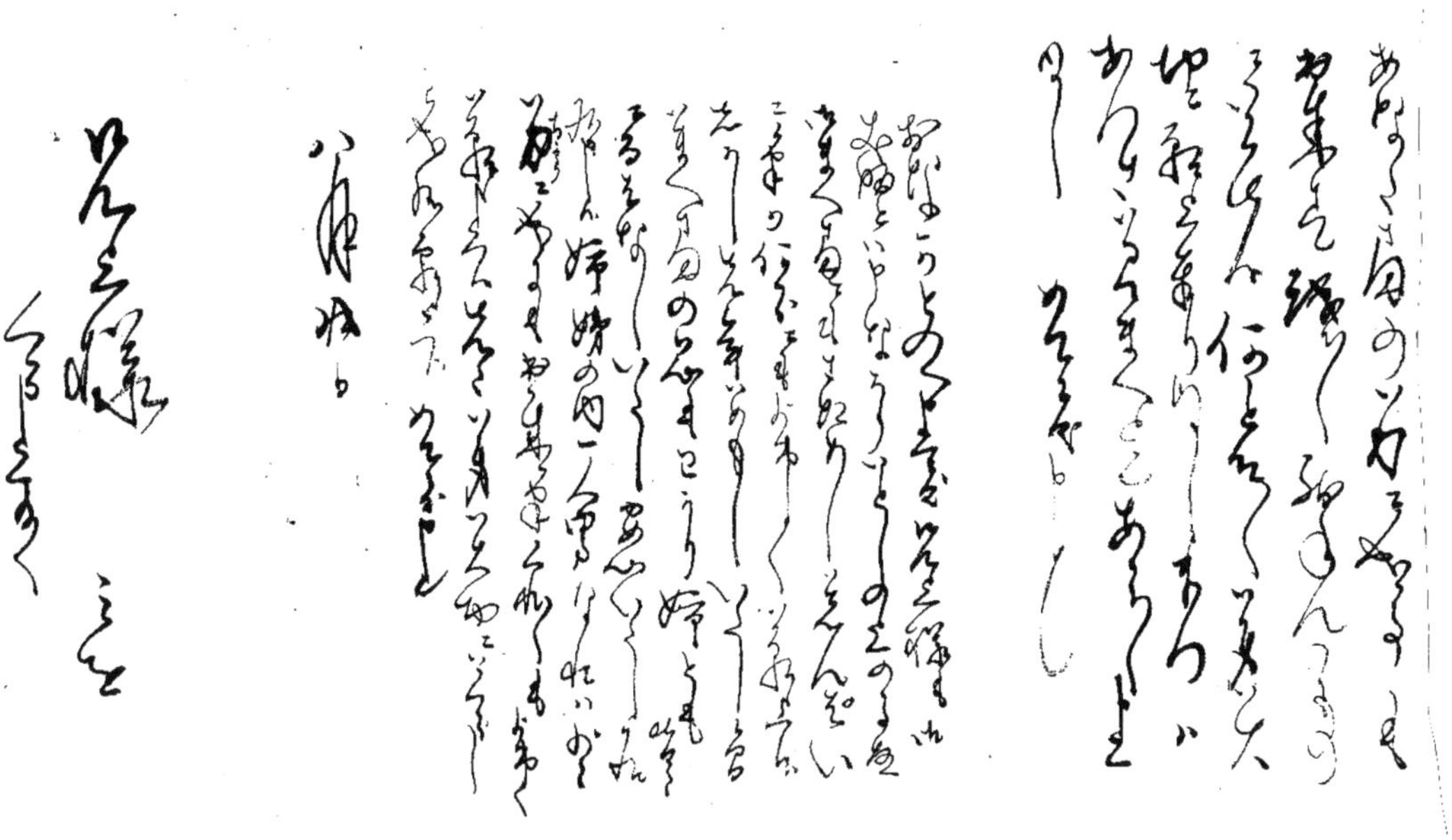

あなた様の御力に成り候事も
出来ず誠に〱残ねんのもの
に御座候 何とぞ〱御身御大
切に願い上げ奉り申し候　まづは
あつさ御見まへまで あら〱申し上げ
候
めでたくかしく

おなかどのへ申し上げ度く 兄上様も御
大ぶとは申しながら 御としの上の事ゆえ
おまへさまにもさだめし御しんぱい
に候半か 何分にもよろしくお願い上げ候
しかし先年おめもじ致し候間
御まへさまの御心もわかり姉とも皆々
にてはなしいたいし安心いたし居り申し
候 姉妹の内一人男なれは少々
御力に成にも出来候半 くれ〱もよろしく
御願い上げ候 先々御身御大切に御くらし
成され候様 願い上げ候 めでたく申し上げ候

八月八日

ミを

兄上様

よろしく尚々

※註　先年おめもじ致し候間・・・・とあるので鈴木美遠は東京より会津を訪れ、お手伝いの「おなか」さんにお会いしていることになる。写真館を営み暮らし向きは良かったのでしょう。

六、伯父上様へ、井深八代の長女「くに・久仁」の便り

1、井深梶之助 の妹

①

其後ハ度々御申分ご無沙汰仕り
様々折り返し恐入 参らせ候　先々
御寒の御障りもあらせられず
御機嫌おうるは敷渡らせられ
候や おそうお伺申上度存じ上候 当方
一同無事にくらしご安神くだされ度
御願申上候 先達山田重郎より
書状参り候処 よのぎにあらず
御伯父上様お勤め御引退候
時のそうだんに御座候処七郎事は
前々よりしようち致しおり候事故
さっそく返事も遣わしおき候
間十分御心つよく御勤め退かれ
候様存じ上候 このせつはしょ品
などじちに相成らまし御致し方
もおふちいたしのおん事も入らせら
れ候半かと ご安事申上候 御地出
立の折お出付下され候 あけ屋町
うるしや与惣治宅お出入の
土地のものに度々きしあたり候得共
よほど前にあけ屋町はやけ候
てより外にうつり今は其町ハ
無よりと御座候 当地におり候内ニ
ようわかり存じ申すべく候
ハ又々きしあたりわかり次第申上候
月日の立つは実ニゆめの間に
伯父上の一年も間ちかく相成

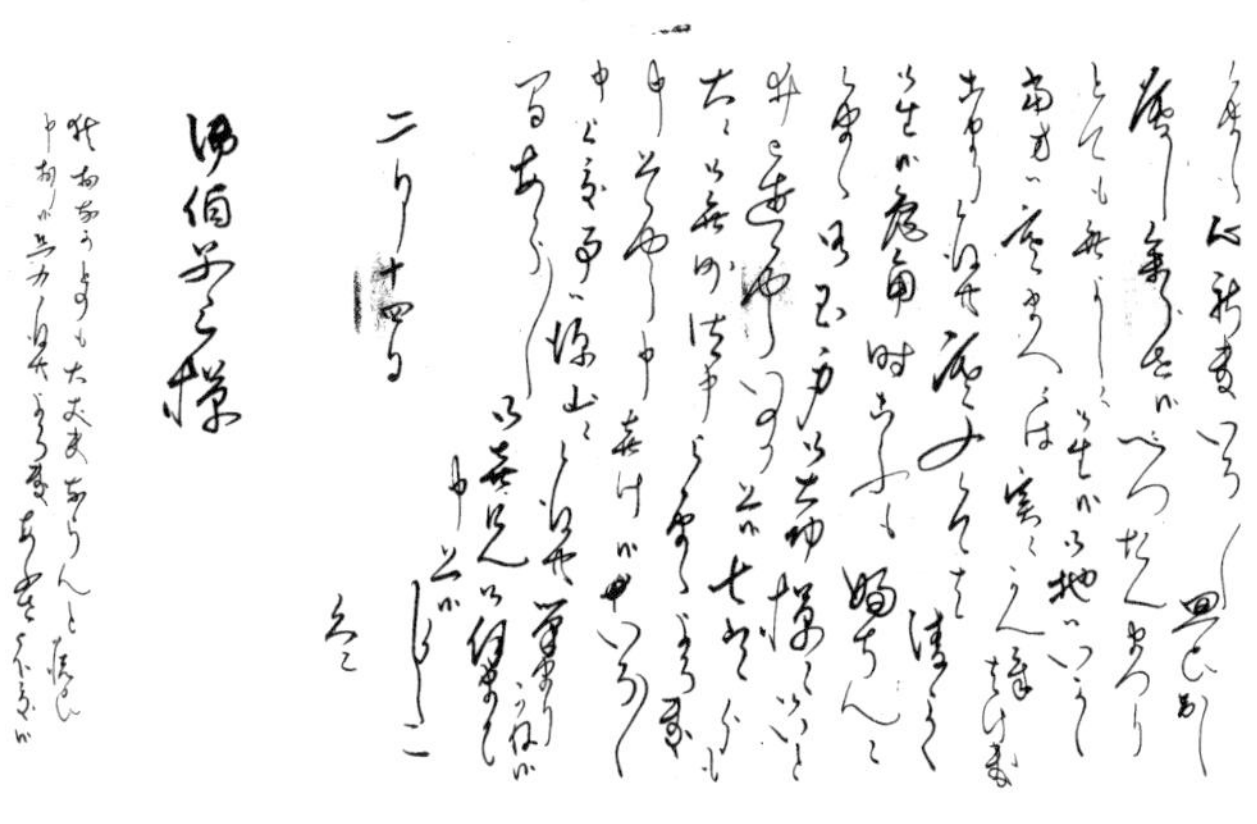

〔久二〕

くやし心新敷いろ〳〵思い出し
暮し余らせ候 べつだんまつり
とても無よしに御座候 御地いかに候
当方ハ寒まへには実くかん気はげ敷
こまり候得共寒入候ては凌ぎよく
御座候 兎角時こふも婦ちんに
御座候 御玉身御大切様におい と
井達せられ候ようい のり上候 七郎よりも
右ニご無沙汰申上御座候 よろ敷
申上候やう申きけ候 いろ〳〵
申上度事ハ沢山ニ候得共筆まりかね候
間あら〳〵御喜けん御伺まで
申上候
かしこ
二月十四日　久二（久仁）
御伯父上様
猶おなかどのも大丈夫ならんとお悦び
申おり候 且候得共よろ敷あふさ被下度候

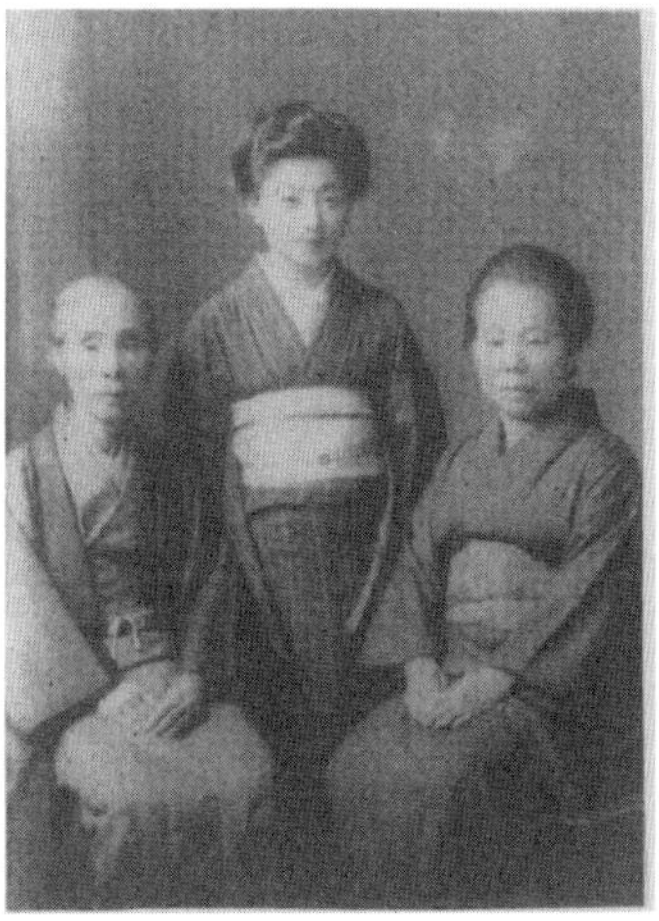

※註　右は沼沢久二〔くに・久仁〕井深梶之助の妹で沼沢七郎妻
中央は井深八重〔日本のマザーテレサ〕
左は井深たよ〔登世・井深常七郎の妻〕
この方のお世話で西郷一族の殉死者を善龍寺へ埋葬されたとのこと。保科近悳の姉の子であり従姉妹の八重の世話を大変された方である。

※註　久二とは井深宅右衛門の娘で沼沢家に嫁いだ沼沢七郎の妻であり、沼沢家屋敷にあった十軒長屋に保科伯父上は住んでいた。その場所は現在、もと地方御家人だった松沢忠吾の子孫が、田島慶三から買い求めたと云う。その北隣りが一瀬要人、八代・幾よ・みをらの屋敷でもあった。

七、井深梶之助より

「保科近悳様」への便り、保科近悳が山間の福島近くの霊山神社の宮司を退隠し、会津へ帰る覚悟を記した便りへの返事であろう。

「応分の事は負担仕り候覚悟に御座候・・」など、保科近悳が明治三十一年一月廿五日会津へ来る一年前に支援を約束する便り。

※註　河東の日新館の天文台前に井深梶之助の銅像が近年建立された。

嘸・・・・・さぞ
鈴木・・・・鈴木真一のこと
山田・・・・山田重郎のこと
勝治・・・・山田勝治のこと
彦三郎・・・井深彦三郎のこと
熊・・・・・佐瀬熊鉄のこと

1、

①
一紙呈上仕り候 然は旧年
御手書を賜り謹みて
拝読仕り候処 仰せの趣
一々御尤至極と存じ奉り候
今日に至るまで御老体
を以て 山間の御勤
務 さぞ御困難の事を
萬々察入り奉り候 私事は
微力にて何程の御役
にも相い立て申し間敷候得共
鈴木 山田義等とも
談示の上 応分の事ハ
負担仕り候覚悟に御座候
間 左様御思し召し下され度く候
勝治 彦三郎に於ても
又同然の事と信じ候
何れ詳細の事は 其うち山田重郎義よ
り申し上げ候筈に御座候間
左様御思し召し下され度く候
目下厳寒の候折角
御厭過され候様 是祈り候　敬白
三十一年一月廿五日
井深梶之助
保科近悳様
二白本年は熊と新暦
の御祝賀を差し控え候処
悪しからず 御思召し下され度く候

☆一行つめた。

八、井深彦三郎より

「保科賢叔宛て」の便り

※註　井深彦三郎が（中国）旅行後、長崎に立ち寄り西郷四郎を訪ねた時「賢叔ニ殆ンド同人ヲ御見棄被レ為候也ニ拝承仕候へども・・・・」と彦三郎は述べている。
保科叔父も養子とは言え四郎に後を託す気はないようであると便りに記している。

1、

①［原文のまま］

追伸
使の間違にて電信為替の取り計らい候よしにて別通電信局 御持参 御査収下さるべく候 也

御満堂御清適に
相い渡られ候半 拝賀奉り候
年来漫然御疎
音に耳打過し罪
大知れず逭候所 蒙
御寛恕幸甚の至り
に候

☆耳・・のみ

愚姫義旧蝋北
清地方漫遊申し候
帰途 長崎に四郎
殿に会い悔晤致し生て
未だ親父を養ふ
能はず三十未成
家其罪小にあらず
と存じ候へども事世
と背き天涯飄落
蹉跎末得と其の志
其の境 其の情如何
にも気の毒に存じ候
去り乍ら四郎亦男
児一朝其の志を得は

償罪いを非難の賢
叔には殆んど同人を
御見棄なされ候也
に拝承仕り候へとも 愚姪
に於いは千会得易
からざるの士と見込み居り申し候
干兹当て御吩咐
の一物誠に軽少
慚愧の至に御座候得とも
金参円也封入
仕り候 御査収下され候は、
幸甚〳〵
時下折角御加養
所希に御座候　不一
二月七日
彦三郎
頓首
保科賢叔
梧右

※註　長崎に養子四郎を訪ねた折りの思いを彦三郎は伯父への便りに記している。愚姪とはどなたか分からない。金参円の送金をしている。明治三十三年頃であろう。

九、甥の山田重郎からの便り

※註　小石川・九段・横浜　井深梶・沼澤・一瀬多喜衛・熊鉄・柴太一郎らの名前が記され、「兄上様」や「保科伯父様」への支援の様子が便りに記されている。

多くの著書には保科頼母近悳の十軒長屋での生活が、悲惨な晩年であると記述され、森川宅や星野宅を訪ね、扇子をかざし「ぞうさをかけるのう」と、もの乞いの様子が描かれており、多くの親族の支援〔送金その他〕があったことや、妹や甥姪が東京より便りを送るなど、絆の深さ、緊密さを西郷頼母研究会の史料で拝見した事は無かった。筆者は茲に一族の情念の深さを見た。

会津人の情けの深さ、情愛をもつ絆を士の心として、かつ別れ離れの暮らしの中にも近悳を慕い続ける姿が便りに犇々と感じられた。明治三十二年秋には鉄道が東京から若松まで開通し、妹らが当地を訪ねている。

1、☆書簡の先の方が欠けている

欠　　文

①　原文のまま

拝啓
其後は久敷□□
罷り在り候処□□□
起居如何□□□
定めし御清□□□
光の事と奉拝□□
降て弊家一同□□
消光罷り在り候間□
偖て此の度山川儀□
昨日会葬致し候得共
哀悼の至りに御座候
過日御依頼に依り
親戚共回状を以て
相談致し候処 皆々
異存これ無く相応の
御補助申すべき由間に
御座候 其人々には
小石川（弐円）九段（弐円）
横浜（壱円）井深梶（未定ナリ壱円位ナラン）
井深勝（壱円）井深彦（出金ノコトハ承知セリ）
沼澤（未定ナリ出金ノコトハ承知）
右之外一瀬多喜衛 熊鉄
柴太一郎の諸氏あれ共
未だ問い合せを致さず候一瀬へ
は井深梶之助より相談致し
候かと存じ候 猶在京の事

《書簡欠損箇所があります》

※註「文中に山川儀昨日
会葬致し候得共、哀悼
の至りに御座候 過日御依
頼に依り親戚共回状を
以て相談致御補助申す
べき由候間に御座候……」
とあるように、援助しよう
とする便りである。山川儀
とは山川浩（大蔵）のこと。
山川は明治三十一年二月四
日に没しているので、この
便りは保科近悳が若松に退
隠する一年前の便りである。
山田重郎の子孫は会津史談
会員の山本英市、山本多市
らである。

に候へば 小生よりも相談致すべく候
○御送金の方法は各自より
御手許迄御送付の事と
致し候ては如何に候哉 然らずんば
各地方に散在する諸
氏は他に集金の手段
無き事と存じ候
○御住所に就き小生及井
深梶之助は東京の方都
合良からんと存じ候得共
小石川伯母上様は 会津
の方御都合良からんとの事
にて決定致さず候
猶御一考下され度く候
○小生は毎月五拾銭宛御
送付申し上げべく候 種々内立
の事情もこれ有り御気の
毒の事は承知致し居り候得共
誠に困却仕り居り候 先ず
間違これ無き御約束にて
申し上げ候 餘裕これ有り候は、
壱円位は差上げ度く存じ居り候
此都合は未だ借金の
抜けざる理由に候間
悪しからず御了承下だされ度く候
先は取敢いず御起居
伺い上げ度く兼て御通知迄

早々頓首
二月八日
重郎拝
伯父上様
膝下

2、※註「・・四郎御世話致さずとも決して御心配御無用之事に御座候 諸姪共の内議もこれ有り候・・・」と保科叔父へ養子四郎のお世話にならなくとも良いではないか、と記している。

前掲の諸姪〔八よ・幾よ・み越ら〕からの便り

②
拝啓
時下寒冷之候に相い成り申し候処 益々御多祥御
消光の由大慶奉り候 降て弊家一同恙が無く
罷り在り候間 他事乍ら御放慮下され度く候 過日四郎
義の事に就き屡々御紙面下だされ候処 実に御尤
の次第 御気の毒の至に御座候 一昨々日御書面
到着三十二年には会津へ御引込の旨御申し越に
相い成り候得共 小生不在中にて御返事遅延仕り候段
悪しからず御海恕下だされ度く候 実は本月二日より
行軍に出張 昨日漸く帰京仕り候 此度の
御相談に就ては篤と親戚の人々と相談の上
返事申し上げべく候 小生も実は一人にて御世話致し度く
存じ候得共 外戚の者は皆々貧窮 殊薄
□□□の身の上なれば是非共他の親戚の人
□□を仰がざるべからず此事に就ては井
深梶之助も嘗て相談致し候事 これ有り候間
何れ其の内協議の上 御返事申し上べく候
四郎御世話致さずとも決して御心配御無用
の事に御座候 諸姪共の内議もこれ有り候
間 宣敷く御安神遊ばさるべく候 先は取
敢えず御返事申し上げ候 早々頓首
十一月十七日
重郎拝
保科伯父上様
膝下

※註 山田重郎は陸軍第22連隊長だった。父は保科近悳の弟山田陽次郎で、雲井事件に関わる。重郎こそ保科の後胤を継ぐ人である。

3、山田重郎より伯父上様 井深彦三郎、西郷四郎のこと

③ 拝啓　　　　（読み下し）

其後は甚だ御不音にのみ
打過ぎ罷り在り候處 近
来御起居如何遊ばされ
候哉 益御壮健に
為なされ在り哉 御かれこれ
御伺え申し上げ度く候
過日より四郎氏の御泊
所を知りたる為め種
々意見を述べ候処
従来の不行為は大に悔
へ候との申譯これ有り候 然し
小生に於ては未だ信用ならず
の点これ有り候
○四郎氏の意見希望を聞
けば政治社会に立身せ
んとかにて甚だ大なる希望の
如く有り 然して詳細の意
見は書面にて談ずるを
不得とて断り候
○又渡台の上井深彦三郎
に就き当分何か就業せ
んとかにて旅費を小生に
請求致し参り候得共も
小生は断然これを謝絶し
余裕あれば伯父君に呈

せんのみと返事致し候
〇井深彦三郎よりも過日
書面到来大に四郎の
処世の道不法なるを説
き異見を加へ候由に
御座候 これは長崎にての事なり
又四郎立身迄は 彦三郎
よりも幾筋なりか伯
父君の御補助を致さ
んとの旨に御座候間
此の段 御承知下だされ度く候
近来多事多忙
にて消光罷り在り益頑
健に候間 御放慮
下だされ度く願い上げ奉り候
先は要事のみ
斯くの如くに 御座候
七月五日
重郎拝
伯父上様
膝下

※註 御左右・・おんかれこれ
而巳・・・のみ

十、西郷庄右衛門よりの便り

1、同苗名字のことや「甚だ些少乍ら拾五円丈漸々才覚いたし送弊・・・」と援助の便り

①
適承貴翰数回反
復奉拝謝候 先以
尊兄秋冷の候気
體御安和殊被慰
久濶思仰之意候 御儀
不堪恐喜奉存候 扨者
先般ハ 御藩邸江 御光
駕被下折 拙者同苗
大病ニ付 彼之地至急
発途いたし不得拝眉
近比残念之至奉存候 同
苗儀御案着被下候処
段々養生不相叶 去ル六
月廿三日死去仕候 親子之
情悲痛之段御憐
察可被下候 貴兄当時
は深川 品川町ニ 而御同
上藩士御同居被成 御座
御姉妹方ニも近々御出府
被為在条 当節は
知事公日を一粒之御輔
助も無御座 困窮之
段深々吐遠察仕候 早
速同姓申合せ御助成
之道可取計之所下拙儀
重服ニ 掛り候而 申談
行届兼大ニ 延引相

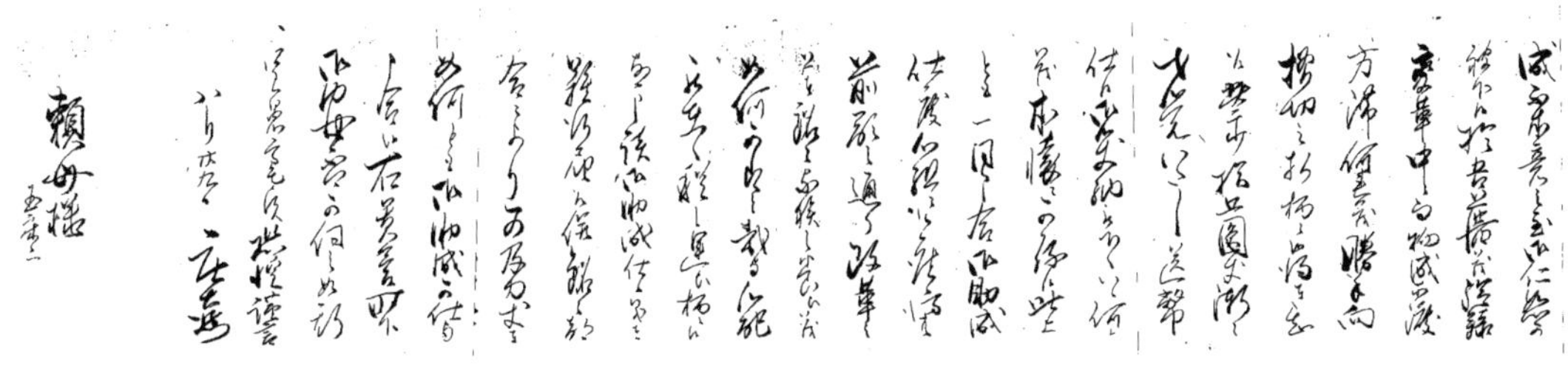

成不本意之至 御仁恕可
被下候 於吾藩茂給禄
変革中ニ而 物成不渡
方滞何れも勝手向
摺切之折柄ニ 候得は 甚
乍些少拾五円丈漸々
才覚いたし送弊
仕候 御笑納被下候ハヽ 何レ
茂本懐ニ可存候 此上
とも一同申合御助成
仕度 心組ニ 御座候得共
前顕之通り改革之
上は銘々家族之養茂
如何可至候哉 と心配
罷在候程之運び柄ニ候
故中談御助成仕候義ニ
難行届候 併銘々都
合ニより可及丈者
如何とも御助成可仕と
申合候 右貴答時下
御安否可伺之如斯
来に候呈愚亭も致居候

恐惶謹言

八月廿九日　庄右衛門

頼母様

玉床下

☆甚乍些少拾五円丈送幣している。

☆同姓之名前　栖雲記の下書きに書いてあった名前は略す

二白時下折角御保護
御専要之御義奉存候以
同姓一統宣申上度候間
申聞候 同姓之名前
別紙ニ記ス匆々不備

※註　二白・・追伸のこと　★原文略す
庄右衛門・・・西郷庄右衛門

第三章　松平容保危篤の知らせ（サンミサマ　ゴキトク）

松平家執事（家令）樋口光への便り

霊山神社宮司保科近悳の明治二十六年十二月四・五日のこと
保科近悳の六四歳の便り、
館林藩謹慎、赦免のこと、廃藩置県前

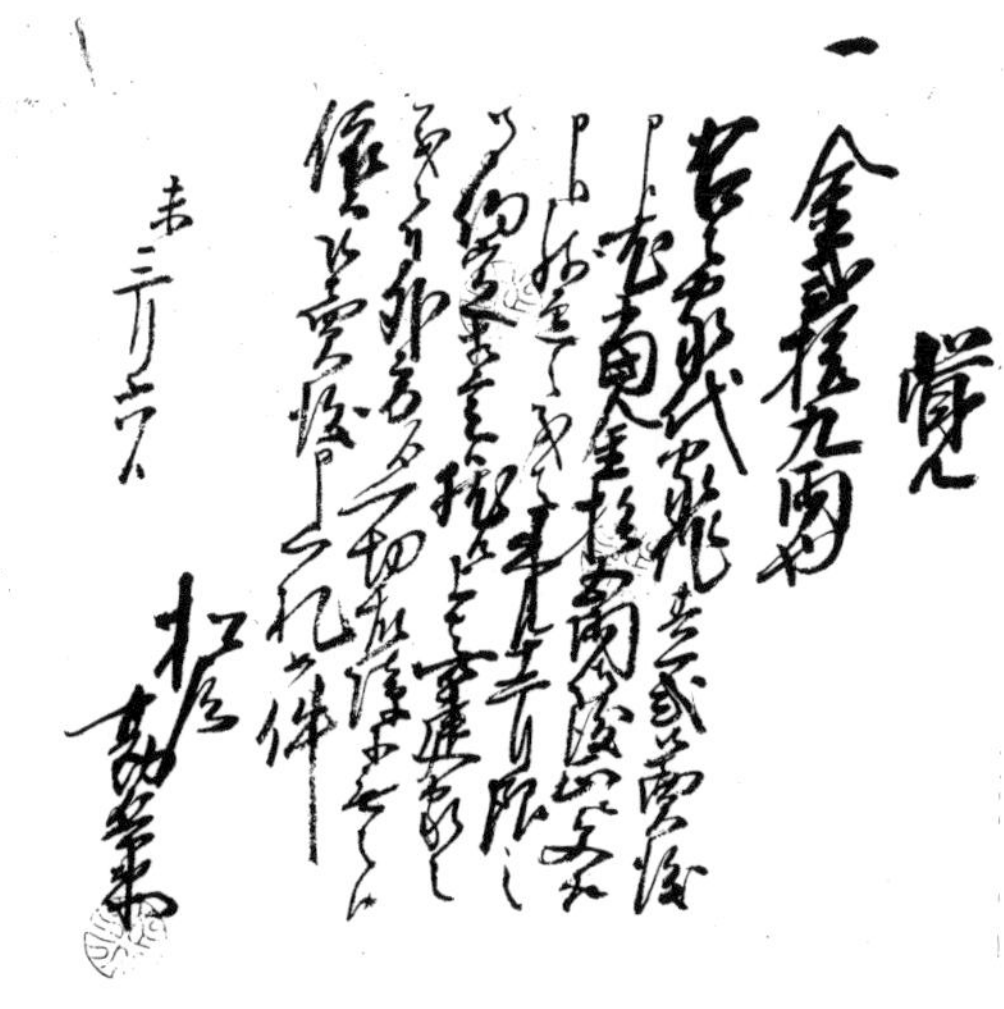

※註　保科近悳（頼母）は弐拾九両で家代家作壱式を松屋勘兵衛より買い求めている。
当金拾五両支払い残金は来る十二月に支払う旨が記されている。
こんな文章もあった。

一、兵部省（館林藩へ）より赦免状について・保科頼母外他藩あて

明治三年二月、兵部省より館林藩知事へ謹慎、禁錮していた者共、各藩へ其々の藩へ引渡すように赦免状（佐瀬家所蔵史料）

※南部藩士一名
伊達藩士二名
会津藩士一名　四名
館林藩に謹慎、禁錮だった。
他藩の大関清七　佐藤源吉　堺長十郎

館林藩
館林藩知事
秋元禮朝
別紙之者共兼而
禁錮申付其藩江
預置候處今般被
差免候条藩々江
可引渡事
二月
兵部省

元南部利剛家来
大関清七
元伊達慶邦家来
佐藤源吉
同
堺長十郎
元松平容保家来
保科頼母

※註

保科頼母は、その後芝増上寺玄城寮にて謹慎し、斗南県出帳所に届出の上、伊豆那賀郡江奈村、中川村などで塾「謹申学舎」を開く。明治七年八月まで過ごし、明治八年八月三日東白川郡棚倉の都々古別神社宮司に就任するが、明治十一年六月二十五日、西南戦役の際、西郷隆盛の謀反にくみした疑いにより都々古別神社宮司を解任される。明治十三年二月二日、松平容保が日光東照宮宮司に就任した。その年の三月十三日、容保は保科近悳に日光東照宮禰宜に「断簡片泉下巻」の辞令を与えている。かつて西郷頼母近悳は戊辰戦争のさなか慶応四年八月廿六日、先日二十三日には西郷家一族（母・妻・妹・娘ら）二十一人が殉死したにも拘わらず、近悳は城外、高久、米澤、仙台そして函館に嫡子吉十郎有鄰九歳を連れ出す。後ろ髪引かれる思いであったろうに、仔細は様々な憶測がある。しかし、それ以来十三年ぶりに、容保・近悳のかつての確執、怒り（京都守護職の就任に反対、戊辰戦争の諫止）、会津を廃墟と化したことを乗り越え、互いに融和し、日光東照宮禰宜を依頼し、また、これを受容れる近悳の心の動きがどうしても計り知れないことがある。

甥の佐瀬熊鉄は、閔妃暗殺事件後の朝鮮で牧場経営を行っており（詳細は『会津史談会第七二号佐瀬熊鉄のこと』について青木利秋氏により記載されております。）、後に明治三十五年衆議院議員となるが政争にて程なく解散し、その後立候補したが落選となる。

明治三十六年伯父保科近悳が身罷る折、親戚代表をつとめた。佐瀬熊鉄妻は明治四十年に病死、後に熊鉄は再婚しており子孫である神戸市在住の宏邦氏のその後の消息が知りたいのですが、かつては佐瀬家へも訪ねて居られたとのことである。

一瀬要人隆智・山本権八（新島八重の父）らの墓碑が門田町一ノ堰、光明寺境内に戊辰戦役碑とともにあり、拙者の母の実家、栗城家の菩提寺でもあるので以前より関心があった。

自然石に刻まれている碑文を確認したいものである。桑原村に埋葬し、一年後に光明寺に再埋葬した。一ノ堰村の肝煎で且つ壇信徒総代の栗城善三と住職が関ったであろう。

二、三位様（松平容保）ご危篤、ホシナ チカノリ宛て十二月四日の電報

サンミ サマ　（三位様）松平容保の危篤の知らせ。

1、電報は東京小石川より（明治二十六年十二月五日病気にて薨ず）

★斗南藩職員録によるヒグチミツについて

権大参事　山川與七郎（浩）

小　参事　倉澤平治右衛門（重為）山内頤庵（知通）

　　　　　永岡敬次郎（久茂）　廣澤富次郎（安任）

大　　属　刑法掛兼司民掛　清水作右衛門

　　　　　刑法掛兼会計掛救貧治療所掛　樋口源介（光）

ヒグチ　ミツ

松平容保の側近として当時、東京小石川におられた。

山川浩以下六位の役人

☆シノブ　ヤマシタクルマヤ宛ての　電報

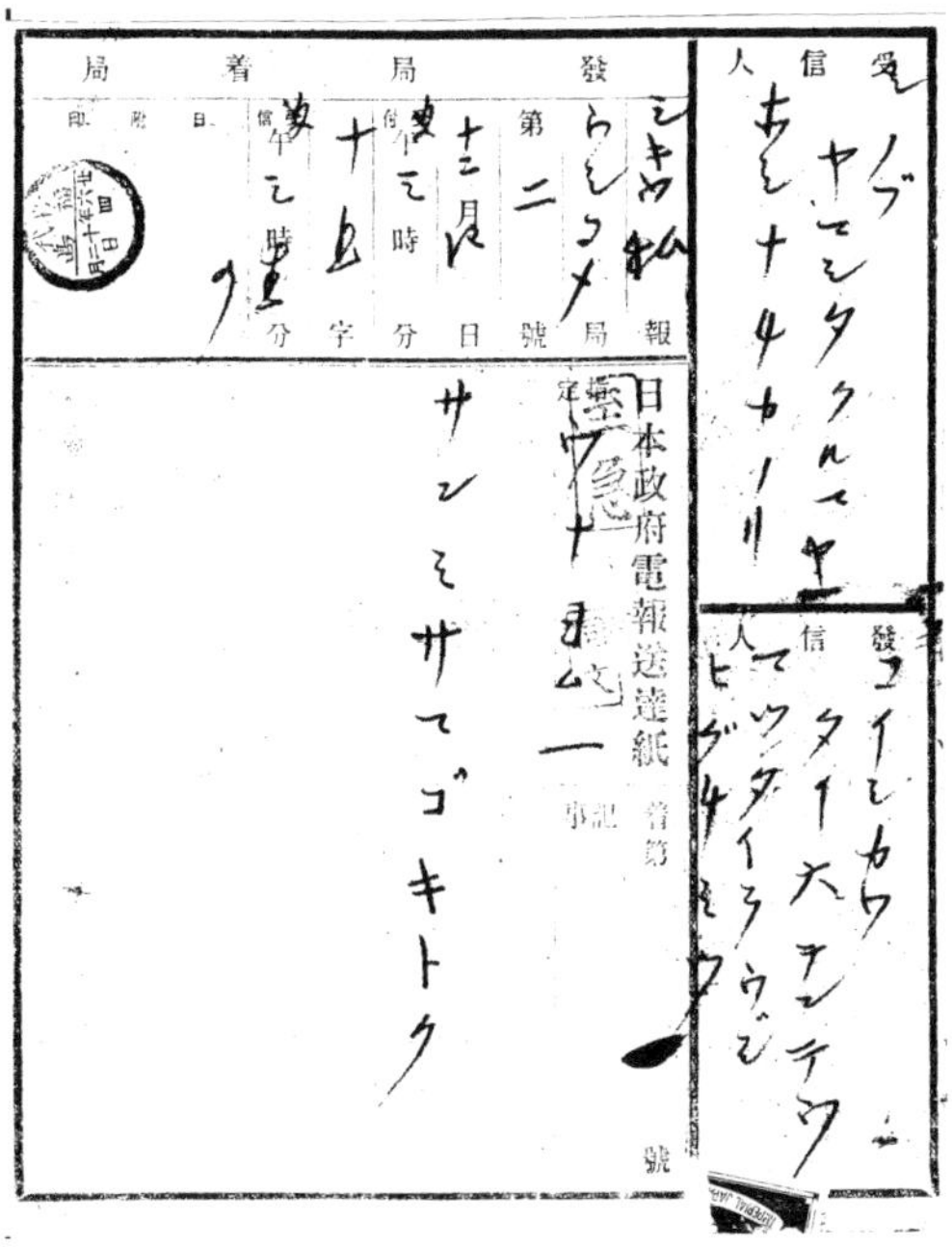

※註　霊山神社の宮司時代は度々福島へ往来し、福島師範などへ指導のための常宿であったのがクルマヤであろう。クルマヤと云う宿を調査したが信夫山公園下か、今のところクルマヤと名乗る宿はなかった。

受信人	シノブ ヤマシタクルマヤ ホシナ チカノリ
発信人	コイシカワ タイ六テンテウ マツダイラウジ ヒグチ ミツ
発局	シキウ私報 / ウシコメ局 / 第二號 / 十二月四日
着局	受付 午後三時 / 十字 / 受信 午後三時十五分 / 日附 岩代福島 廿六年十二月四日 印
日本政府電報送達紙	着第一號
指定	ウナヨム一　至急同文
記事	
本文	サンミサマ ゴキトク

三、電報（松平容保危篤の知らせ）により

1、「サンミサマゴキトク」電報を、保科近悳宛てに発信した樋口光「ヒグチミツ」に対して、保科近悳は、明治二十六年十二月四日には、上京はしたが、逝去までは居らず、葬送には参列しないで福島に帰った。

霊山神社の神主は地方廳（県庁）の許可無く旅行できなかった故、福島へ帰県「・・残念ながら御送葬御見送りも仕まつらず今更遺憾に存じ奉り候・・・・」ことなど、ヒグチへの書簡の下書きである。

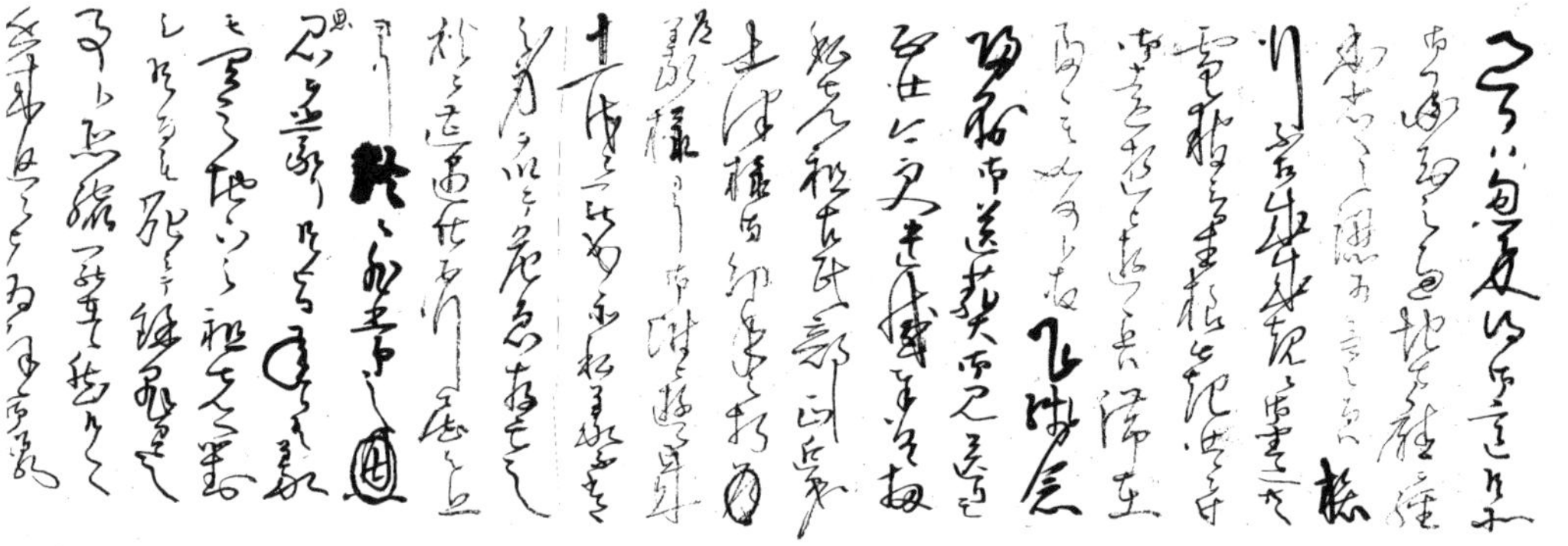

①

過日は怱卒得と御意候所
御承知の地方廳を経
本省への認可これ無くては旅
行相い成らず成規に御座候へ共
電報にて直様出起 仕り候に付
御遠遊 遊ばされ迄は滞在
致し候も如何と存じ 残念乍ら
帰県御送葬御見送りも
仕つらず 今更遺憾に存じ奉り候 扨
私先祖古民部正近義
土津様御幼年の折
道義様より御附遊ばされ候い来
十一代に罷り成り候所 私義不肖
の身を以って 危急存亡の
秋に遭遇仕り 不行届の上
より終に非常の通
思召を蒙り 御旨承り候義
もこれ有り 地下の祖先へ對
し候ても 死して餘罪これ有る
事と恐縮罷り在り候 然るに
近来追々解かさせられ候 御様

※註　正近義・・保科近悳の初代　土津様・・保科正之
道義様・・保科正光（保科正之の養父）

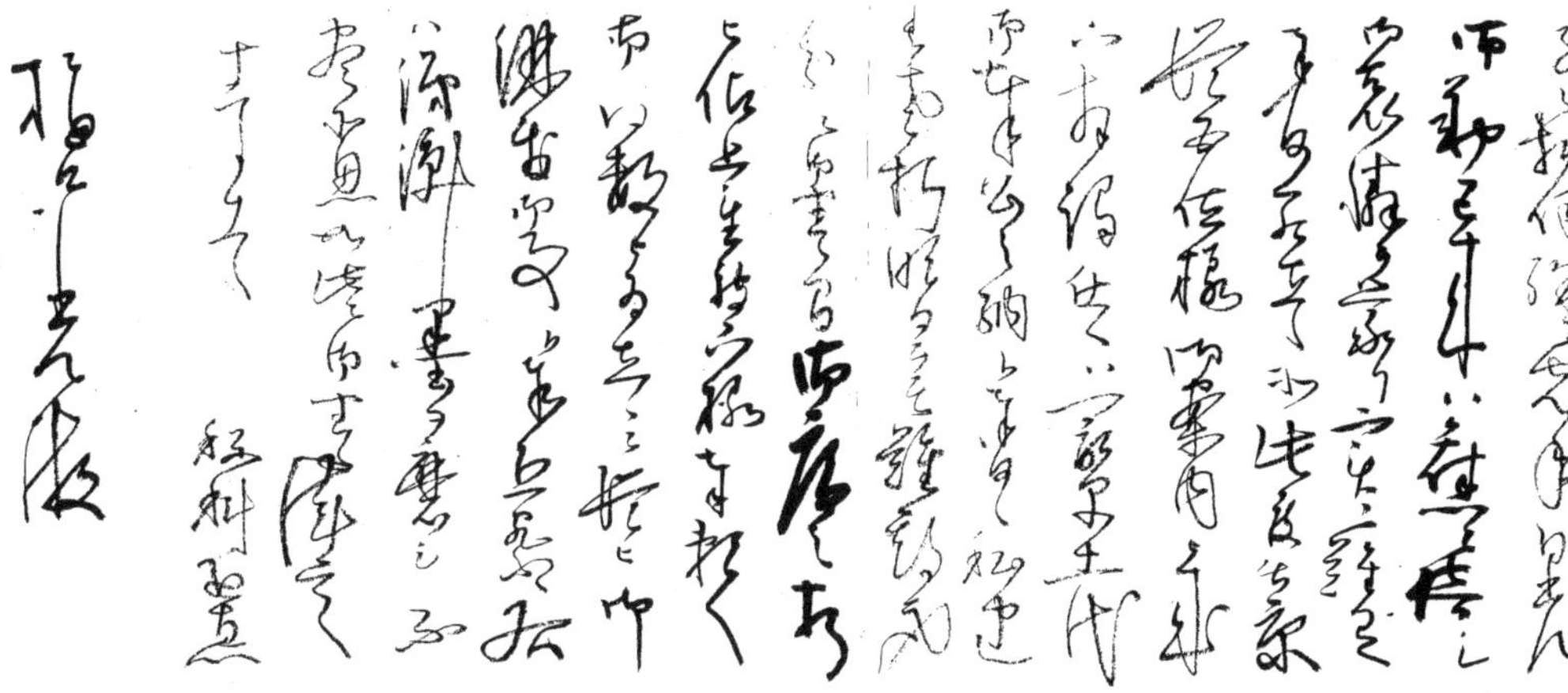

子に相伺え 殊に先年日光
御勤已来は 旧に倍し
御哀憐を蒙り 実に有り難く
存じ奉り罷り在り候所 此度出京
従五位様御案内成し下され
拝謁仕り候へは 最早十一代
御奉公の納と存じ奉り候 私迪
も老朽明日をも期気難き
分に御座候間 御序の折
仰せ上げられ 生駒下様頼み奉り候
御日数存ぜさせられ候に従ひ 御
淋敷く御事と恐察奉り候右
ハ落涙墨を磨し不
盡の思い此の如くに御座候謹言
十二月十一日

保科近悳

樋口　光殿

樋口光は容保の側近であった。墓地は青山にある。

☆先年日光・・日光東照宮禰宜の折

☆従五位様御案内・・松平容大
十一代・・保科近悳自分のこと

※註　明治二十六年十二月四日の危篤の電報により上京はしたが霊山神社の宮司のため許可無く滞在できず、「・・・帰県し、御送葬御見送りも仕つらず」と記している。その後のことを思い出して「祖先へ對し候ても死して餘罪これ有り事と恐縮罷り在り候・・・」先年日光御勤以来は「旧に倍し御哀憐を蒙り 実に有り難く　存じ奉り・・」などと述べている。
福島から東京までは明治二十四年に汽車が開通したので松平容保のご逝去の前十二月五日に拝顔は済ましたであろう。

第四章　保科近悳の遺品

『断簡片泉 上巻』の紙面　沼沢家所蔵（会津武家屋敷）

後藤象二郎・山川浩らの便り、保科近悳殿あてなどの紙片（二十六件）

『断簡片泉 下巻』の紙面　佐瀬家所蔵（会津坂下町）

松平容保より保科近悳殿へ、日光東照宮禰宜の依頼など（十三件）

※註　会津藩主三代　保科正容（松平改姓前）の書　玉木秀治所蔵

断簡片泉について

※「保科家家傳品目」その中に『断簡片泉』下巻があった、後に紹介する。

★前掲の武家屋敷での頼母展の保科近一所蔵と似ている。

保科家家傳品目

一、唐櫃　一個
一、護忠君文書　一幅
一、故三位君　一幅
一、銘石　霊山石・繪嶋 鶴亀・鶴城石　四個
一、文昌硯　一個
一、金環　一個
一、木如意　一個
一、笏、扇　各一本
一、辞令書　一包
一、長善短刀（三善長道）　一本
一、家傳書類　一切

右保管
明治三十六年五月四日

※註　保科近悳（西郷頼母近悳）明治三十六年四月二十八日没、明治三十六年五月二日告別式後の五月四日に佐瀬熊鉄が保管した。その後桐の箱に入れ、養子かつ、喪主の保科近一へ大半は送り返したが、若干残ったものがあった。『断簡片泉上巻』は東京世田谷沼沢家に保存されている事が西郷頼母研究会の『栖雲亭通信1号』に記されている。同書に下巻は不明であると記されていたが、河沼郡会津坂下町福原の佐瀬家にあった。
かねて河東町嶋村伴野家より婿入りした元広瀬・若宮・金上小学校長をつとめた佐瀬三郎が遺品の大半は東京八王子市の保科近一へ送付したとのことであったが、残っていたものがあった。その史料を掲載した。

一、『断簡片泉』上巻の内容（東京世田谷、沼沢家所蔵）

「断簡片泉」上巻の最初の紙面　※原文のまゝ

※『断簡片泉』上巻（現在会津武家屋敷所蔵）
左のような二十六点の紙片貼り付け。後に内容を掲載した。

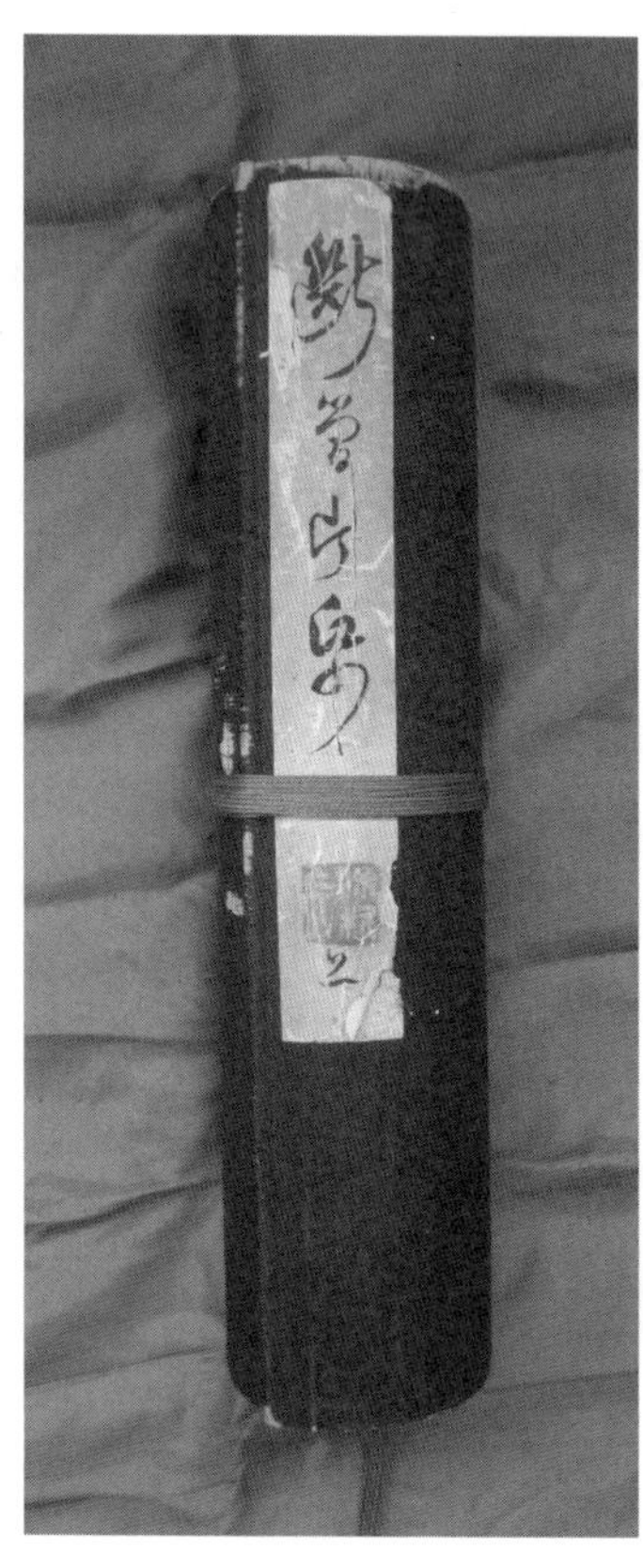

一、松平容保より保科近悳殿
二、長崎省吾より東照宮禰宜保科近悳殿
三、後藤象二郎より保科近悳殿
四、黒田清綱より保科近悳殿
五、杉弥七郎より保科殿
六、田中芳男より保科近悳様
七、「東照宮御親筆」奉納陸軍医総監正五位松本順より
八、平山省斎より保科賢君
九、廣澤安任より保科近悳様
十、筆者不明
十一、綱紀より保科賢老
十二、秋月胤永〔悌次郎改〕より保科有鄰様
十三、文昌　酔月先生

十四、秣平より保科先生
十五、保科先生肖像
十六、晃山之地志
十七、山岡鉄太郎より保科近悳殿
十八、封書、西郷吉之助　斗南藩邸西郷頼母様
十九、封書、内務卿伊藤博文
二十、山田信道より保科近悳殿
二十一、山川浩より封書、保科近悳殿
二十二、山川浩便り保科先生研北
二十三、柴四郎より〔東海散士〕
　保科尊大志の研北
二十四、山内山知人より保科宮司様
二十五、日下義雄より保科頼母様
二十六、佛人デグロンの封筒

一、松平容保より
保科近悳殿

保科近悳殿
乞親展
印
松平容保印

但此別紙書附被相渡候訳ニ者
無之候間　心覚之為メ暫
時借用写所申進出致候
間尚為写相廻申候
其御心得ニ而　一同江も宜
敷御噺置有之度候也
乍序先頃ハ登山
儀何分彼是お世話ニ
相成候　右謝辞も申入候
嶋田初江も同様申入候也

※註　松平容保が保科近悳にあてた日光東照宮の祭礼などの準備か、お世話になるとの便り一部である。十三年ぶりに、かつての確執から和解、日光東照宮禰宜の承諾、その辞令は「断簡片泉下巻」に貼り付けられてある。（佐瀬家所蔵）

二、長崎省吾より
東照宮禰宜保科近悳殿

明廿三日北白川宮御旅
館ニ於而午饗進呈
致度候間 正午十二時
御参館被下度 此段
殿下之命ニヨリ 御案内
申入候也
　九月廿二日　満願寺ニテ
　　　長崎省吾
東照宮禰宜
　保科近悳殿

※註　明廿三日鹿児島県士族、宮内庁大臣秘書長北白川宮様のお世話、日光東照宮参拝の折の願い書

三、後藤象二郎より 保科近悳殿

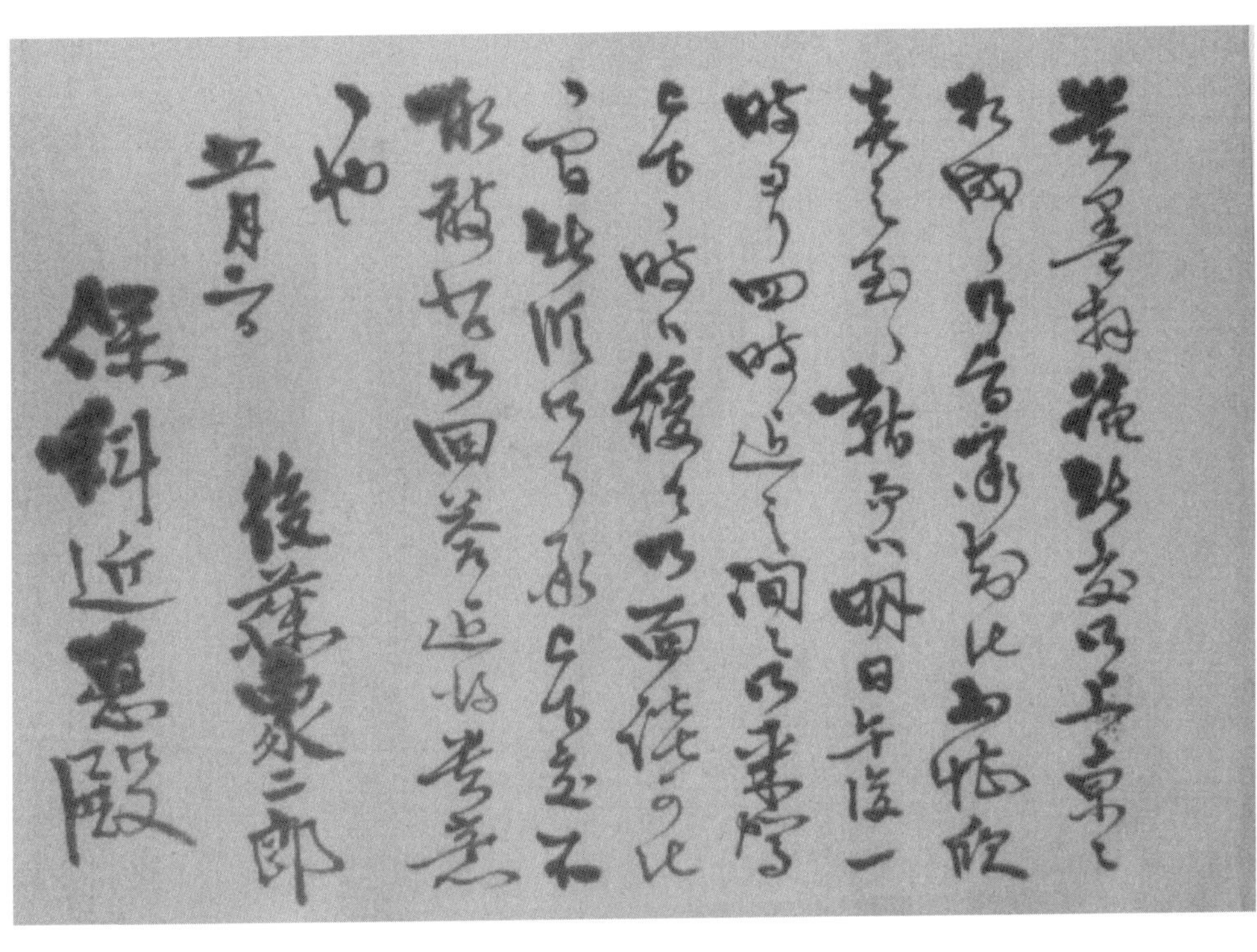

貴墨拝読此度御上京仁ニ
相成候 御旨承知候至堪欣
喜之至り 就而ハ明日午後一
時ヨリ四時迄之間ニ御来駕
被下候時ハ 緩々御面談可仕
候間 此段御了承被下度不
取敢右御回答迄得貴意
候也

五月二日　後藤象二郎

保科近悳殿

※註　明治二十年日光東照宮禰宜辞任後、保科近悳は大同団結運動に参加し、後藤象二郎と交流、保科近悳もこの運動に関係し会津にも度々訪れている。

四、黒田清綱より
保科近悳殿

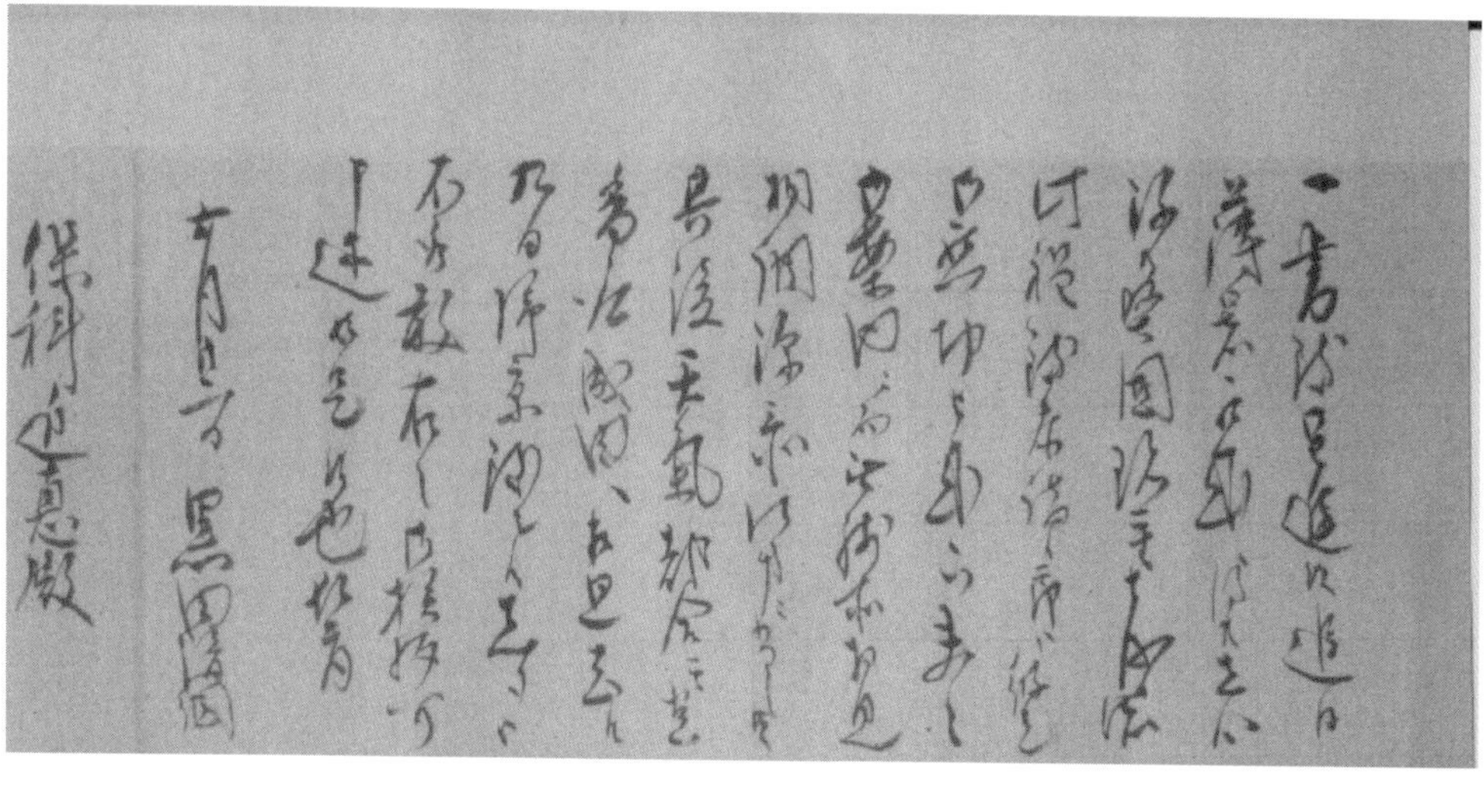

一書致呈進候 追日
薄暑罷成候得共在心
称堅固珍重相成候諸
此程致参詣候節ハ 彼是
御懇切被成下夫々
御案内ニ而 無残所拝見
相調忝次第ニ有之候
其後天気都合も恵
香取成田ヘ相廻至ル
九日帰京致シ候 志ニハ
不取敢右之御挨拶可
申述如是候也 頓首
五月廿二日 黒田清綱

保科近悳殿

※註 旧摩藩士 黒田清綱（くろだきよつな）（一八三〇～一九一七）明治期の官吏、元老院議官・枢密顧問官歌人・滝園社を開き子弟教育。

五、杉弥七郎より
保科殿

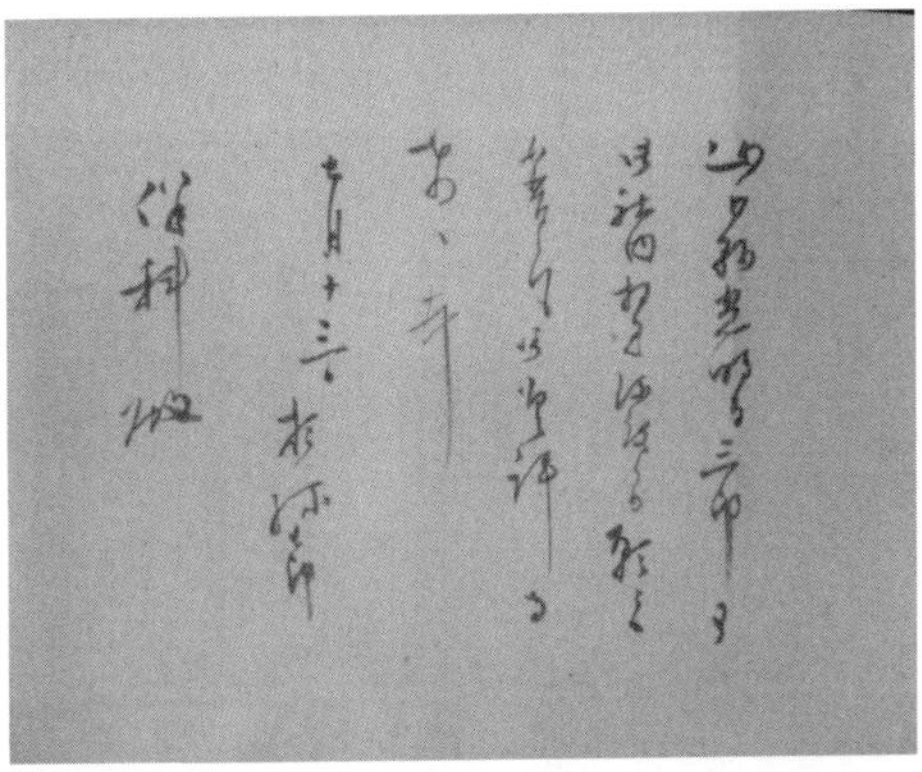

山口縣光明寺三郎こと
御社内拝見致度く候 願之
不苦し候も草評寺
奉候　早々
七月十三日
杉弥七郎
保科殿

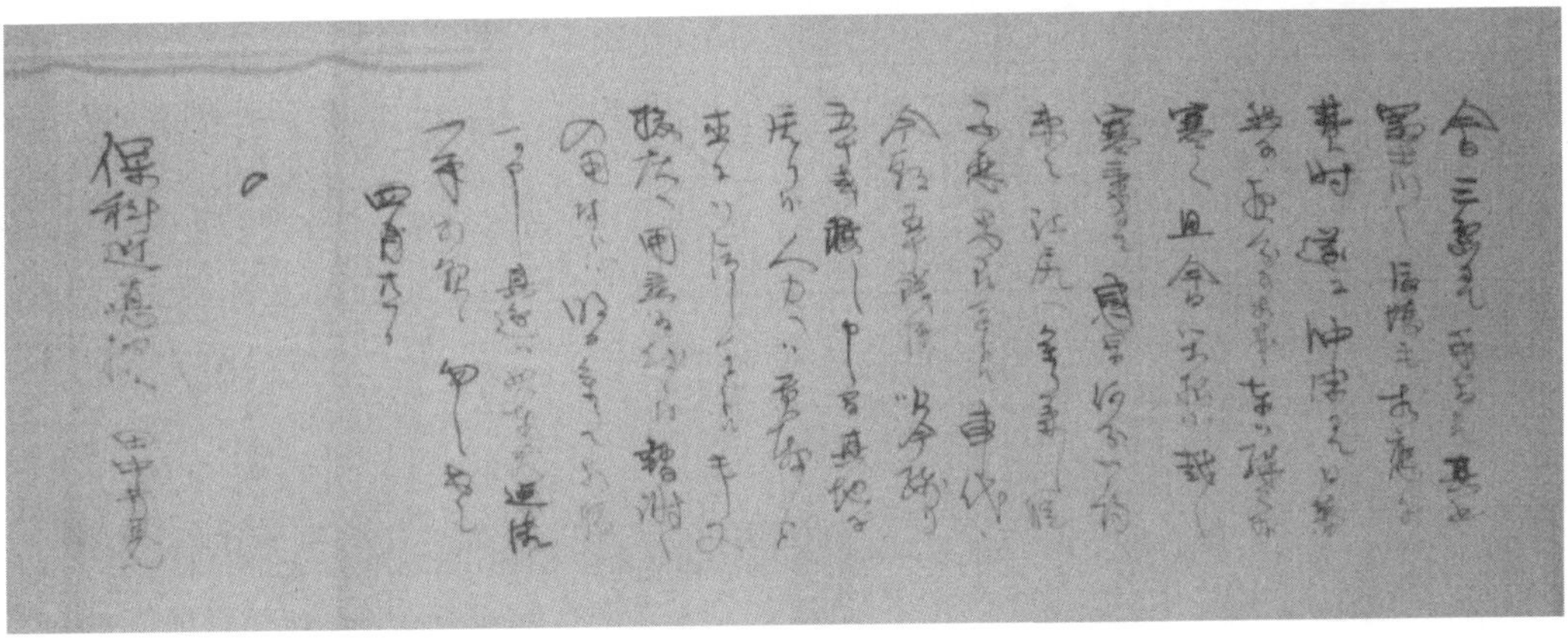

六、田中芳男より
保科近悳様

今日三島にて手間取其近
富士川之渡場も相応に
費 時遂に沖津にて日暮
然に夜分に相成 車ハ殊の外
寒く且つ今日箱根山越し
寒気にて感冒何分ご約
束の江尻へ参り兼候段
不悪思召可被下候 車代
今朝五十銭済 昨今残り
五十銭渡し申し候間 其地に
居り候人力へハ 貴殿より
直にお渡し可被下ル もし又
旅店へ用意為致候 報謝之
入用ならハ 明日参りて相渡
可申候 其邊ハ此車夫迄御
一筆お願候 早々頓首
四月廿一日
保科近悳様　　田中芳男

※註　長野・信州飯田のひとで、幕末より明治にかけて活躍された博物学者、物産学、農学者、農務官僚であった。動物園・植物園を構想し上野動物園の設計などをする。

七、「東照宮御親筆」

奉納陸軍医総監正五位松本順より

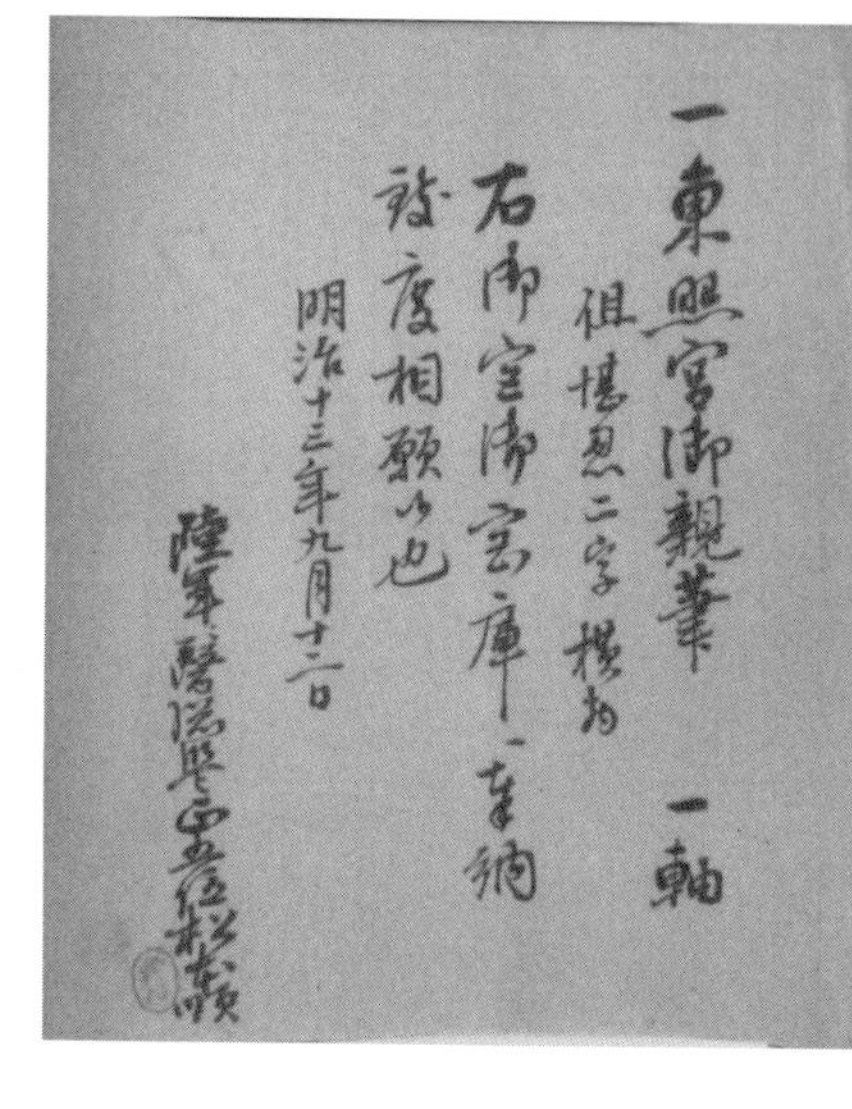

一東照宮御親筆　一軸
　但堪忍二字　横物
右御宮御宝庫へ奉納
致度相願候也
　明治十三年九月十二日
　陸軍医総監正五位松本順㊞

※註　幕末、明治にかけての蘭方医、江戸時代は松本良順と名乗り下総国佐倉藩医佐藤泰然の次男として江戸で生まれたが、幕府奥医松本良甫の養子となる。順天堂の創始者の次男である。

八、平山省斎より保科賢君

古梅天意外快晴ニて
御清詣□□□
　滋賀県下近江国
　多賀神社祠掌
　同社教会副長
　権力講義小林泉
今般日光山拝禮の為登
山仕候旨御□力ヲ以萬無滞
参拝相叶候様□指導申し
右教会十五県ニ誇り十五万
戸人員七十万余にて右教
長ヲ昨年来依頼受此度
乍礼上京仕候義ニ御座候至り
教会篤志の者也萬
宜敷参拝都合宜希候
□余本年休暇にも相成候ハ、
今一回登山為相眺楼ニ
為願意先ツハ前件お願
致し存じ候
　六月十二日　平山省斎拝
保科賢君
　取置
世上□□一梼
容保君義ご壮健時々於
□□相□叙旧相楽
居申候也

※註　平山省斎　文化十二年～明治二十三年（一八一五～一八九〇）
宗教家で明治維新後の神道大成家で氷川神社の宮司などをつとめる。

九、廣澤安任より
保科近悳様　〔封筒を開き貼り付けてある〕

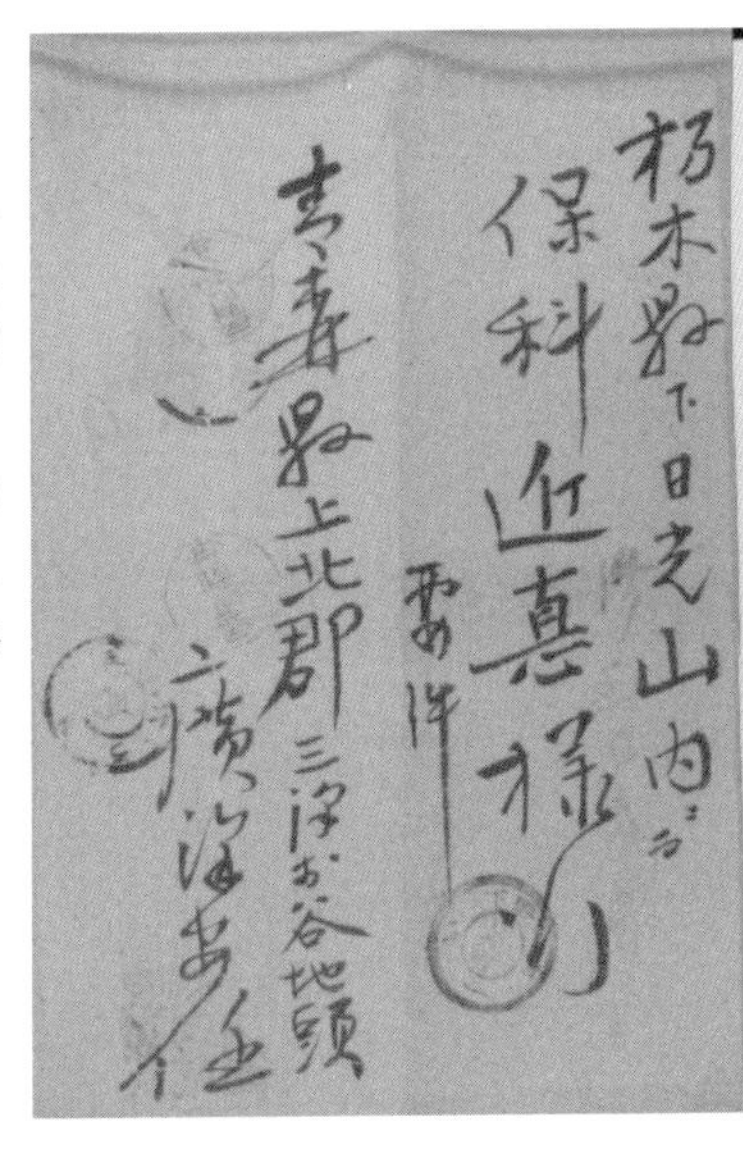

栃木縣下日光山内ニ而
保科近悳様行
要件

青森縣上北郡三澤村谷地頭
廣澤安任

※註　廣澤安任　天保元年～明治二十四年（一八三〇～一八九一）
幕末の会津藩士、松平容保の京都守護職就任に伴い京都において各藩の名士と交わり、守護職時代は新撰組の管理にもあたり、戊辰戦後は斗南藩の小参事で実力者でもあったが、廃藩置県後は明治政府より招聘されたが断り、開放社・牧場を設立する。「牛馬王」と呼ばれ洋式牧場を開設した。

青森県では郷土の偉人とされている。

明治十四・五年頃の封書であり、手紙の紙面がない。

十、筆者不明

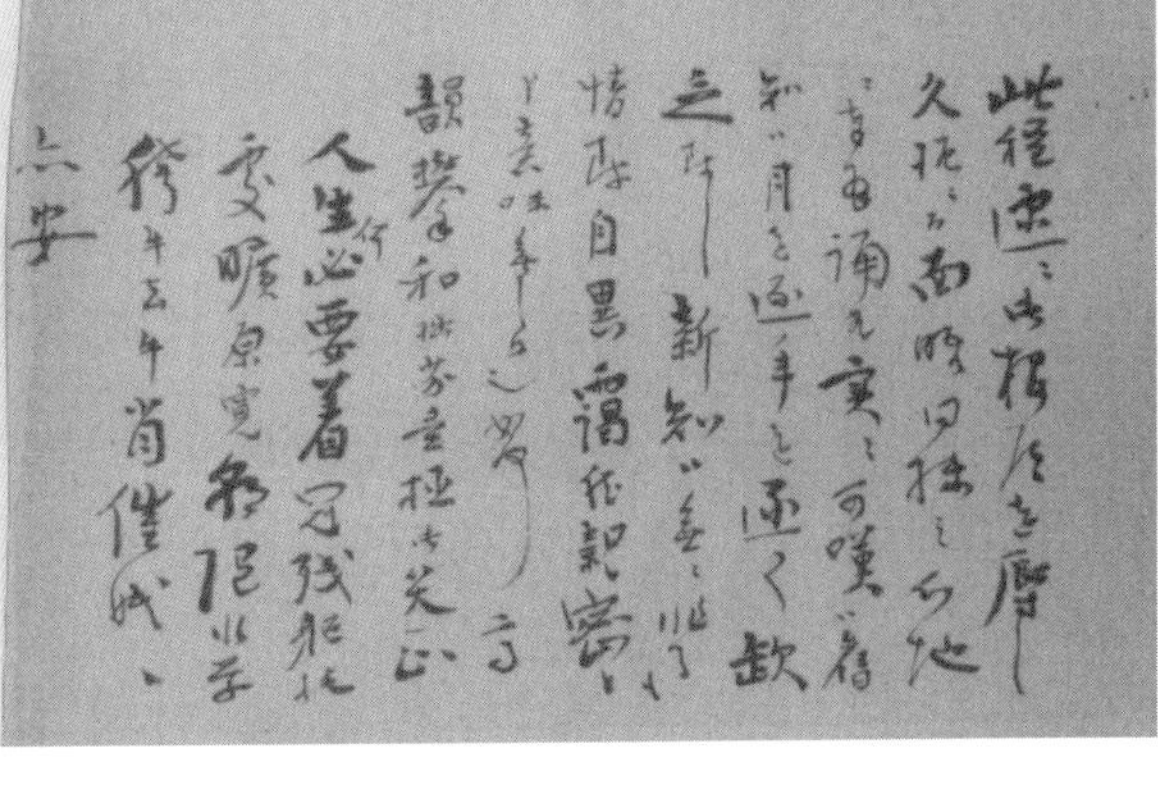

此程速ニ御根道を辱し
久振ニ而 面晤同様之心地
ニ奉拝誦候 実ニ可嘆ハ旧
知ハ月を逐年を逐て欠
乏致し新知ハ無ニ非るも
情致 自異靄然親密と
申意味無之候也 如何高
韻攀和拙芬是極御笑止
人生何必要着冠残躯托
處廣原寛朝隠水草
袴牛去牛肖催眠
亦安

☆註　亦安・・またやすからん
前文十、は筆者不明である。

十一、綱紀より保科賢老

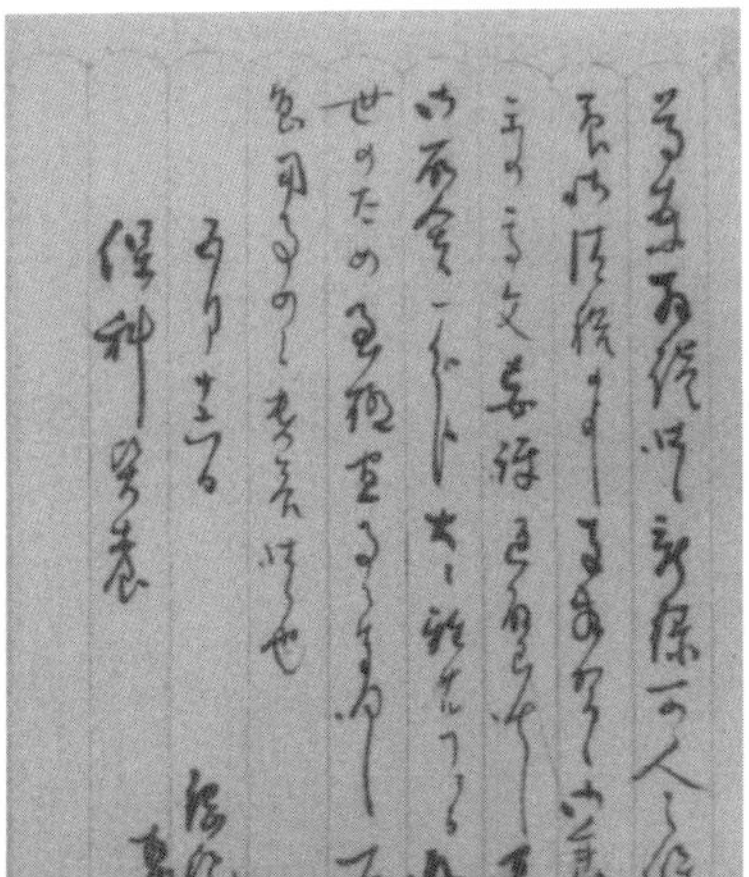

尊奉拝読仕候新緑可人之候
益御清穆のよし奉拝賀候御□
示の高文妄評通無之候宜
御取捨合ニ候 一心申上候 大ニ雅ナル事ニ而存
世のため至極宜事に奉存候所
急用事のミ貴答仕候也
五月十六日　　綱紀
拝復
保科賢老

※註　南摩綱紀（つなのり）文政六年～明治四十二年（一八二三～一九〇九）
明治の教育家、太政官文部省を経て東京帝国大学教授・女子高等師範学校教授をつとめ、多くの碑文の撰文が会津にみられる。

稽古堂には南摩綱紀の「図書館の額」が掲げられてある。

十二、秋月胤永〔悌次郎改〕より　保科有憐（鄰）様

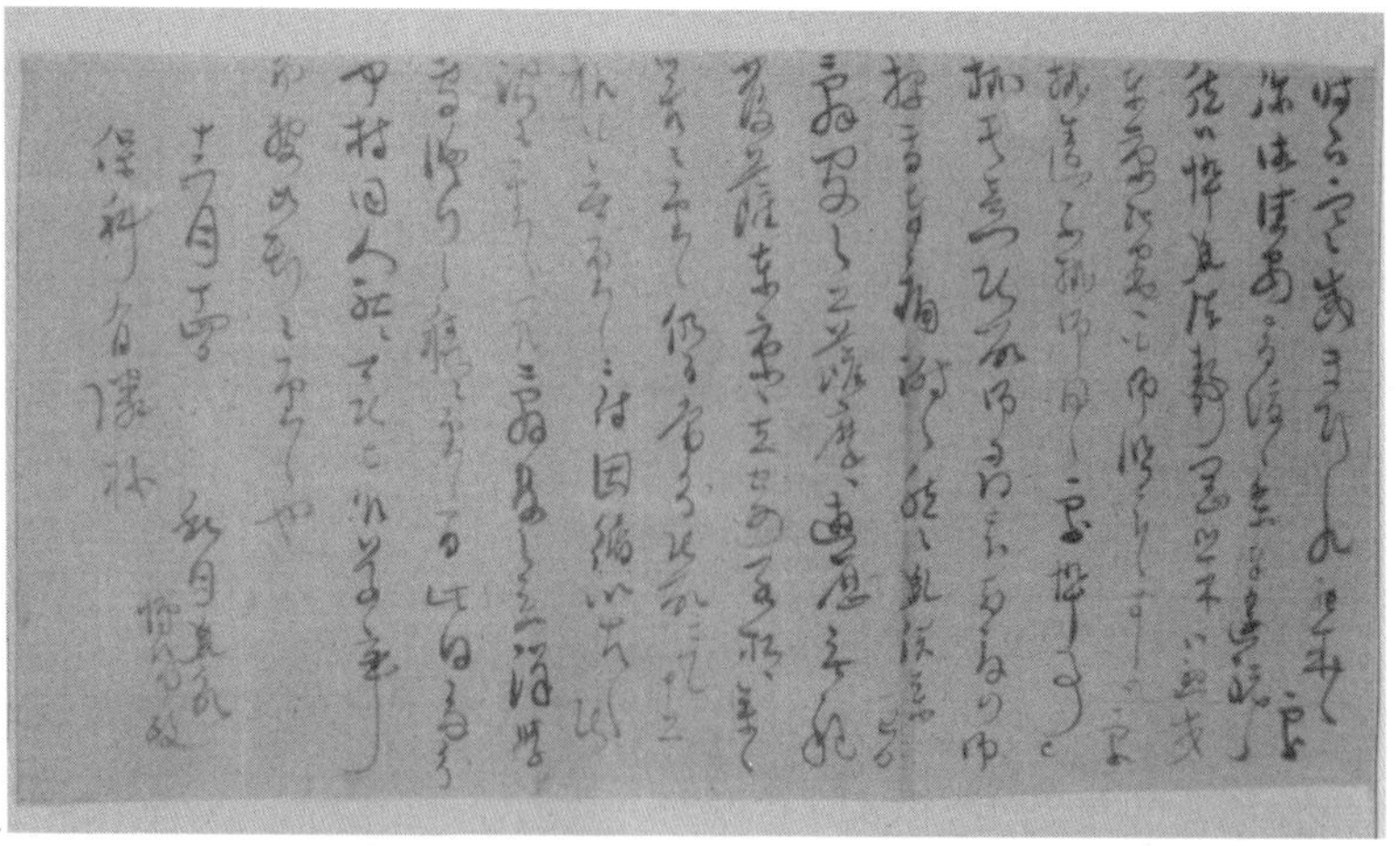

時下寒威きびしく罷成候処
弥御佳安被為渡候条 奉遙悦候
然ハ忰胤法静岡以来ハ悪戒
東京拙宅へも御臨被下候よしの處
□□不掛御同候處忰事被
掛貴意候所 御尋被下両度の御
様書奉痛謝候 然に胤法□一己より
辞官之上薩摩へ遊歴無程
慶薩東京へ立寄 若松へ参り候
筈ニ御座候 仍而当分此所にて申上
様も無御座候ニ付 因循以たし候
訳も御座候へ共 辞官之参詳学
専修行之積ニ御座候間 此日多分
中村同人社ニ可被在乍恐卒
御報如斯ニ御座候也
十二月十四日
秋月胤永
悌次郎改
保科有隣様

※註　秋月胤永（かずひさ）〔秋月悌次郎〕文政七年～明治三十三年（一八二四～一九〇〇）
戊辰戦後、旧知の「長州藩士奥平謙輔」に藩の寛容な処分を訴え、且つ少年（山川健次郎ら）の教育を依頼する。保科頼母の長男（保科有鄰）は明治十二年八月九日没であり、それ以前の便りである。秋月悌次郎が秋月胤永と改名した明治十年頃の便りであろう。若松城跡の県立博物館前に顕彰碑がある。

十三、文昌　酔月先生

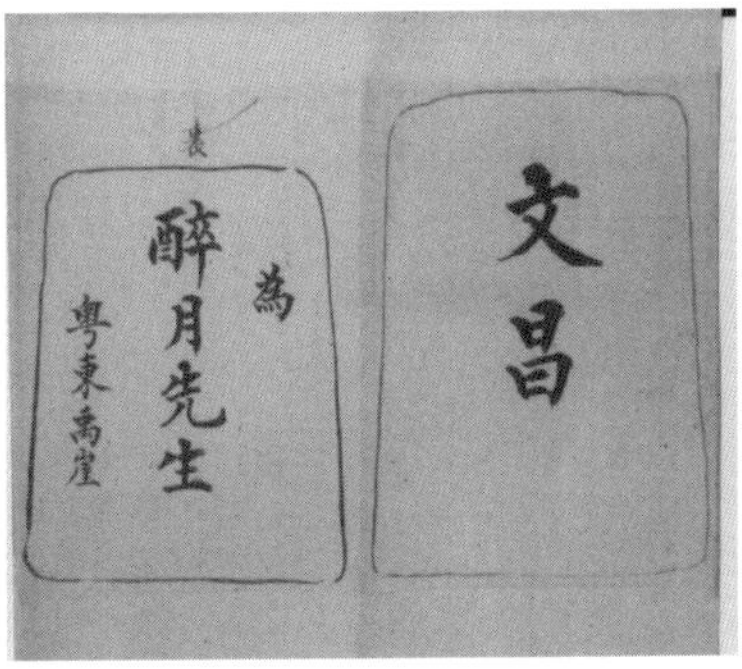

文
昌

為
酔月先生
粤東禹崖

※註　保科家家伝目録の中に「文昌硯」が見られる。
そのことに関係するのではなかろうか。

十四、秣平より保科先生

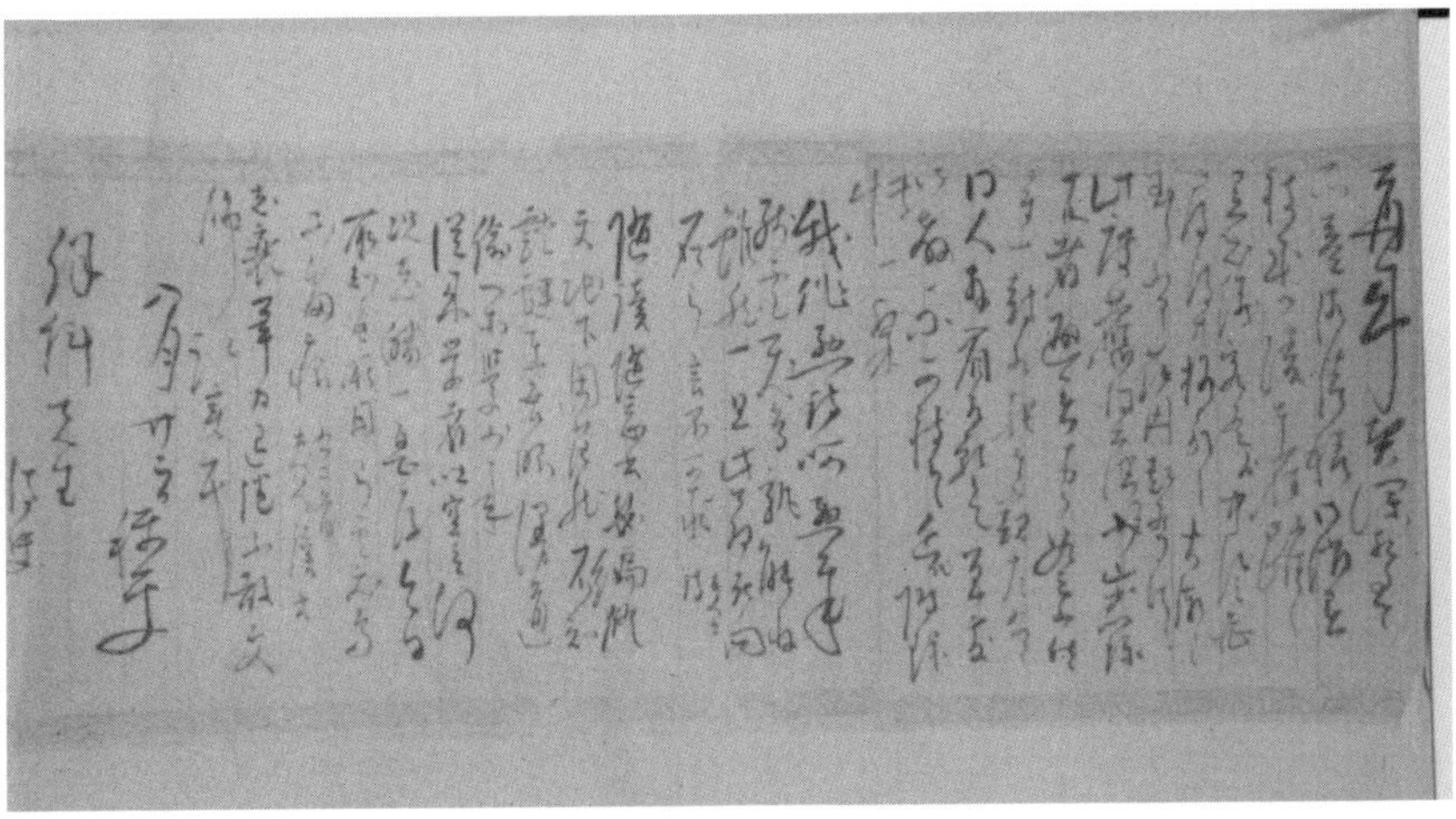

再来契深相至候
所益御清精御消暑
被成御凌ぎ奉雀躍候
□□儀客冬より中風症
ヲ得候得共格別之大漸にも
至り不申在再起罷居仕候
此度旧同藩は小山忠録餘
ナル者通避暑ナガラ如山々仕候
ニ付一封相択奉窺左有之
同人拝眉相願候は丶宜敷
御教示可被下候 近々附録
情一燦 我作悪詩呵悪筆
残雲飛鳥執能収
雖然一旦此翁向
石之言不可求友人書詩　苑
随読随忘書幾編修
文地下固苑然不知
鬖鬤在吾銀漫道
偸閑学少年従来学□吐空言何
況志□一息後存今日取知□所用
□飛鳥不病痕人右ニ首漢　右書　志衰華力退
綣不敢文
飾記実□
八月廿二日　秣平
保科先生
待使　燦・・さん

十五、保科先生肖像

保科先生肖像

能盤澤写

※註　晩年の保科頼母は十軒長屋に於いても毎朝葡萄酒（ワイン）を召し上がっていたと、養子の近一が記しているが、晩年の姿は永眠の日も盃を手にもったまま倒れたという。

その様子が、描かれている。よく貧しく、寂しく物乞いの生活だったと多くの本に記述されているが、会津坂下町の佐瀬家の保科頼母遺品のなかの手紙を読むと、三人の妹達や姪、立派な甥たち（山田重郎・井深梶之助・彦三郎・沼沢七郎・佐瀬熊鉄ら）援助の便りの有様を読むと、会津での晩年は結構豊かな充実した教養の高い文化人としての生き様であったと、迂生は多くの人々は偏見をされているのではなかろうかと思う。

住まいは長屋でも、頼母没後に預かった遺品を見ても、ホントに貧しければ有る筈がないと思う。住まいの十軒長屋は藩士の殉死・受難を偲び、戦役を諫止出来なかったが故に長屋に棲むのが当然と心得、でも決して物乞いの貧すれば鈍する生涯ではなかった。明治三十六年五月二日の葬送の前年の明治三十五年八月十日の衆議院議員選挙には甥の佐瀬熊鉄が当選し、翌年には解散し熊鉄は落選するが、前掲のように頼母の葬送には親戚代表として携わっている。同郷の日下義雄も、同じく野口清作の手医、渡部鼎も当選している。

↓幻花童女は保科民部中興の娘
善龍寺の保科家墓地
案内板は西郷頼母
と標されている。

↓保科近悳 十一代

↓保科正長 二代

↓保科正近 初代

↓納骨堂保科近一 十二代

十六、晃山之地志

晃山叢書引
日光之地志非不多未見其詳者也 余因禀長官謀僚友
□網羅諸種編成一書然日光山之開闢実在一千餘年之
古躰今有難霧其賓者加霊祠名利之秘非寺属一社者力
能可悉其奥乃先収於十餘部為□書以期遂次頃補入若者
大成地志則□□雅君子云□明治十七年九月東照宮祢宜
保科近悳
御懇喩により試ミニ改案電嘱を汗ス取扱ハ高明ニ存シ候事と
存候

小野湖山

※註　小野湖山は近江国の生まれで、儒学者であり、水戸の藤田東湖らと交わり、安政の大獄の際には難をのがれて諸国を流浪したが、維新後は太政官権弁事に任じられ、その後上野池の端に居を定め専ら詩人として余生を送る。明治二十五年会津を訪ね、以前より保科頼母とは交流があった。『会津白虎隊詩』を詠でいる。明治四十三年に九十七歳で没。

十七、山岡銕太郎より保科近悳殿

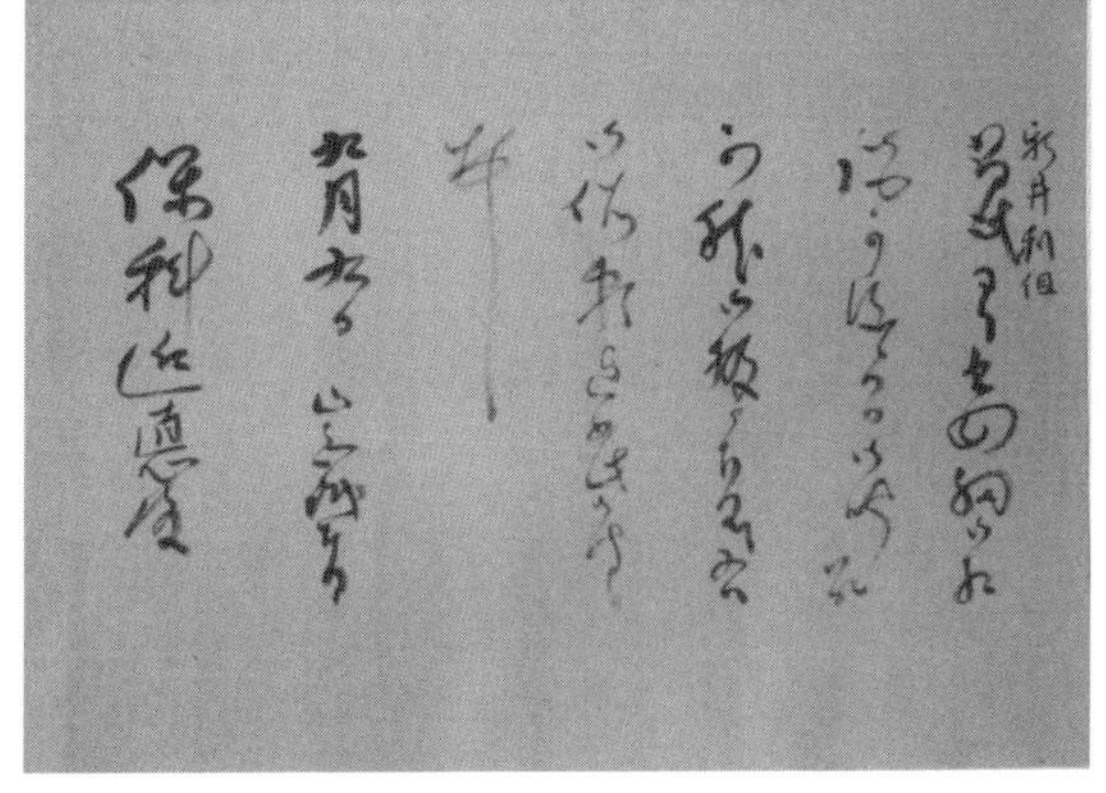

新井利但
別紙ヨリ書面細御相
認可致候間 御聞別
可然御扱被下候度 右
御依頼迄如此御座候
早々
九月九日　山岡銕太郎
保科近悳殿

十八、封書、西郷吉之助
斗南藩邸　西郷頼母様

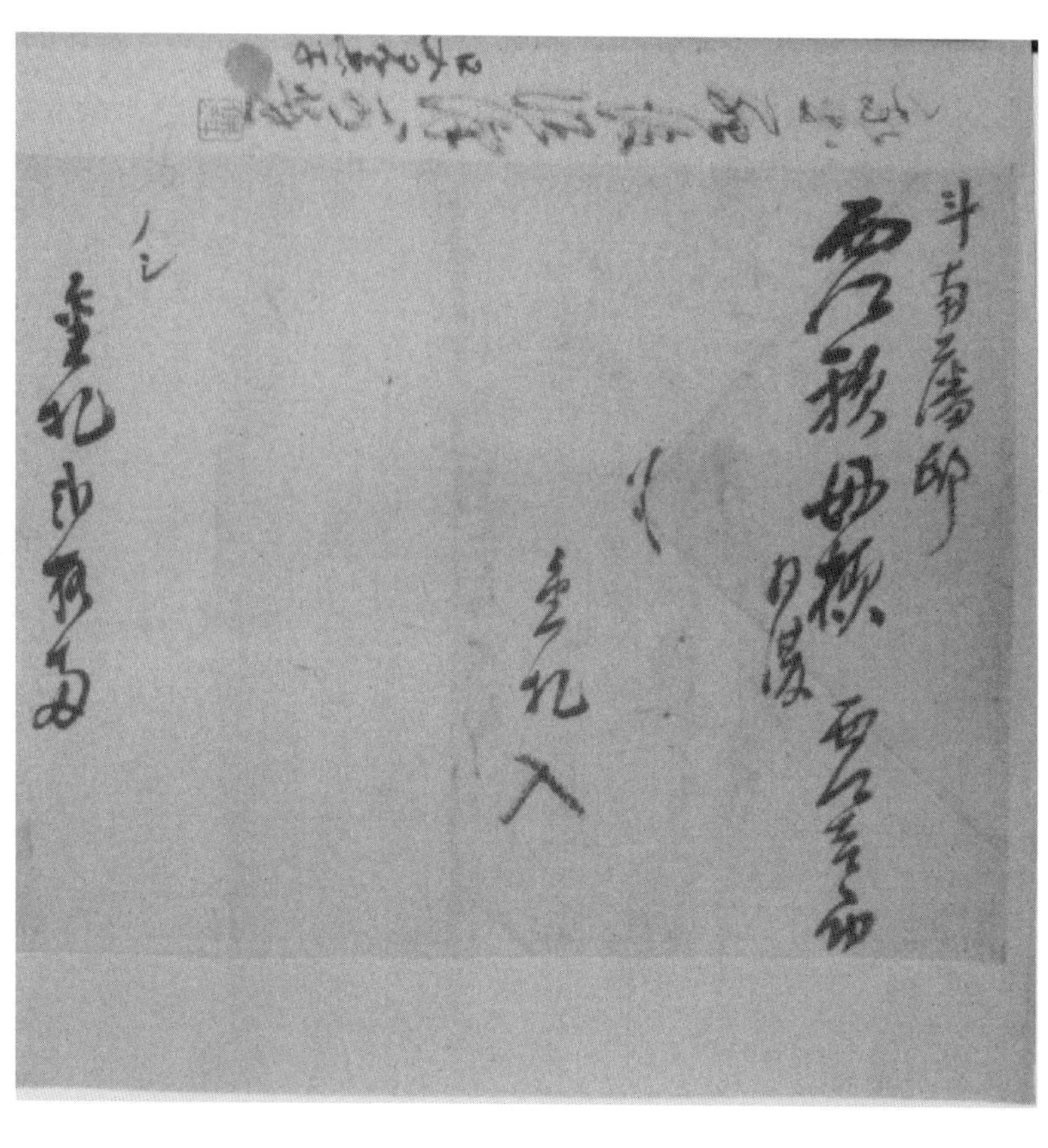

斗南藩邸
西郷頼母様　　西郷吉之助
拝復　★〔熨斗封筒を開いて貼り付けたもの〕

我
ホ
〆
金札入
罷
後
沼
澤
口へ
入可
見遣
ノシ〔熨斗〕
恵
子
金札弐拾両
保科

★上記は後に保科近悳が沼沢家へ贈る。口入りの見恵子はだれか不明

※註　明治三・四年頃　弐拾両ノシ〔熨斗〕西郷吉之助〔西郷隆盛〕の援助。西郷頼母は斗南藩邸におり隆盛との交友関係があったが、明治十年の西南戦争に関わっていたのであるまいか、と云うことで棚倉都々古別神社の宮司を明治十一年に解任された。しかし通貨の切り替え（両から円・銭）は西南戦争の五、六年前であり、本当に密接な関係があったであろうか。
上の横文字は保科は罷後・死後これは沼沢に遣わすと記した押印がみられる。其のとおり『断簡片泉上巻』は今でも沼沢家の所蔵になっている。

十九、封書、内務卿伊藤博文

★〔封筒を開き貼り付けたもの〕

都々古別神社
宮司保科近悳殿
内務卿伊藤博文
諭達封皮

印封

★明治十一年以前の封書

二十、山田信道より保科近悳殿

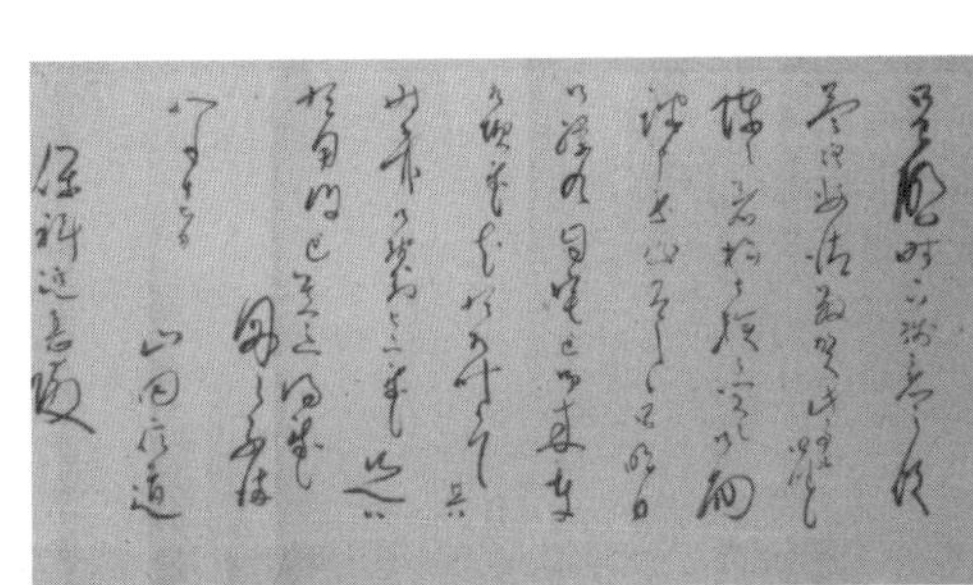

呈啓時下残暑之候
益御安仕候 敬賀此事ニ御座候
陳者若松士族ニ関し御面
談申度儀有之候間明日
御繰入候同宅迄御来奉
相様度候尤も右相叶候は丶其
時並御欠別被下度候先ハ
右用件迄差上得度候
こつこつ不備
八月十七日 山田信道
保科近悳殿

二十一、山川浩より封書、保科近悳殿

★〔封筒を開き貼り付けたもの〕

福島縣福島信夫公園内
藪内 小平方
保科近悳殿
御親展

東京下渋谷村
ノ赤十字社病院ニテ
山川 浩

二十二、山川浩より
保科先生
研北宛

☆保科宮司は
霊山神社に
勤めたころ
福島の信夫
山下の薮内
小平方へ便り
をしている。

御申わけなく御無沙汰ニ相過居り候時
下益御壮慮奉賀候懸之御簡述
もの一条条約改正一件続て大
津之装事ご等にて彼是取紛連候
延引相成恐縮に候 当三軒談判
為致候へども何分おもはしから須仍
て草案ハ過日御返璧候へきとくに
○落手の事に存候尚荒木殿ハ則
談判致し試すべきたりとも存居候
○迂生過日来当赤十字病院ニ
入り養療罷在り候 最初頸之瘤
を切断致しもらひ候積りのところ
全身を検査候へハ 少しくアルコール
中毒之気味あり 且先年負傷
をし為左之半身頗る不良仍て
之等の手当をなすとかにて毎日
色々なる検査に日を暮らし居り候
酒も晩だけハ飲せ申候 乍去タッタ
二合なりに御憐察可被下候 病院ハ
高燥閑静之地且新築なれば
室内諸器具に至る迄極めて清
潔某紳士の別荘とも可申有様御座候
　暫時ハここに浮世の浪風を
よそながらみて日をや暮さん

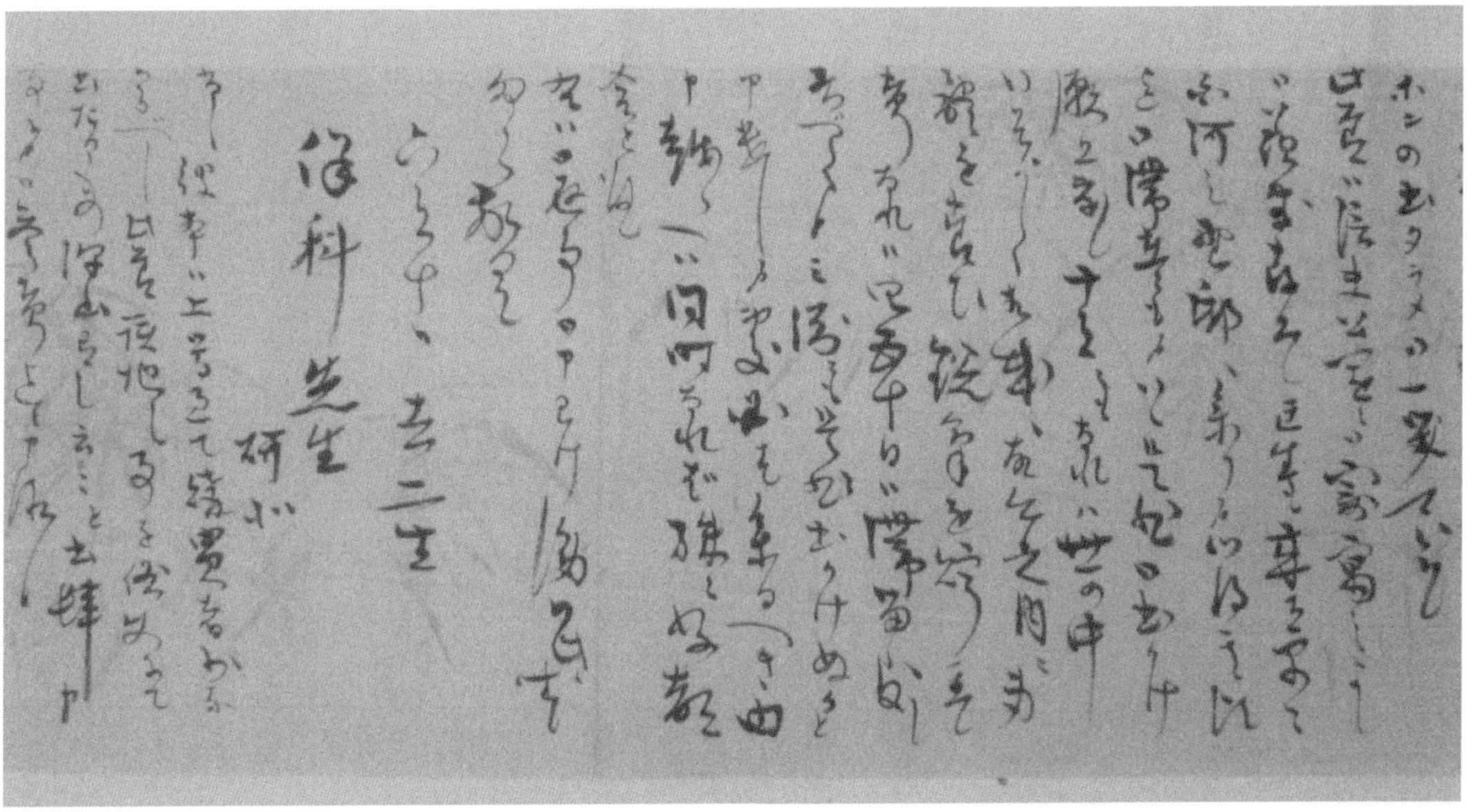

ホンの出タラメご一笑可致候
此節ハ信夫公園ニご寄寓之よし
ご羨敷存上候 迂生も来月早々
白河之野邸へ参り候心得 其頃
迄ご滞在にも候ハヽ 是非お出かけ
願上度候 十月ニもなれハ世の中
いそがしく相成候故 今之内ニ身
體を養ひ鋭気を貯置候
積りなれハ四 五十日ハ滞留致し
なるべくと ミ衛ニも是非出かけぬかと
申遣し候處 必ず参るへき由
申越候へハ 同時なれば殊ニ好都
合と存候
右ハご返事御申わけ働如此御座候
匆々敬具

六月十日 去二生 ☆去二生・屠龍子は山川浩の号である。

保科先生

研北

尚々彼本ハ上等過て購買者少な
かるべし此節該地之事を信夫にて
書たもの沢山有之云こと書肆申
事ハ参考迄申添候

※註 山川浩は明治三十一年二月四日没（五十三歳）であるので、この便りは東京渋谷の赤十字病院に入院中と記しており、保科近悳がまだ福島近く霊山神社神主で、会津に来る以前の明治三十年の六月であろう。福島・信夫には度々訪ねていた。この便りは保科が若松に退隠する一年前の便りである。山川浩は病の最中に保科翁を慕い、晩年まで親交があった。この頃保科翁は六十九歳。

二十三、柴四郎より〔東海散士〕保科尊大志の研北

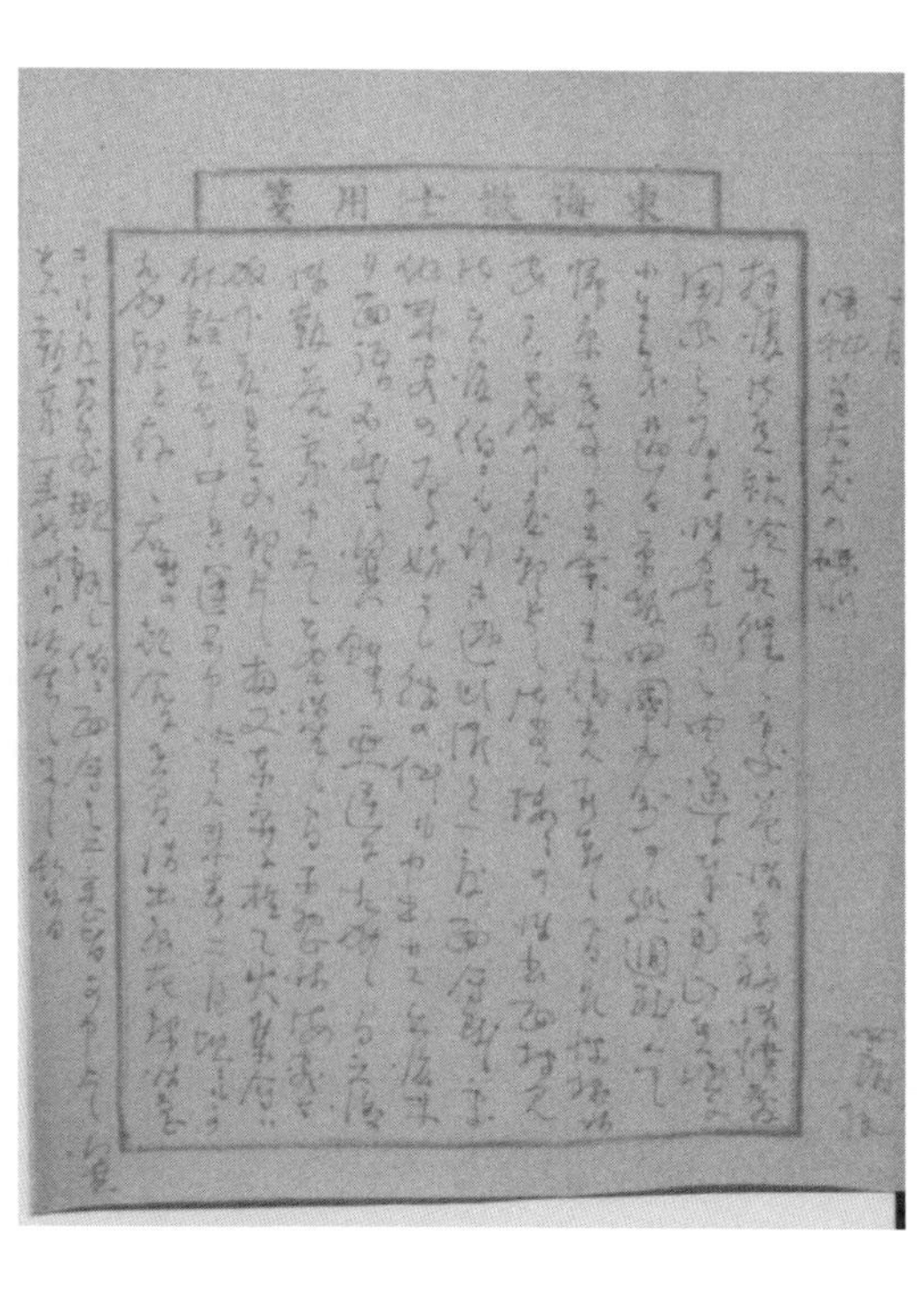

会津若松、恵倫寺の墓地の柴四朗夫妻の碑、東側に東海散士と刻まれている。

十月

保科尊大志の研北　　四朗拝

「拝復仕候秋冷相催候処益御多福御憤発
国家之為ニ御尽力之由遥に奉南山候次に
小生義過日京坂四国九州ヲ巡廻致候て
帰京無事に奔走消光罷在候乍間憚
安主被成下度願上候陳者殊々の御書面被見
仕其後伯にも行きし漸今一度面会致候処
他来客の為に全うし彼の件も申出サス今後末
夕面語不致候得共餘り延遅に相成候間今後
御報答旁申上候末々御座候間不悪御海容被
成下度是又願上候猶又東京に於いて大集会ハ
所詮今年中には必ラス来春二月頃にも可
相成可と存じ右通の都合に在間御出京左様候急
キにも及間敷観就くし伯ニ面会の上悉皆可申上候得共
貴報旁一連如此に御座候早々頓首

※註　柴四朗（東海散士）嘉永五年～大正十一年（一八五三～一九二二）
東海散士用箋を使用。台湾軍司令官・東京衛戍総督・第十二師団長・
陸軍大将で柴五郎の兄である。
明治廿五年の第二回衆議院議員より通算十回の当選をはたしてい
る。柴四朗は保科近悳を「保科尊大志」と尊敬していた。

二十四、山内山知人より保科宮司様

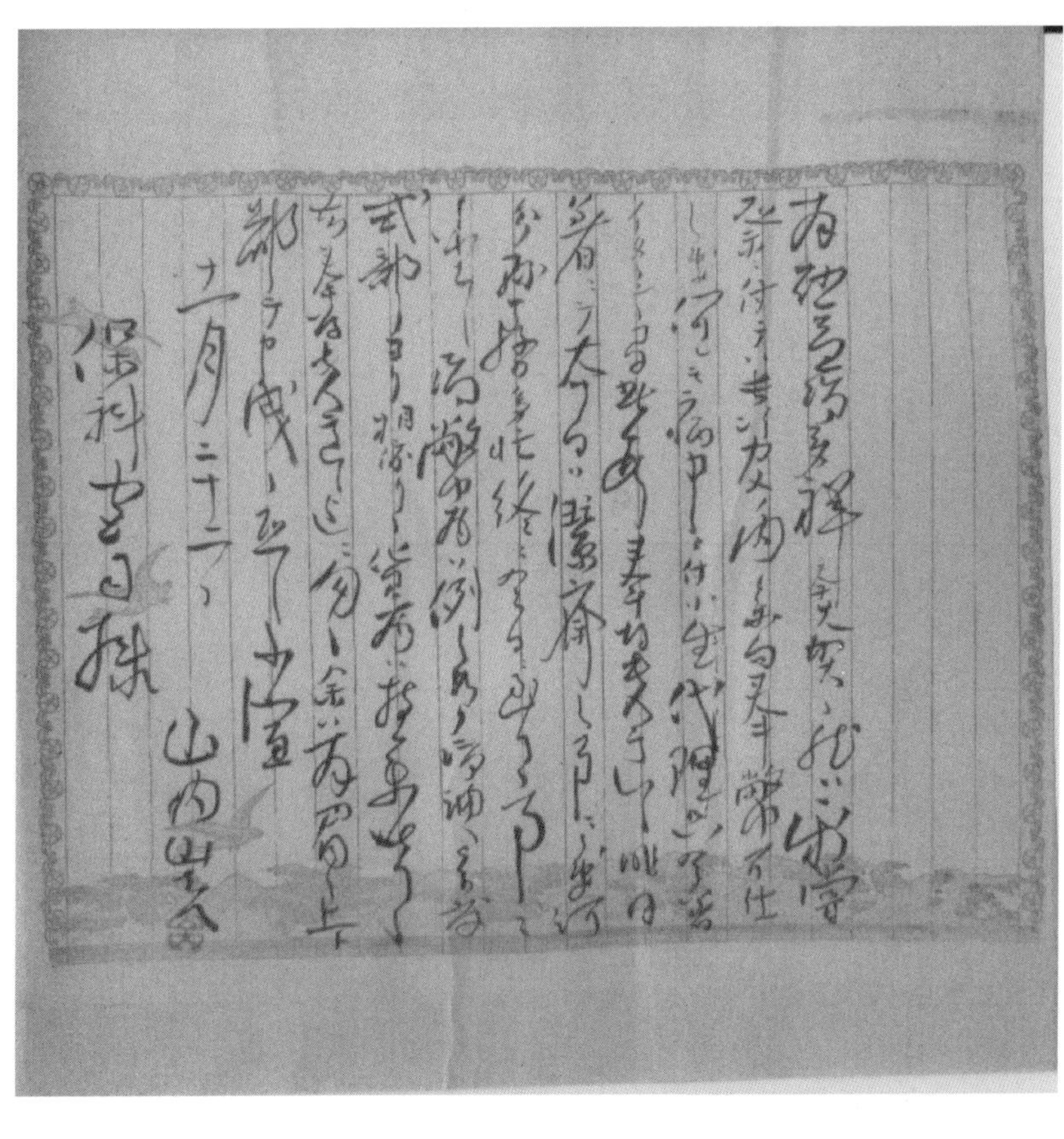

拝啓益御多祥奉大賀候 然ハ新嘗
祭ニ付テハ貴次官ノ内参向奉幣可仕
候處 何レモ病中ニ付小生代理只今着
イタシ候間 此段奉存貴意候 昨日
着ニテ本日ハ潔斎之事ニ候處 何
分弥努多忙終ニ今日ニ至り候事ニ
御座候 御幣物ハ 例之如ク御調へ被下度
式部ヨリ相渡り候 貨物ハ 持参仕り候
故奉存貴意候迄ニ匇々余ハ拝眉之上ト
都テ申洩候 恐々不宜

十一月二十二日　　山内山知人

保科宮司様

※註　山内山知人は新嘗祭について、保科宮司あてなので霊山神社時代であろう。

都・・すべて

二十五、日下義雄より保科頼母様

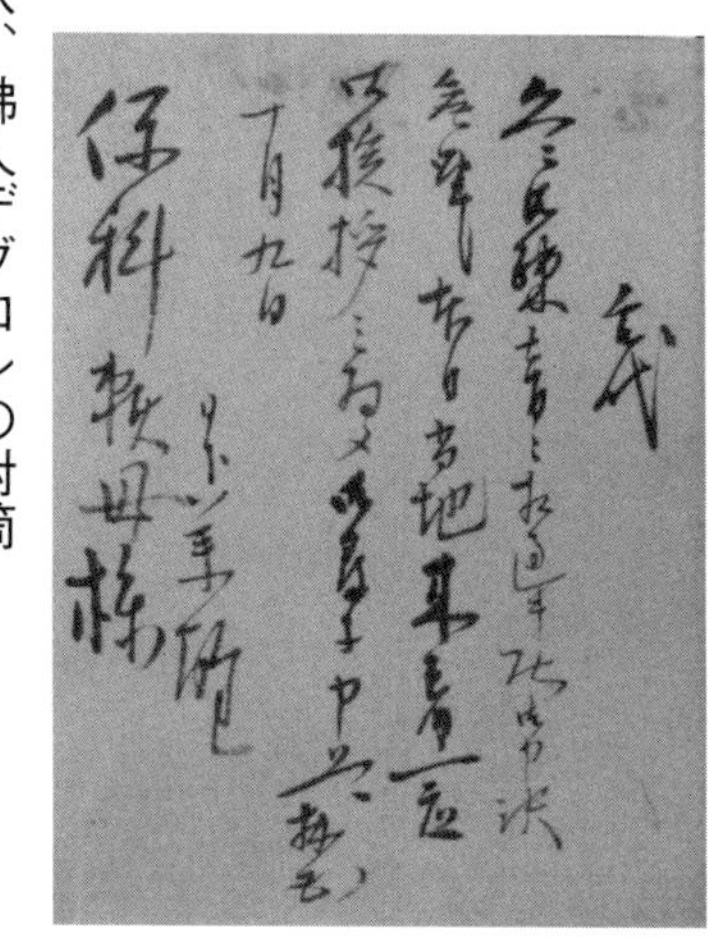

舌代

久々御踈音ニ相過キ候 御申訳
無御座候　本日当地来着一夜
御挨拶之為メ訪ね申上候　敬白

十月九日
日下義雄
保科頼母様

※註　日下義雄（石田義雄）嘉永四年～大正十二年（一八五一～一九二三）日光東照宮禰宜の頃、お訪ねの挨拶であろう。自刃した白虎隊士の石田和助の兄で御殿医石田龍玄の長男、鳥羽伏見の戦いで怪我し、会津での戦いには参加できなかった。
井上馨の知遇を得、官僚として活躍する。

長崎県知事としてコレラなどの感染症対策や上下水道工事福島県知事としては磐越西線の施設の工事に携わる。『日下義雄伝』に事績が詳細に記述されてある。

二十六、佛人デグロンの封筒

Mr Henri DEGR0N　ヘンリ デゥグロン
Receveur Principal Posts er telegraphes en mission
局長　郵便　派遣された　肩書き
Crespieres クレスピエール（市町村名）
S eine et 0ise セネワズ県（旧）
ｙｖeIｉｎｅｓ
イブリン県（現在）７８１２１※〒番号
Ｆｒanｃｅフランス

☆註　佛人デグロンの封筒には消印がないので、返信用の封筒である。

二、『断簡片泉』下巻の内容　佐瀬家所蔵

保科近悳〔西郷頼母近悳〕が明治三十六年四月二十八日遠逝、その後五月四日に遺品を会津若松市東栄町九番地通称十軒長屋より河沼郡金上村福原の佐瀬家へ保科近悳の甥佐瀬熊鉄（一ノ瀬要人次男）が一時保管したことがあった。大半は養子の保科近一に送付したが、残っていた品の中に「断簡片泉下巻」があった。

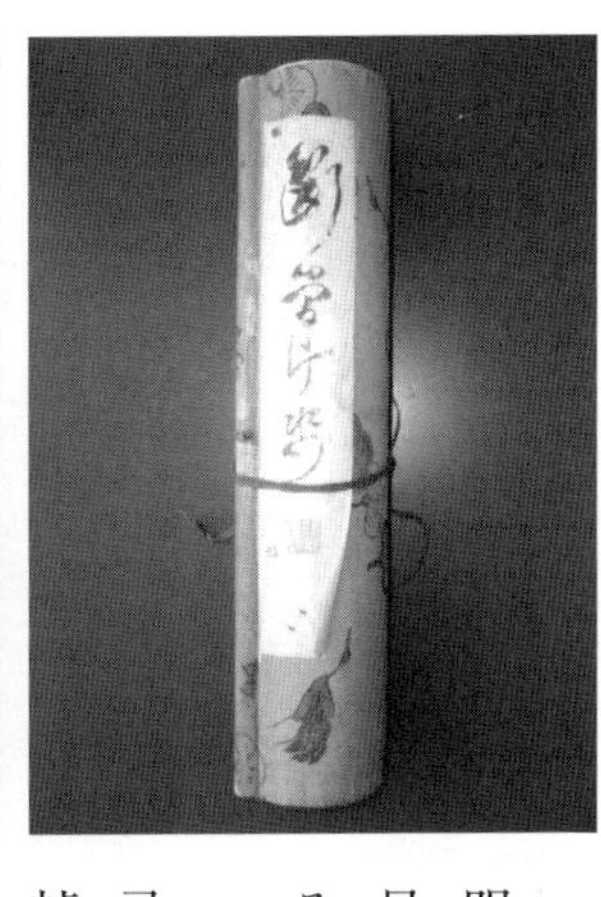

佐瀬熊鉄は（前述の通り）明治三十五年八月十日衆議院議員に当選するが、十二月解散する。

翌年に伯父の保科近悳が遠忌、上の『断簡片泉下巻』の装幀は東京世田谷の沼沢家のものと同じようである。日光東照宮の禰宜の時代に創り、その後断簡を張り続けたようである。

明治三十一年の頃の証書などもある。

★細く白い紙には西郷四郎様と記されてあり、四郎へ遺わす筈だった遺品であろうか。

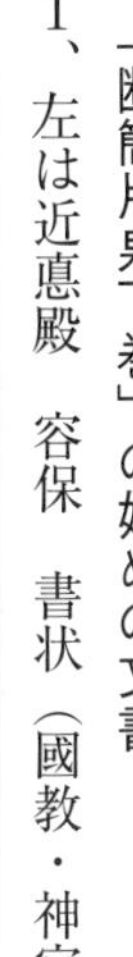

「断簡片泉下巻」の始めの文書

1、左は近悳殿　容保　書状（國教・神官・出金の件）

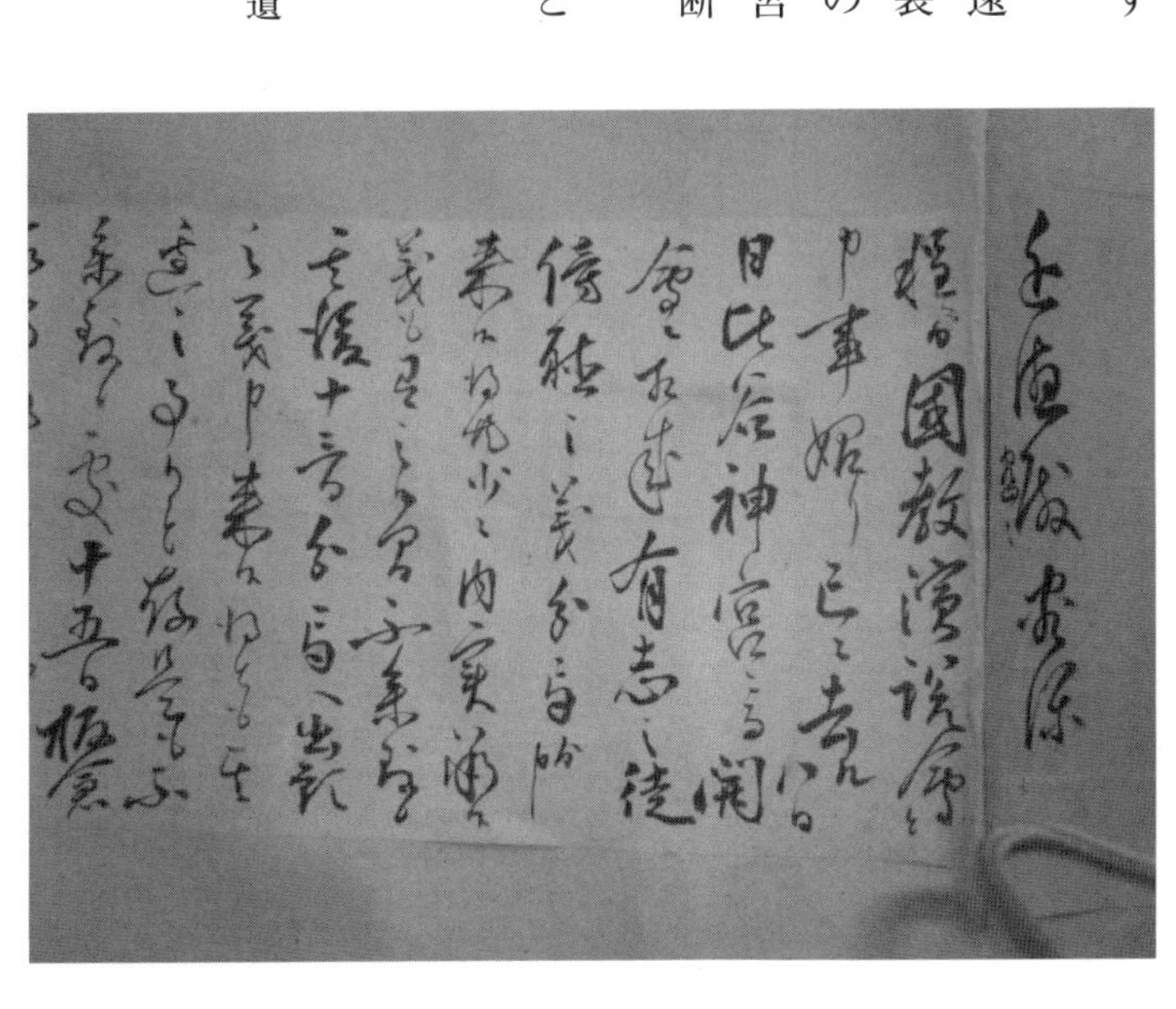

前文につづく

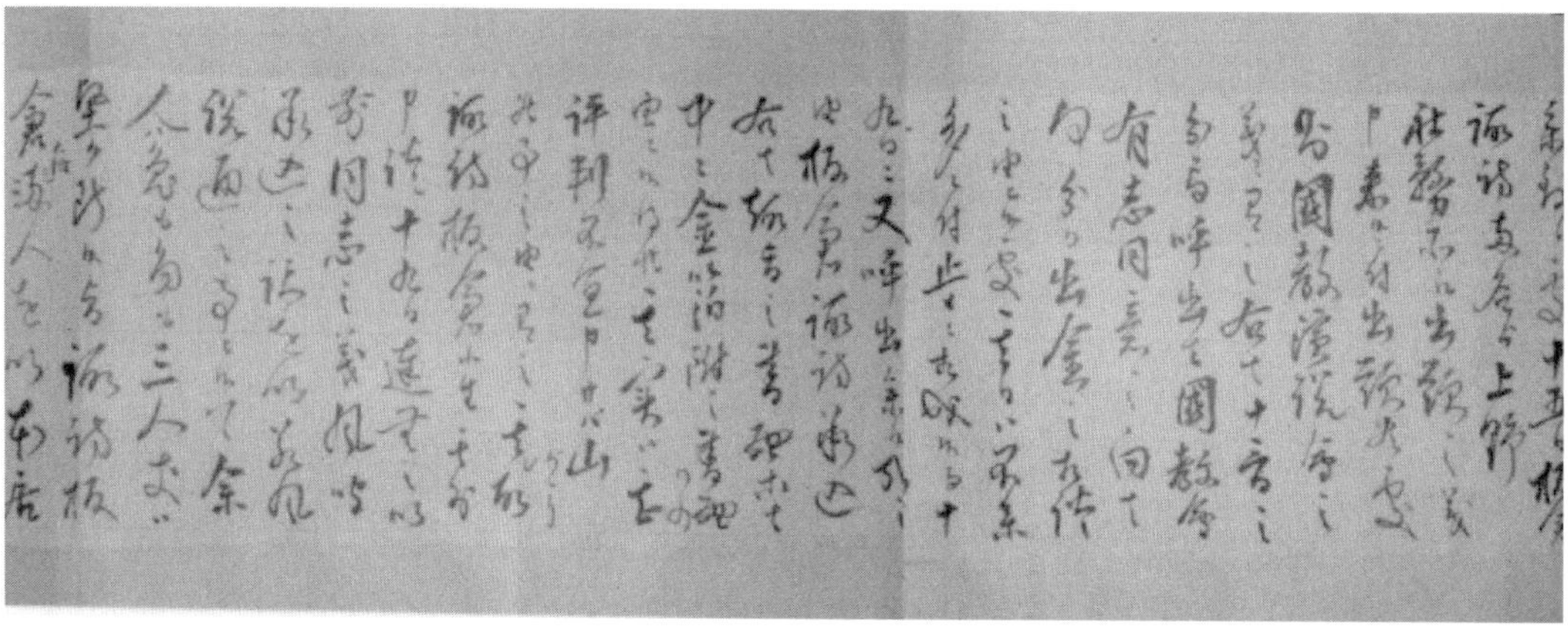

近悳殿　容保
急々
程より国教演説会と
申す事始り己に去る
日比谷神宮にて開
会に相成 有志の徒
傍聴の義 分局より申
来候得共 少々内実承候
義もこれ有候間 不参加致候
其後十三日分局へ出頭
の義申し来り候得とも 其
邊の事かと存じ候へとも不
参致し候處 十五日板倉
須訪両名より上野
社務所え 出頭の義
申し来り候につき 出頭候處
則国教演説会の
義にこれ有り右は 十三日の
分局呼び出すは 国教会
有志同意の向は
何分か出金の相談
の由に候處 其日は不参
多に付止めに相成候て十
九日に又呼び出し参り候哉の
由 板倉諏訪承込
右は趣旨の書面等は

中々金箔附の書面かの
由に候得共 其実は甚
評判宜しからず申さば山ず、り
候事の由にこれ有其れ故
諏訪板倉小生其外
申談 十九日達これ無以
前同志の義風聞
承込の訳を以 若拝
説通の事に候は、余
人は兎も角も三人丈は
堅く断り候旨 諏訪板
倉大両人を以本居
内宅にて 断に及候次
第に候 尤同人も内実は
不同意の故 この由同人も
実は山師事にこれ有り杯
内々申候由 全同人は平
先生故勢い申
張候 力も無栓て同意
致候事かと察せられ候是は
抑密々に昨日上野
御宮にてこの咄にはみ右の事にて官国
弊社府郷社へも
社頭より出金達これ有
候積りかの由 上野にて者
元より有志は出金の
訳これ無き訳を以て若左

様達これ有り節は断り候
積に板倉も申し居り候
定て其御宮へも何とか申参り候
半然し 御宮御出金の
義は 内務省へ伺の事に
存じ候故 子細これ無く神官
各々有志の徒出金の
義申参り候はゝ 小生分は右
の次第故 萬一分配
金の中よりにても御計ひに
相成候ては前文の次第与相違と
相成り不都合につき御取
計らひ 以前此方へ御通
知これ有り度候 尤其許
初の處是は 御出金に相
成候とも 御考へ次第にて
宜敷候外よりの風聞には
桜井局長杯も不同意歟の
由に相聞き候 何分情態
筆紙に尽し難く御推察
給度候 是は全内々
貴所御心得迄に申し入れ候
給度候 是は全内々
貴所御心得迄に申し入れ候
間左様心意給度小生
出金□□而聊之事に候半心去同志者に相成候
ては不都合の義これ有り
且此方にては断り其方

欠　落

2、

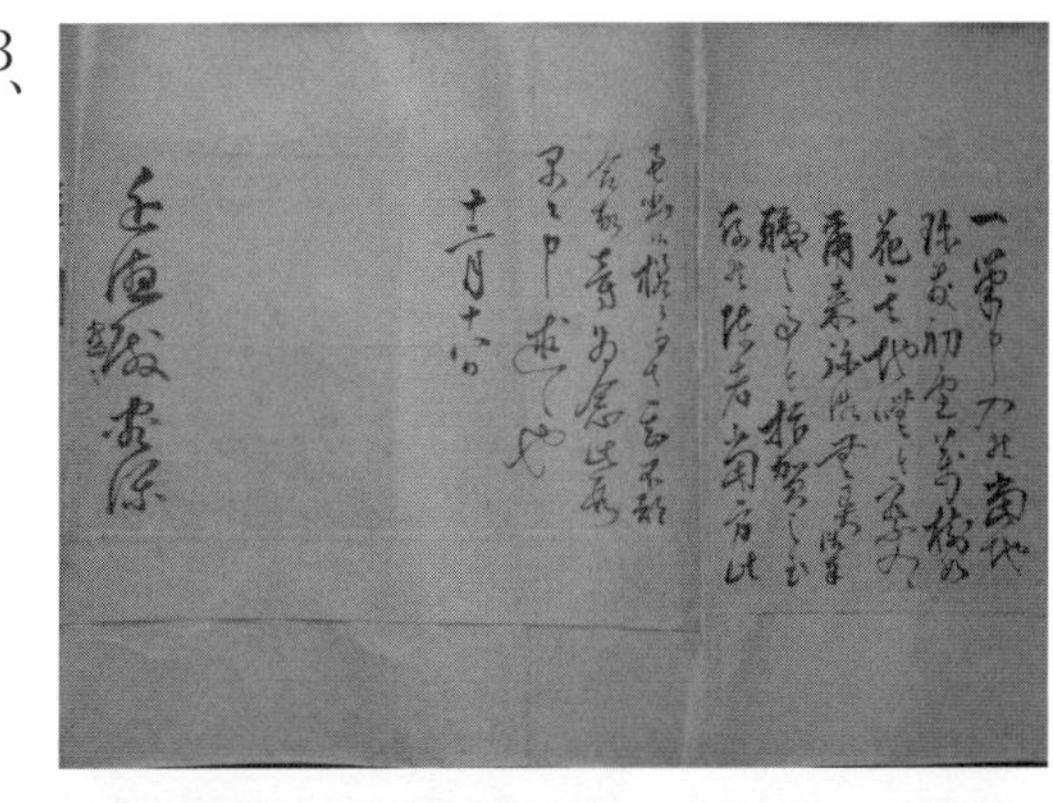

3、

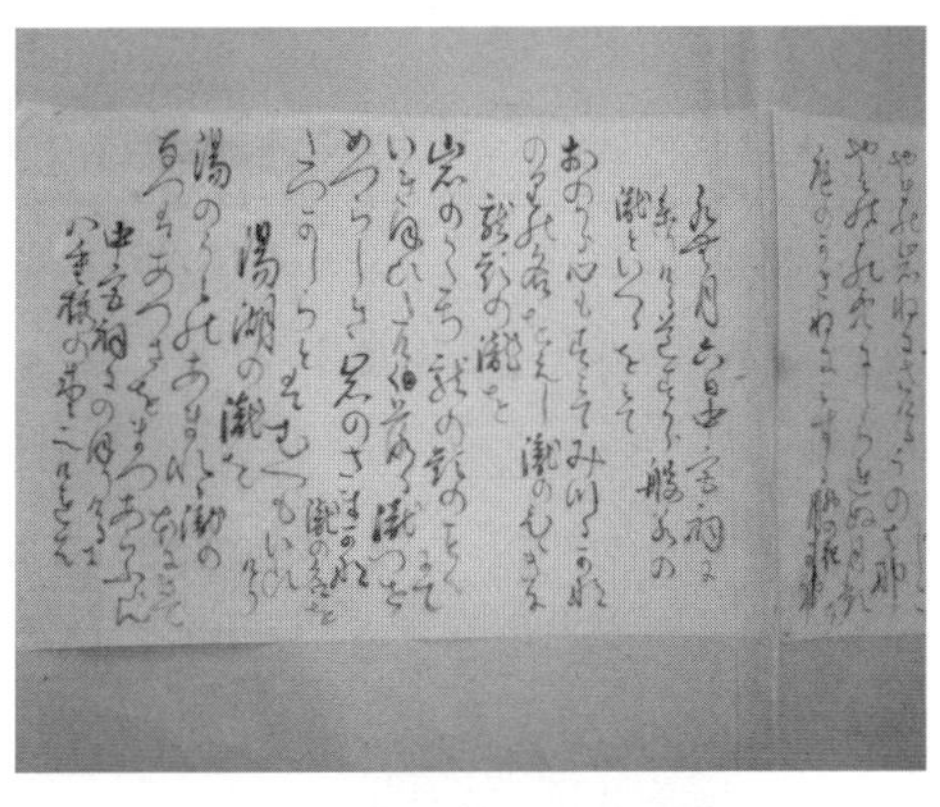

4、容保・近悳の詠

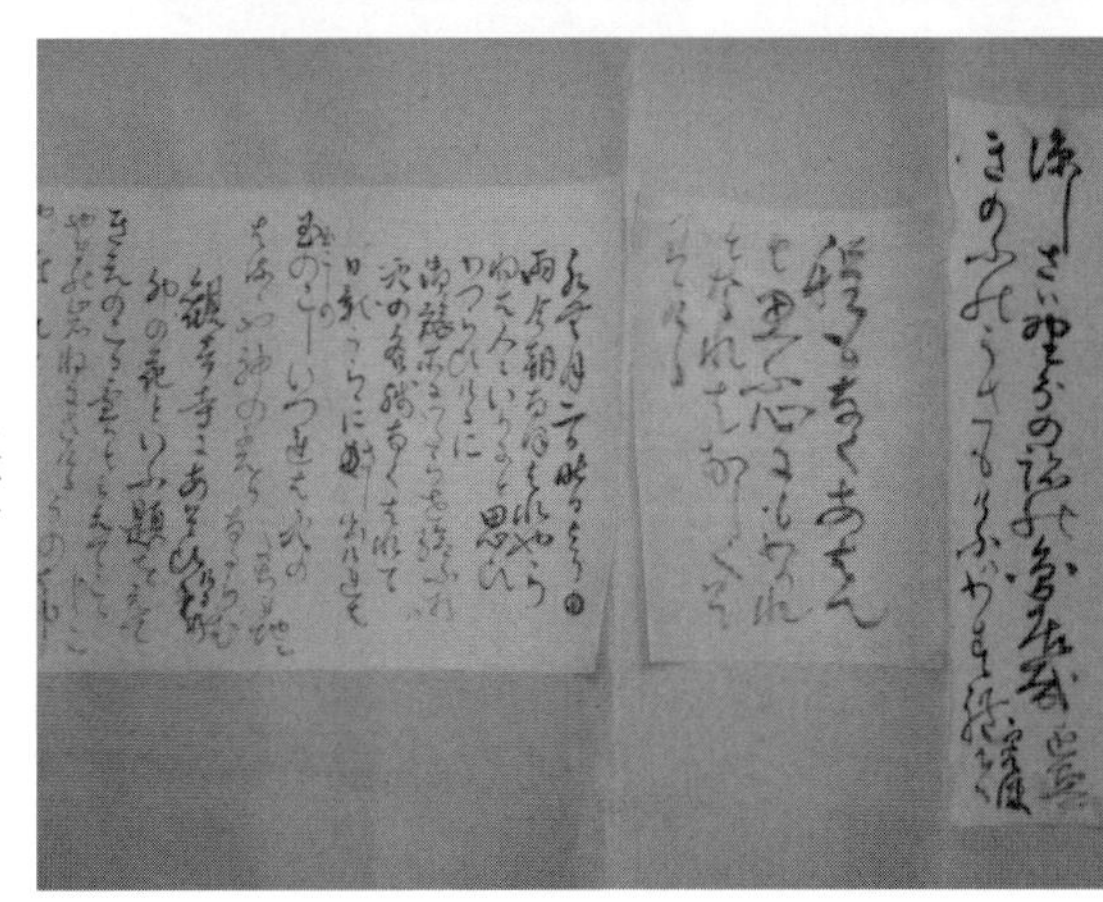

5、山田重郎より保科宛て封筒

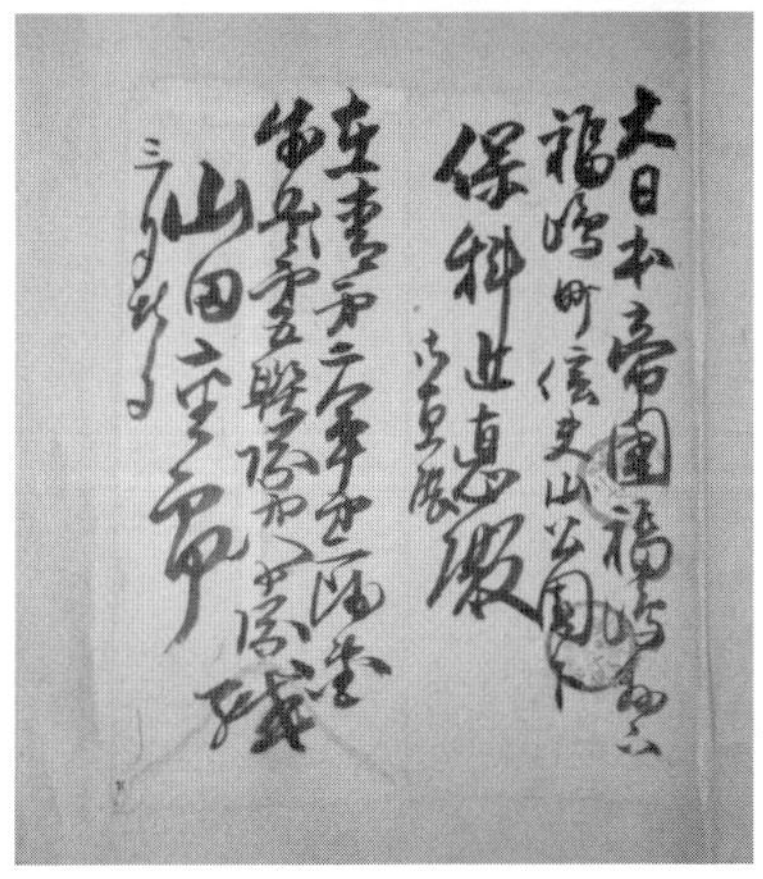

欠文

涼しさハ野分の跡能(の)　圓居哉(えんきょかな)　近悳
きのふ能(の)うさもけふハ　わ春禮天(すれて)　容保
程もなくあはん
と思ふ心にも吾れ
となれはなしくそ
有ける
水無月二日昨日より
雨今朝なほはれやら
ね古人いかにと思ひ
わつらひけるに
御旅所いたらせ給ふ折
死の名残なくはれて
日影うら、にさし出け連は
玉こし
玉のこしいつ連は死の
ふちま地に
はる、や神の光りなるらん
観音寺にあそひける
卯の花といふ題をえて
きえのこる雪かとミえて子こ、
かしこ
やま能(の)岩ねにきけるうのはな
欠文

6、松平容保宮司より日光東照宮（保科禰宜の役割）

㊞なかには容保とある。

抽者 不在中 代理

御心得可有之者也

明治十三年三月五日

松平宮司㊞

保科禰宜殿

※註　明治十三年二月二日

松平容保は日光東照宮宮司になり、その後保科近悳が禰宜となるがあれだけの確執があったのによくも承諾したものであると思う。

★明治十三年三月五日の日付の辞令か依頼

7、解読略す

保科近悳氏

桓武天皇平安遷都千百年紀念祭

協賛會ノ擧ヲ賛助シ金壹圓ヲ

寄セラル仍テ茲ニ其厚志ヲ謝ス

明治廿八年八月十二日

平安遷都千百年紀念祭協賛會會長

従三位公爵近衛篤麿

8、

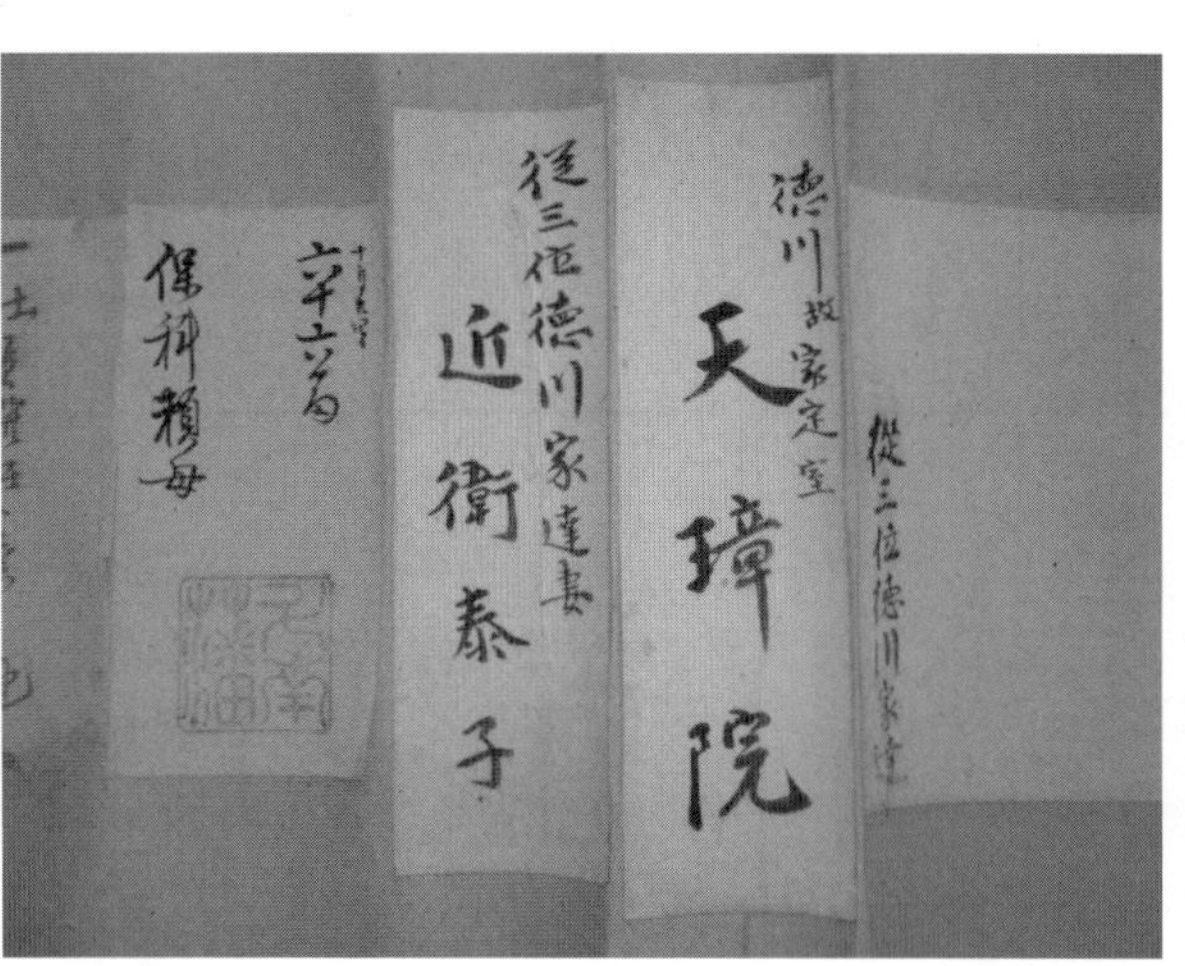

9、

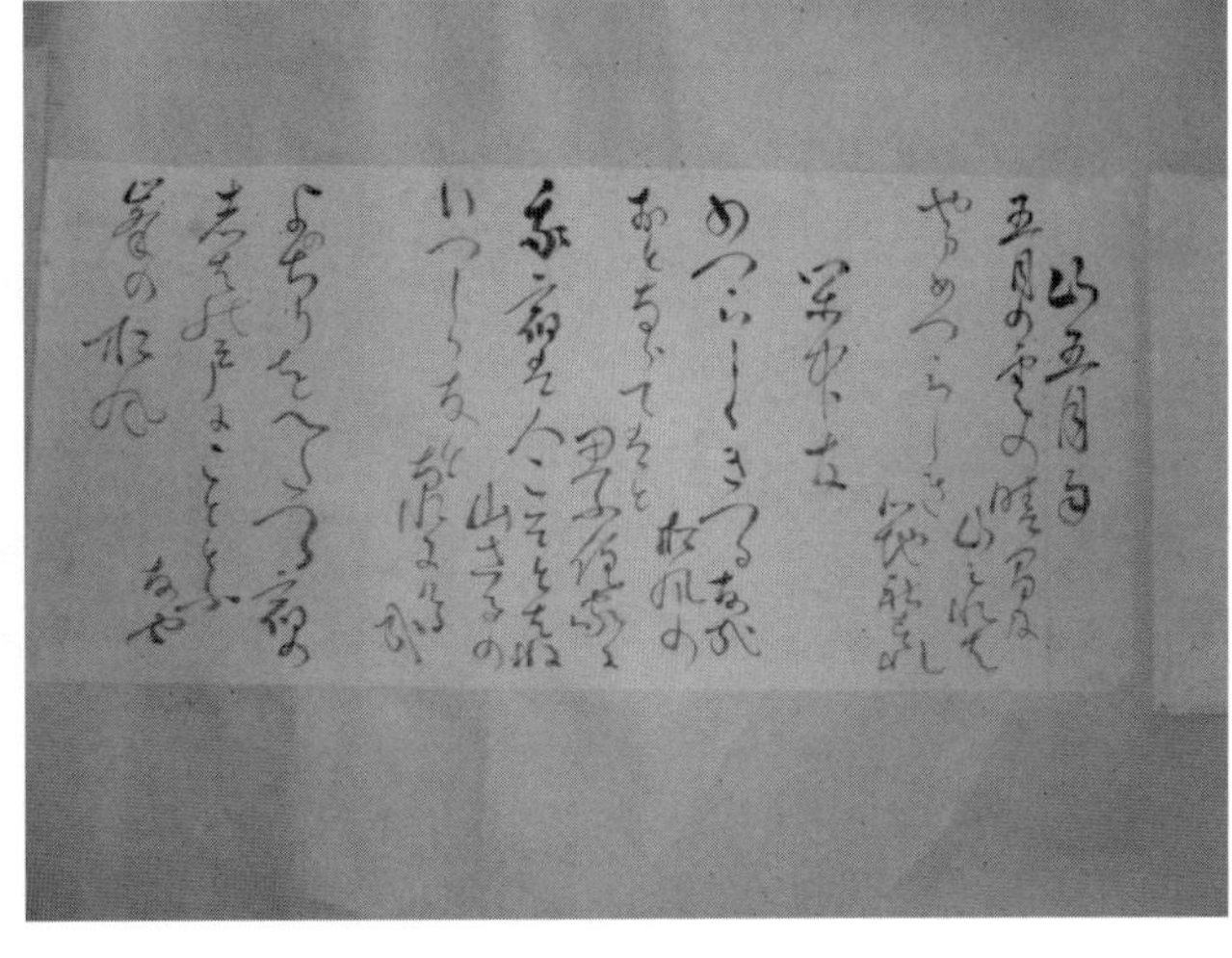

10、

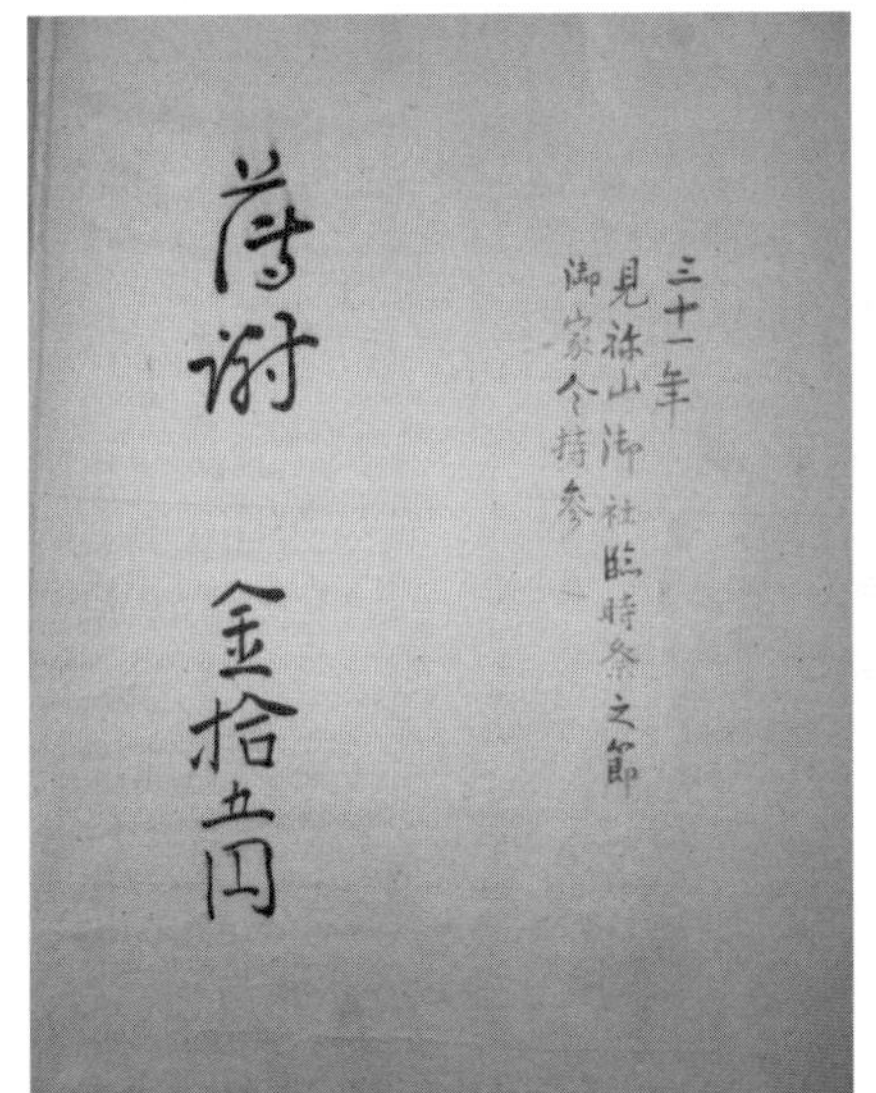

薄謝　金拾五円

三十一年
見袮山御社臨時祭之節
御家内持参

11、

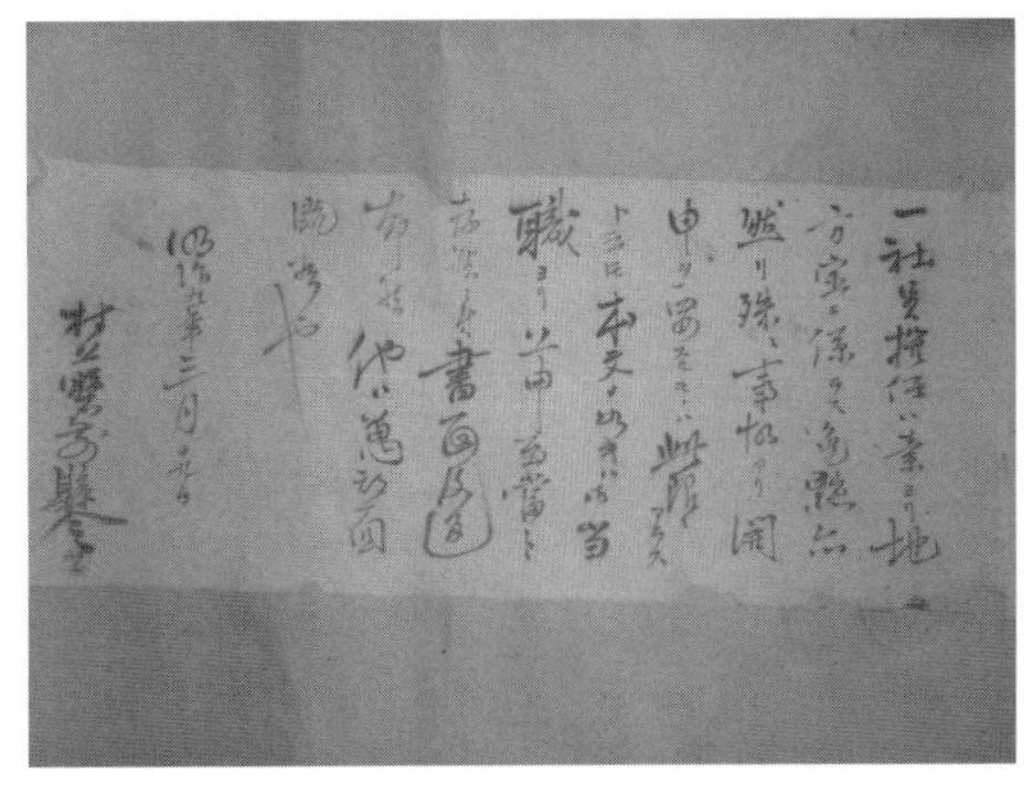

12、

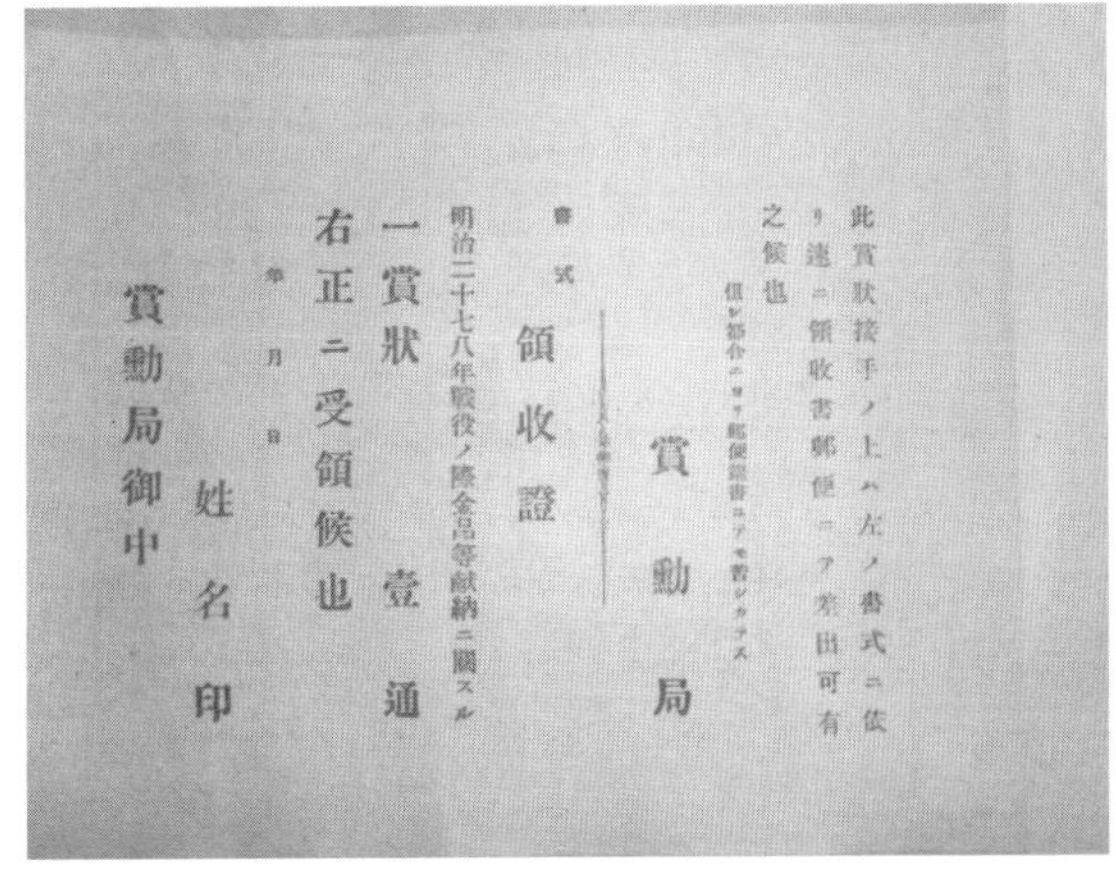

此賞狀接手ノ上ハ左ノ書式ニ依リ速ニ領收書郵便ニテ差出可有之候也

但シ都合ニヨリ郵便端書ニテモ苦シカラス

賞勲局

書式

領收證

明治二十七八年戰役ノ際金品等献納ニ關スル

一賞狀　壹通

右正ニ受領候也

年　月　日

姓名　印

賞勲局御中

第五章　佐瀬家の会津藩との関わり

稲河郡之内福原新田の事（蒲生忠郷時代の文書・寛永三年）

上納（塩囲いなど）藩との関わり

『家世実紀』巻之二百三十九（寛政二年十二月の項）

『家世実紀』巻之二百六十七（享和三年閏三月朔日）（稽古堂写本）

会津藩、京都守護勤番時代の藩士の証文・その他（佐瀬家文書）

（文久二年・一八六二年十二月より

慶応四年・一八六八年一月まで京都勤番のための証文）

観音菩薩

福寿山徳正寺本尊　阿弥陀如来

勢至菩薩

※註　拙村、福寿山徳正寺の太子堂、越後間瀬大工請負（見積書あり）

一、当村福原村について

1、「福原新田開発最初の様子が窺われる古文書」

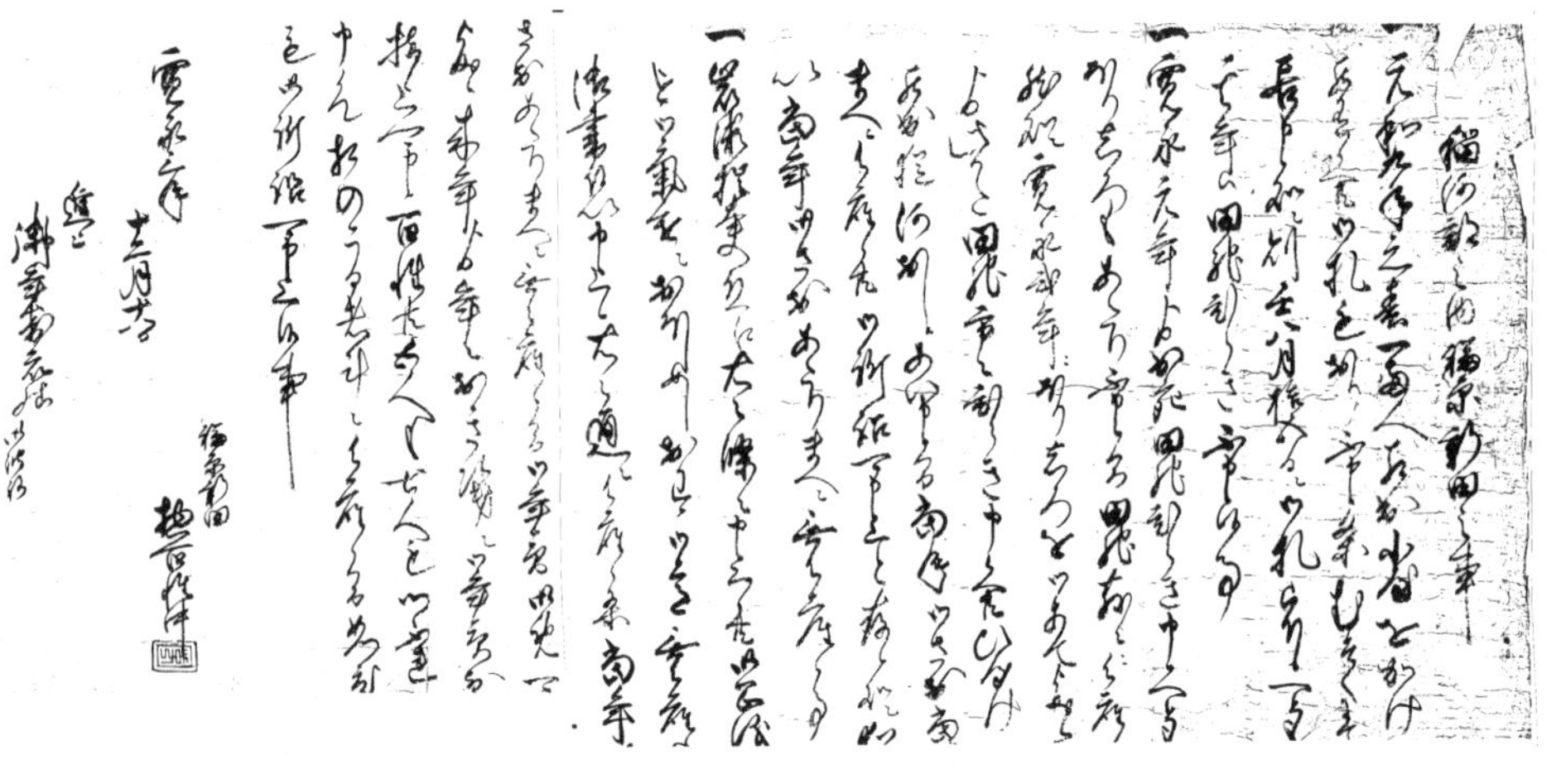

①

稲河郡之内福原新田事

一、元和九年之春一両人罷出小屋をかけ、☆元和九年〔一六二三〕
罷在候へ共 御札もおり申さず候条、むそくにて
居申候処に即壬八月十五日に御札下され候へども
其年は田地ひらき申さず候事

一、寛永元年より少づつ田地ひらき申候へども
ほりしろもあたり申さず間 田地散々に御座候
然処に寛永弐年にほりしろを御あて成され候
より此かた方々ひらき申候へ共ひやけ
罷成猶河おこしにあい申候間 當年御さお当り
まへに御座候へ共 御訴訟申上げべくと存候処二猶
以當年御さおあたりまへに御座なく候事

一、岩瀬権太夫殿へ右之条々申上候共御公儀
を気遣におぼしめし折れ候、御意御座なく候間、
御書付もって申上候、右之通に御座候条、當年
さおあたりまへに御座なく候間、御年貢御免
成さるべく候、来年より年々おき次第に御年貢御
指上げ申すべく候、百姓共五人も七人も御ふれ
申候て相のこるもの計に御座候間、如何敷
も御訴訟申し上げべく候事

〔一六二六〕
寛永三年十二月十八日

福原新田
惣百姓中[印]

進上
御年寄衆様
御披露

※註　元和六年に開墾奉行岩瀬権太夫は新田開発の条目をだしている。蒲生忠郷時代、御札もおり・新田開発の許可
元和九年・・・・蒲生忠郷の時代（一六二三年）
寛永三年・・・・（一六二六年）開田許可

☆むそく・・・・・無足　確かな土地を所有しないもの
ほりしろ・・・・・用排水路
ひやけ・・・・・・旱魃、日照り
岩瀬権太夫・・・・新田開発の担当役人（喜多方上野新田文書にも見受けられる）
かわおこし・・・・洪水、川欠け
さお当りまへ・・・検地による年貢
御訴訟・・・・・・特別の御願い
御ふれ申・・・・・御触、相談し

この文書は当村菊地喜久雄氏所蔵である。昭和五十五年頃拙宅に持参された一紙文書であった。其の外に当家の享保五年の名寄帳があった。

『稲河郡之内福原新田之事』には福原村の草創期の事が窺い知る事が出来る資料である。これ程古い文書（一六二六）は当村には見当たらない誠に貴重な資料であると思われる。凡そ三百八十九年前のものである。

『佐瀬家の系譜』、前掲載の『私先祖由緒御尋ニ付書上申候』『新編会津風土記』等により考察すると、鎌倉時代に三浦半島より会津の支配者として入ってきた葦名氏の四百年後、蒲生氏郷、秀行、上杉、再蒲生秀行・忠郷、加藤、保科・松平（二二六年続く）福原新田村縁起はよく会津風土記寛文六年（一六六六）、新編会津風土記、文化六年編纂（一八〇九）などに記述されていることは元和九年（一六二三）といわれている。

それには「この村は元和九年に福原嘉左衛門という者が、新田開墾したことから村名をつけたという」ことが記述されている。しかし開田の許可が下りたのは三年後の寛永三年と記述されてある。

新編会津風土記には福原嘉左衛門と記されてあるが殆どの文書は佐瀬嘉左衛門伝助である。

二、藩への囲い塩寄進の翌年に代官所へ具申した文書

時公儀表江御届之節之前ゟ候然ル処
其後私儀御代官支配所ニ罷成候ニ付
寧相様ゟ家来ニ而白川城御預
町野長門守様ゟ家来ニ而仕ス事ハ私ノ
数多ノ年月仕ニ相懸り候ニ付一年ニ及候宗家
取扱仕　御公儀表御知行所被下候ハ
御高二百石　御公儀御勘定所ニ御支配ニ相
会津新田宗家之旨被仰付候事ニ候得共
儀者永代ニ御座候所御免之文化戴仕会津
新田役人之二北作付帯刀御免之右宗家之
場所之福原新田名嶋新村相建候処仕
文化代相続仕有之候入百姓仕来り延ニ新田
宗家相続福原新田御高七百石余之新田ニ而
此者ハ是又被ニ御座候処川ゟ水を御取
城下之御座候処御代官所之御支配候へ共
御座候年

一右福原新田宗家之儀者先年ゟ新村相建
其後前之一宇ニ相建福寿山住西寺ニ
中村宗村之寺号も相改メ実在之文字を延宝
同住西寺之開山御座候ゟ延宝
二年ゟ四月廿二日を去法号長寿院殿宗
雲信士と申候住職宗家之為ニ御田ニ而当村
之名相付候住持ゟ申上村ニ一村宗家之菩提
院之儀ニ御座候材料相付候名ゟ仕候
一右新田開発之節先生之御家之家来相親
先生宗家之為ニ相成候而御家来相勤
平八衛門遠藤左衛門并ニ作右衛門
御公儀御支配福原新田ニ
相続仕候御代官様御支配仕候事
存生之内新田開発仕候ニ付相成
第一之祖先相勤候新田
成就仕候今以新田之名宗家之

右之佐瀬家ハ葦名家没落之節[illegible]討死
被致[illegible]
[illegible]
[illegible]
[illegible]
一 [illegible]
福島村[illegible]
[illegible]
大守様[illegible]
[illegible]
[illegible]
[illegible]
[illegible]
[illegible]
一 先祖[illegible]代様

御公儀様[illegible]
大守宰相忠郷様[illegible]
[illegible]式部少輔様[illegible]
加藤[illegible]様[illegible]
[illegible]
[illegible]
[illegible]
[illegible]
[illegible]
[illegible]
[illegible]
[illegible]書上申候以上

寛政三年亥二月十二日　[illegible]　佐瀬傳助

御代官様

①

私先祖由緒御尋に付乍恐左に申上候

私先祖瓜生嘉左衛門尉福原徳正と申者 其先豊後国主緒方三郎惟義之子孫にて惟義より十二代目 瓜生美河守福原徳義越中之国主之砌 落人と成御当地へ罷越 北方叶庄吉志田村に隠住仕 夫より荒分村にも隠住致 美河守より三代目 右嘉左衛門代元和九癸亥年河沼郡之内鶴沼川邊新田を見立 蒲生宰相様御代開発之願申上候処 公儀表御遠慮之筋もへ有之候哉 早速御下知無御座 嘉左衛門江府へ罷登 其頃宰相様御家臣白川城之御預り町野長門守様御家老佐々木氏ハ嘉左衛門叔母婿につき此仁誠精被相尽三年を経 開発願成就仕 御公儀表御下知相済 新田御高三百石 御公儀御帳面へ御記に罷成 会津新田開発之為惣用旨被仰渡 御米三百俵宛永代被下置之旨 御證文頂戴仕 会津新田役人と被仰付 帯刀御免にて右開発之場を直に福原新田と唱 新村相建住居仕 夫より代々相続仕 尤所々より入百姓集メ追々新田開発出来 福原新田御高七百石余迄に罷成申候処 川邊につき度々之洪水など有之 川欠永荒に罷成減高も御座候て当時は六百八拾石余之御高に御座候事

一右福原新田開闢之瓜生嘉左衛門 新村相建菩提所之一寺を致造立 福壽山徳正寺と申 即当村之寺号嘉左衛門実名之文字を相用徳正寺と唱申候儀に御座候 延宝三年卯四月十二日死去 法号夏白院戴譽宗雲居士と申候往昔より当時迄毎月十二日は当村にて遊日に仕来り申候 其訳一村開闢之夏白院悪日につき村中之遊日之旨伝候

一右嘉左衛門義本苗瓜生に御座候処 嘉左衛門親瓜生治郎左衛門妻は芦名家之御家来佐瀬平八郎殿叔母に御座候につき其弟佐瀬平右衛門浪人に罷成嘉左衛門所にて約介致 福原新田にて死去被致 尓今墓所も御座候 然所平右衛門存生之内 嘉左衛門悴傳助へ被相頼候は 当家筋之義は元祖惟義より致相承瓜生氏相成 類葉今北方に其名 苗字名乗者多有之候得共 佐瀬家は葦名家没落より衰討死致 類葉散々に相成 最早家景も絶候段 甚嘆ヶ敷候間 何卒母方之苗字を名乗り呉候様 被相頼候につき右傳助より改て佐瀬と唱来り申候

一瓜生嘉左衛門存生之内願申上御国内之馬を福原新田村へ集メ 馬売買双方売買人より金壱分に銅銭拾銭宛為出之 太守様江致上納候 則御国 馬市之始雑居口銭之始に御座候由傳候 尤右旧例により坂下組にて青津牛沢両組之口銭を取立 相成来り此員数弐両弐分銀拾匁宛坂下組郷頭取立に罷成候処 右之売買無御座当時迄年々右運上捨り證文郷頭方より差候義に御座候事

一先祖瓜生嘉左衛門代従 御公儀様御證文被下置所持致罷有候所 大守宰相忠郷様逝去後御弟蒲生仲務少輔様伊豫へ御国替 加藤左馬助様御入部之頃右證文并景図旧記など為書上と今坂下村其頃は栗村と申候由村吏へ致 持参火難に逢焼失仕候由申傳候 右は此度御尋につき申傳候義共書上候ハヽ 家景旧記などは焼失之由にて不相見候得共先祖より書記し置候景図之書本覚書様之物相見候得共不分明にて差上候段も如何に奉存有増如此書上申候 以上

福原新田村肝煎
佐瀬傳助

寛政三年亥二月十二日

御代官様

※註 前の文書は寛政二年に囲い塩の寄進により祖先を尋ねられ、代官所へ提出した控えである。
「嘉左衛門徳正が新村を相建て、菩提所の一寺を建立致し、福壽山徳正寺と申し、即ち当村の寺号を嘉左衛門徳正実名の字を用い徳正寺と唱え申し候」とある事などから、肝煎・親方様とは呼ばず、当村では佐瀬家を旦那・檀那様と今でも呼んでいるのだと思う。

文書の宛名によくあるのは御用場様・嘉左衛門様という文書宛名が多くある。代々その名で呼ばれていたが幕末は縁蔵、縁次、縁造などであった。

御公儀より、代官所宛ての文書や会津家世実記には佐瀬傳助の姓名が記されている。系譜図には嘉左衛門傳助と記載されている。其の他の文書は通称佐瀬嘉左衛門がほとんどで幕末の慶応四年の地方御家人名鑑には地方御家人村方支配兼務、佐瀬縁蔵とある。縁蔵も数代続く。しかし戊辰戦役の時、自宅長屋門前に於いて戦死したのは佐瀬嘉左衛門徳報と墓碑に記され慶応四年九月五日と刻されてある。当村の徳正寺過去帳には当主凡て明治前は佐瀬嘉左衛門事だけである。当時は通称で記載されていたのである。

　他の由緒については茲では省略する。

注　記

一、緒方三郎惟義の舘跡は現在の九州大分県緒方町である。

二、瓜生を名乗っていた時は北方吉志田村や豊川の荒分にも住んでいたと記載されている。

三、蒲生宰相様とは蒲生忠郷（若松高巌寺裏に五輪塔ある）二十五歳で他界し、跡継ぎ無く断絶、その後加藤嘉明領主となる。

四、白川城（白河城）も当時は会津の領地

五、葦名家臣佐瀬平八郎（常雄）磐梯町の落合に墓碑がある。伊達と磐梯山麓での戦いで戦死、三忠士の一人

六、新田開発、永代米三拾俵、旧記等の証文は加藤左馬助様入部の折坂下村、栗村役吏江持参致し火難に逢い焼失したと記してあり、返済されなかった。

七、『新編会津風土記』の川沼郡蜷川庄坂下組「福原新田」項の記に福原嘉左衛門とは佐瀬嘉左衛門徳正であり墓碑の表面南には

夏白院載譽宗運居士

側面東側は没年　延宝三年卯四月十二日と刻まれている。

加左衛門と記されているのは稀なことで多くの文書には見当たらない。

現在の福壽山徳正寺歴年霊簿（過去帳）は明治十二年五月十二日の焼失により、徳正寺再建立後　明治二十一年より遡り、明治二十五年十一月作成織者編には、戒名が【夏白院殿載譽宗運忠仁居士】と記され檀家全体の戒名が格上げされたことが伺える。

由緒書には「往昔より當時迄毎月十二日ハ當村ニ而遊日ニ仕来リ申候、其訳は一村開闢之夏白院悪日ニ付　村中之遊日之旨申傳候」と記されている。

（毎月十二日は村休みの日であった。）

★磐梯町の摺上原の三忠碑の一人佐瀬常雄［佐瀬平八郎］磐梯町落合の碑

☆佐瀬嘉左衛門徳正　傳助

當所切立元和九 癸亥年三月吉日
福原新田村切立　佐瀬加左衛門

延宝三年卯四月十二日

三、『家世実紀』巻之二百三十九〔寛政二年十二月の項〕の記述

1、

① 〔佐瀬・風間両人で六百両余差上げ切り・・〕　☆読み下しにした。

十二月十九日、代田組郷頭風間久太郎・坂下組福原村
肝煎佐瀬傳助義　両人にて金子差上げ候に付き　傳助へ
持高免相に振替　永々別免定免に成され　久太郎えは
御扶持方の外に　郷頭勤候に拘らず末々無役高被成し下され
　近年塩入不足に付きては　風間久太郎・佐瀬傳助義
新潟表懇意の者に申談じ　金六百両の塩才判差上げ
切に備い度く　仍ては千両出金の者　五拾人扶持下されの
割合を以って御扶持方下され　尤傳助へは持高免相に
振替　永々別免定免成され候上　免下ヶにて傳助に下され
此振替三拾人扶持差引　其残久太郎へ御扶持米
にて下され度き由願い出候を以って　傳助持高免相へ差引候残米
拾七石五斗四升に候処　拾人扶持に壱石壱斗六升
不足に候間　此分は割合を以金子可相い納めべく候間　拾人扶
持久太郎に下され　外に郷頭役勤に拘らず　末々無役高に御
居置かれ度き旨　当人とも願い出　塩買入時節後候に付き
此節六百両現金納に為すべく仕り旨　郡奉行申し出候に付き元メ
方相尋の上加判の者とも評議の上　例もこれ有り候条
任願され然るべくと申談言上に及び候処　其通り仰せ出され候

★註「金六百両余の塩才判差上げ切に・・」寛政二年（一七九〇）の前記の中に郷頭風間久太郎の名があり佐瀬家文書で、藩や代官所への願書は代が変わっても佐瀬傳助が多い。当家文書では殆どが風間久太郎・久八の氏名が多い。藩への寸志など共に行い、前記のように記載がある。

それ故、藩への上納や新田開発・再興にも共に協力している。しかし、何れの時代もギブアンドテイクである。次の免相切下げや扶持の授与優遇措置があった。藩の寛政の改革の最中なのに会津藩ではこんな事もあった。この年より江戸では歌麿の版画の販売禁止の時代、倹約令が出された時代である。

2、☆藩より佐瀬家への達し　原文

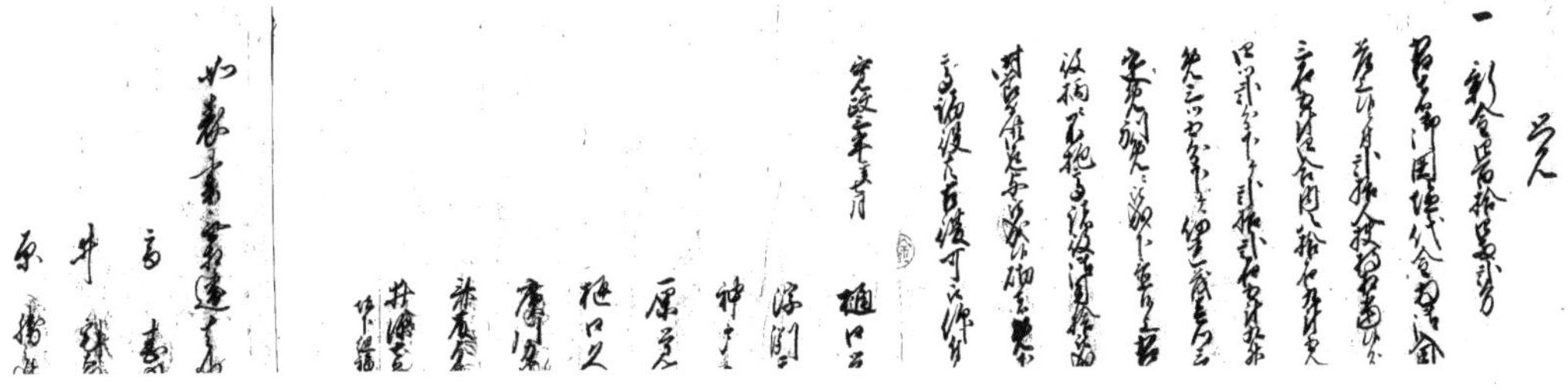

② 覚　（前掲下史料解読、代田組郷頭風間久太郎方へ）

一新金四百拾四両弐分

右者御囲塩代金為御入用去十一月中
差上候ニ付 弐拾人扶持相当候分 持高百
三石五斗四合　内八拾石九斗五合本田免
四ツ弐分下ヶ　弐拾弐石五斗九升九合新田
免三ツ五分下ヶ 何連茂 壱ツ三分成永代
定免別免ニ被成下置候上 右高肝煎
役柄ニ不抱 高諸役御用捨被成置候 此末
時節を以 御返与被成候砌者　免下ヶハ勿論
高諸役共 古復可被仰付者也

☆地方御家人であった故に

持高百三石五斗四合の内五拾八石余は無役

無役とは年貢不納

寛政三年亥七月

樋　口覚右衛門㊞
浮　州　甚　助㊞
神　戸三右衛門㊞
原　覚　之　丞㊞
樋　口　久　馬㊞
廣　川　力四郎㊞
斉　藤　与七郎㊞
井深七郎左衛門㊞

坂下組福原新田村肝煎
佐瀬傳助方へ

「奥書」　如表書無相違者也　（表書きの如く相違なき者なり）

高　　甚内㊞　（高津　甚内）
井　宅右衛門㊞　（井深宅右衛門）
原　　勝之進㊞

※註　前文のことが『家世実紀』巻之二百三十九に記述されている。
奥書は奉行であり、苗字を良く略す。定免状によく見られる。

3、

③ 覚

一新金弐百両

右者御囲塩代金

為御入用去十一月中

差上候ニ付拾人扶持

永々被下置候持高

七拾八石九斗六升六合郷頭

勤ニ不拘末々無役高

被成置候 此末時節を以

御返与被成候砌八右

扶持方並無役高之儀

共ニ古復可被仰付者

也

寛政三年亥七月　樋　口覚右衛門

浮　州　甚　助

神　戸三右衛門

原　覚　之　丞

樋　口　久　馬

廣　川　力四郎

斉　藤　与七郎

井深七郎左衛門

如表書無相違者也

高　　甚内　（高津　甚内）

井　宅右衛門　（井深宅右衛門）

原　　勝之進

代田組郷頭

風間久太郎　方へ

佐瀬と風間両人にて六百拾四両弐分上納に対しての恩賞

★風間氏は弐百両分の無役相当分

※註　前文は控え書で、原文は風間久太郎方へ奉行より渡されたであろう。いつの時代もギブアンドテイクである。

4、前記の塩代献上のこと

④

恐れ乍ら書付を以って願い上げ奉り候
塩の儀は恐れ乍ら御国用第一の品と存じ奉り候処
近年塩払底にて、民用差支え候節も御座候間
其の節恐れ乍ら思慮仕り候処、私共義越国新潟表に
懇意の者御座候間、彼者方より塩六百両分才
判仕差上げ切り、上納仕り度存じ奉り候。尤返済の儀は
私共方より相済し、少し茂　御上様へ御苦労掛け奉り
候義、御座無く候。右に付候ては、恣成義恐れ入り願
奉り存じ奉り候得共、千両に五拾人御扶持下し置かれ候御割
合を以、御扶持方下し置かれ度願い奉り候。右下され米
の分　傳助持高自村分御田地百三石余の場所
当御免相五ツ五分成に御座候処、右御免相へ御振
替成し下し置かれ、残壱ツ三分成、永代定免別免に
成し下し置かれ度、願い奉り候。尤右の分
高諸役御用捨に成し下し置かれ度、願い奉り候

一　久太郎義へ、拾人御扶持代々下し置かれ度
願い奉り候、是迄数代御役柄相勤め罷り在り候間、無役
高に御座候得共、御役義に拘わらず無役高に成し下し置かれ
度く願い上げ奉り候。
右願の通り成し下し置かれ、猶又御塩上ケ切に納
仰せ付けられ下し置かれ候は、　私共子々孫々迄永々有難
存じ奉り候　以上

坂下組福原村肝煎
佐　瀬　傳助㊞
代田組郷頭
風間久太郎㊞

寛政二年戌十月

御奉行様

※註　当御免相「年貢」は無役以外は55%が13%に減免された。

5、覚〔佐瀬家高戌十月十四日割元御役所にて写し取申候代田組郷頭風間久太郎と伝助のこと、記してある。〕御免相願高

⑤　一　百三石五升四合
内
七拾弐石　　無役高
内
六拾七石八升三合　　田高
取三拾七石弐斗九升弐合　　五つ五分成
四石壱斗九升七合　　畑方
取弐石三斗八合　　五つ五分成
八石九斗五合　　役高畑方
取四石八斗九升八合　　五つ五分成
此口米　弐斗九升四合
弐拾弐石五斗九升四合　　新田
取拾石八斗四升八合　　四つ八分成
内
五石四斗弐升四合　　米方
此口米　三斗弐升五合
五石四斗弐升四合　　金方
此口米三斗弐升五合
〆四拾三石四升壱合
七石五斗　　六斗直金方
此金三両七百三十文
五石七斗四升九合　　八斗直金方
此金壱両三分弐百七拾三文
金小四両三分弐朱弐百七拾三文

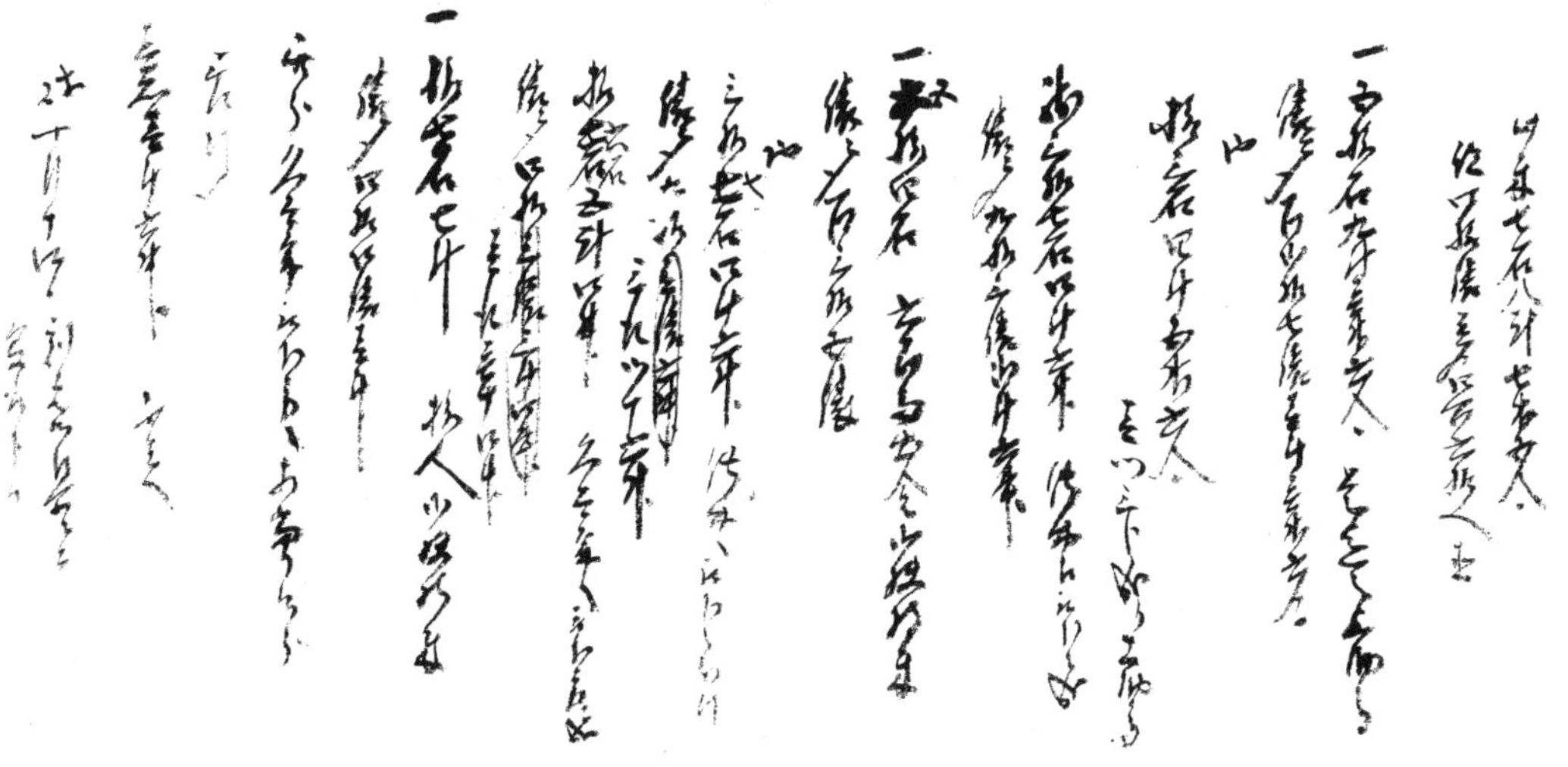

此米七石八斗七升五合
　但四拾俵壱貫四百六拾文直
一　五拾石九斗壱升六合　　是迄之上納高
　俵〆百弐拾七俵壱斗壱升六合
内
拾三石四斗五升六合
　　　壱つ三分成り上納高
残三拾七石四斗六升　　伝助江被下候成
　俵二〆九拾三俵弐斗六升
一　五拾四石　　六百両出金御扶持米
　俵二〆百三拾五俵
　内
三拾七石四斗六升　　伝助へ被下候分引
　俵二〆九俵壱俵六升
　三石弐斗六升
拾六石五斗四升　　久太郎へ被下分成
俵二〆四壱俵壱斗四升
一　拾七石七斗　　　拾人弐扶持米
俵〆四拾四俵壱斗
　此分久太郎被下分相当り候分
　差引〆
壱石壱斗六升分　　不足
戌十月十四日　割元御代官所ニ而
　　　写取申候
御免相願高　書上控〔裏書〕

6、『家世実紀』巻之二百六十七〔享和三年閏三月朔日〕〔稽古堂写本〕

☆ 読み下しにした。

⑥ 三月朔日 木曽組廣野村常吉義 金子五百両差上候ニ付二十五人扶持被下郷頭検断格被仰付 帯刀苗字御免

常吉儀高弐拾石余耕作致 余産に酒造 并質を取富有の者に候処 貯の金子五百両差上度く候間御用に成し置かれ 子孫永世へ引続候様 千両に五十人扶持の割合御扶持方下され 代々検断格に御取立下され度き旨 山三郷御代官御雇勤土屋勝吾の願い出 郡奉行在竹五郎左衛門義 此金子を以って野尻郷役所取り計いの社倉増加に相用い申すべく 御扶持米は其利分を以って相い渡すべく候間惣て願の通り成し下され度き由申し出候に付き加判の者共に申談 金子差上げ候者御扶持下され候事毎々の様ニ候得とも 代々検断格に成され候者容易ならず儀にこれ有坂下組福原新田村肝煎傳助 世間に聞き候 金持にて両度に五百両の金子差し上げ 尤先祖訳これ有る者に付き格別に代々検断格仰せ付られ候処 常吉儀五百両上げ候得とも 先祖の訳迚は 差して格立候事もこれ無く併に大分の金子壱度に差上ヶ 且又己前才判金致し 郡方へ出し候分差上げ切に致し 其上寸志銭抔も出し候者に付格別吟味の上 永世二十五人扶持下され 代々郷頭検断格帯刀苗字御免成され 然るべくと 加判の者とも申談 言上致し候処 伺の通りこれ仰せ出され

※註 『家世実紀』に前記のように代田組郷頭風間久太郎・坂下組福原新田村肝煎傳助のことが記載してある。年代は寛政・文化・享和の時代のもので佐瀬家には藩政への参画・上納・献金・寸志文書として前記、後記のような文書が数点ある。

7、

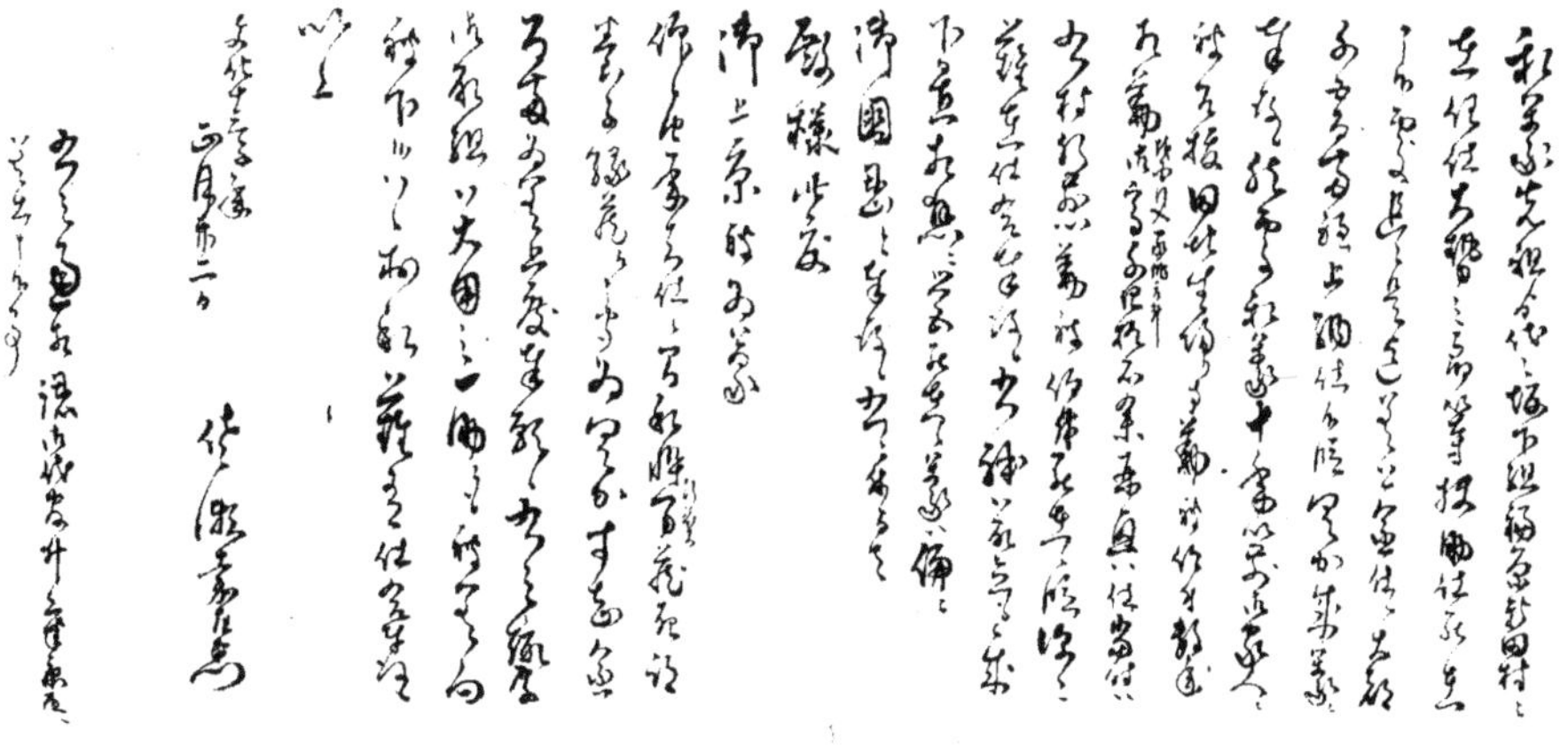

※註　藩主容衆〔七代〕京都に赴き、文化十三子年五月十日着き、参内する。
この為に城下の商人からも多くの上納金を募る。資料在り

⑦
私義先祖より代々坂下組福原新田村に
在住仕り　大勢の郎等扶助仕り罷り在り
申し候處　追々是れ迄差上げ金仕り候　大部
千五百両程　上納仕り候段　冥加成義に
存じ奉り候　然る處　私義十年以前　御家人に
召され　抜田地生帰り方　勤仰せ付けられ　数年
相い勤め越国引入　家作取り計らい　御高千四拾石余再興仕り当時は
右村肝煎勤仰せ付られ　罷り在り候段　深々
在り難き仕合に存じ奉り候　右躰取立も成し
下され置き相応に営　罷り在り候義は　偏に
御国恩と存じ奉り候　右に付きては
殿様此度
御上京為され蒙
仰候由　承知仕り候間　私悴肝煎万蔵死跡
養子緑蔵え申し聞かせ冥加寸志金
百両差上げさせ度く願い奉り候　右の趣き厚
御取組御大用の一助にも差し向われ
下され候はゝ　私において有り難き仕合に存じ奉り候
以上
文化十三子年
正月廿二日　　佐瀬嘉左衛門
右の通り相い認め御代官所重康殿に
差し上げ申し候事

8、

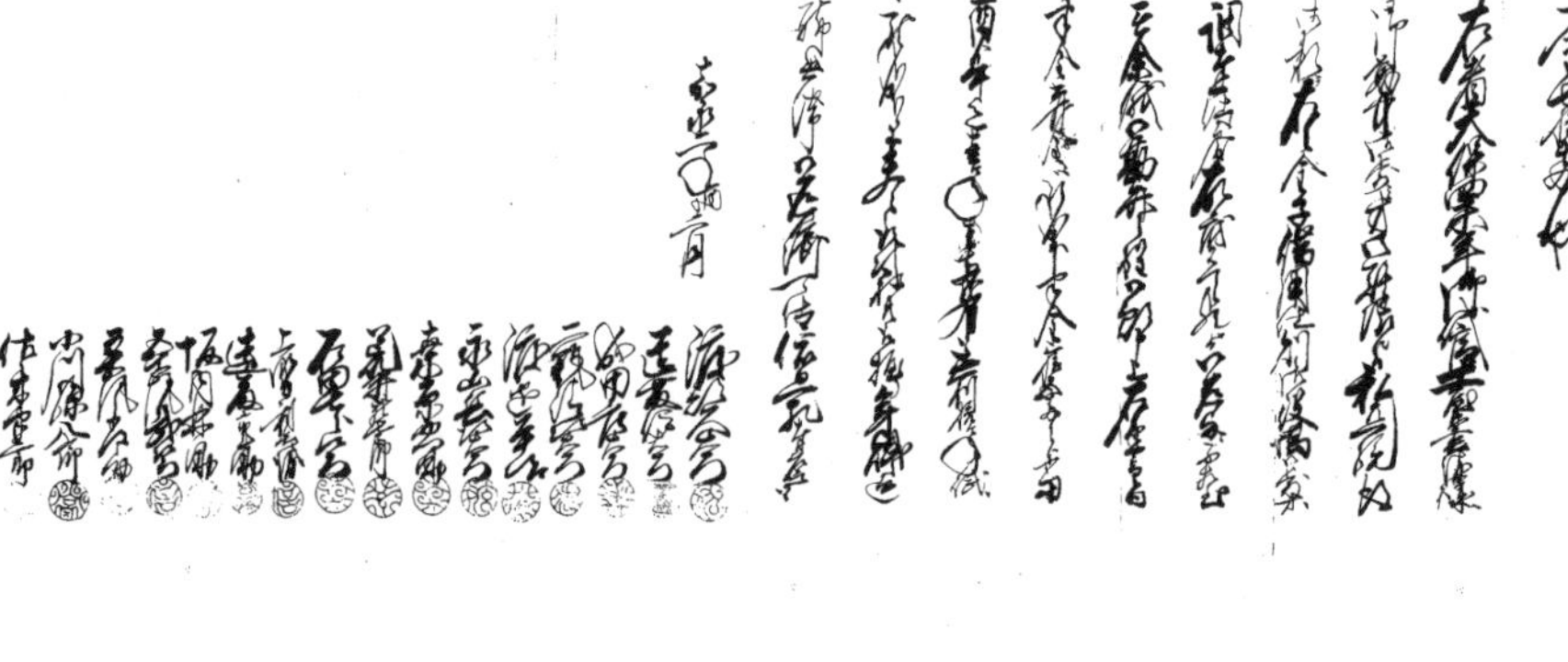

⑧

覚

一金七拾両也

右者天保四未年御代官土屋杢兵衛様御勤中御歩ミ方御難渋ニ付
私共一統得御頼ミ右之金子借用仕則御役場御歩方調達仕候
処右茂有候哉ニ而御返与ニ不相至其余儀御勘弁之程御願申上
右金高之内半金弁指ニ被成下半金三拾五両之分当
酉より午迄壱ヶ年壱両弐分無利拾ヶ年賦
ニ被成下候上夫々取計私共取握り年賦之通
聊無滞返済可仕候依而一札奉差上候以上

嘉永二年酉二月

渡部久右衛門㊞〔田中〕
遠藤信右衛門㊞〔下金澤〕
成田庄右衛門㊞〔東金上〕
二瓶清次右衛門㊞〔金上〕
渡邉平治㊞〔船渡〕
永山兵次右衛門㊞〔坂下〕
桑原忠助㊞〔坂下〕
荒井新七郎㊞〔坂下〕
石田七郎左衛門㊞〔下茅津〕
上野利兵衛㊞〔中茅津〕
遠藤重助㊞〔中茅津新田〕
坂内林助㊞〔大沖〕
五十嵐武左衛門㊞〔朝立〕
五十嵐常助㊞〔上茅津〕
小川孫八郎㊞〔柳津〕
佐々木半二郎㊞〔小柳津〕

佐瀬嘉左衛門様

※註　聊無滞返済可仕候・・・いささかも滞り無く返済つかまつるべく候

四、福原新田村免相と佐瀬嘉左衛門

1、

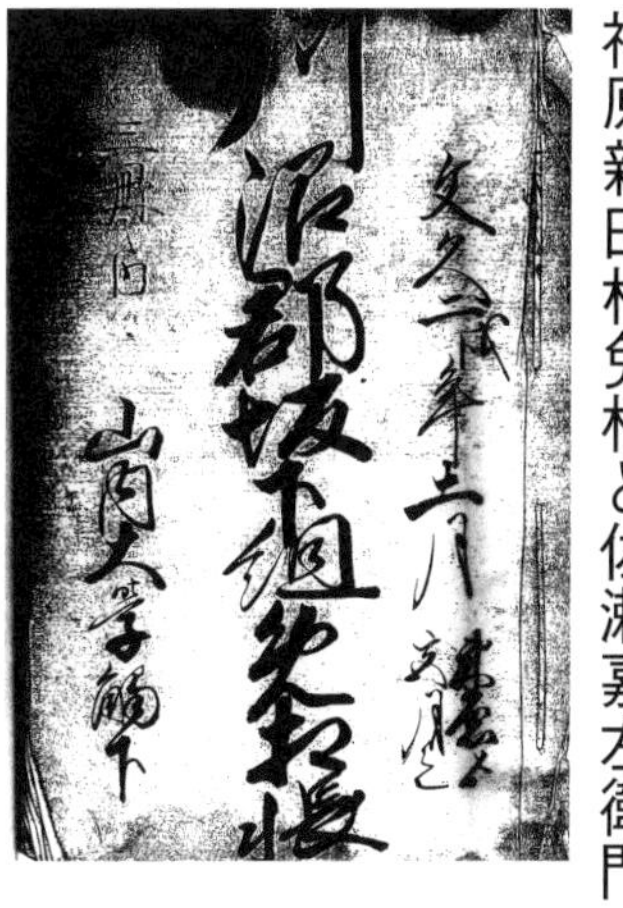

文久二戌年十一月　東原より宮月迄
川沼郡坂下組免相帳
三冊之内　山内大学触下

「年貢の割り当て」拙村の年貢・・本田は五割六分　畑七割二分五厘
・・福原新田村
・・佐瀬嘉左衛門給田

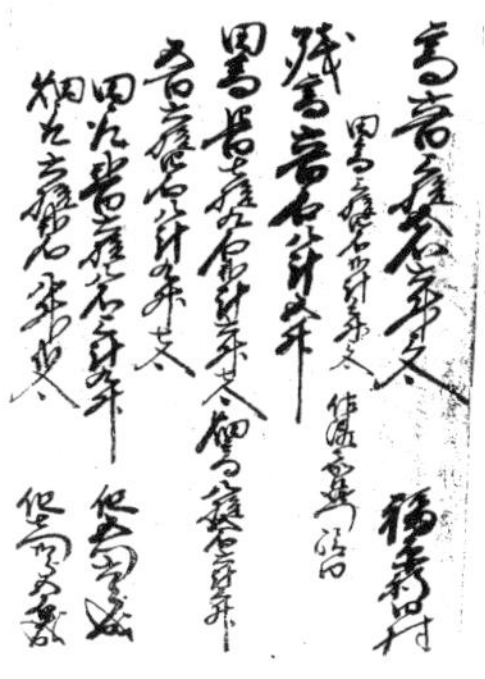

百五十三年
京都守護職
前出発の年

・・・・免相帳、原文略・・・・

高六百三拾五石六升三合　福原新田村
1　内　田高三拾四石弐斗壱升三合　佐瀬嘉左衛門　給田
残高六百石八斗五升
田高四百七拾九石弐斗六升七合　畑高八拾五石六斗三升

五百六拾四石八斗九升七合
田取弐百六拾八石三斗九升　但五つ六分成
畑取六拾弐石八升弐合
取合三百参拾石四斗七升弐合　但七つ弐分五厘成
内九石弐斗五升
此田高拾六石五斗壱升八合　当毛引
内弐斗四升八升七合
此畑高三石四斗三升壱合
内拾壱石六斗壱合　当毛引
繁茂田高弐拾弐石七斗四升六合
五分成上納残手当引
内弐石六斗九升七合
繁茂田高五石八斗六升三合
壱つ成上納残手当引
内三石弐斗五升九合
繁茂田高六石三斗九升
五分成上納残手当引
残三百壱石壱斗七升八合　定納
弐百四拾壱石五斗八升三合　米方
亥内
五拾九石五斗九升五合　金方
田高計
畑仕付
三拾五石九斗五升三合　別免
田取拾四石三斗八升壱合　但四つ成
内壱斗四升八合　当毛引
此田高三斗七升壱合
米方
残拾四石弐斗三升三合　定納
此分六斗直金方直し
高七拾七石四斗九升八合
五拾五石弐斗壱升　二口寄

新田
2　弐石三斗三升八合　佐瀬嘉左衛門　給田
残高五拾弐石八斗七升弐合
取　弐拾九石八升　但五つ五分成
内壱石八斗壱升弐合　当毛引
此高三石弐斗九升五合
内　六斗弐合　繁茂高三石弐斗弐合　五分成
上納残手当引
内弐斗三升壱合　繁茂高高五斗壱升四合　壱つ成
上納残手当引
残　弐拾六石四斗三升五合　定納
内　拾三石弐斗壱升七合　米方
拾三石弐斗壱升八合　金方
畑仕付
壱石三斗四升弐合　新田
取三斗三升六合　但弐つ五分成
内　壱斗六升八合　米方
壱斗六升八合　金方
拾五石三斗四升六合　新田
3　拾弐石壱斗九升壱合　佐瀬嘉左衛門　給田
残高三石壱斗五升五合
取九斗壱升五合　但弐つ五分成
内　三斗七升六合　当毛引
此高壱石弐斗九升六合
残五斗三升九合　定納
内　弐斗六升九合　米方
弐斗七升　金方
嘉永二酉辛より
五石六斗　新田

取　壱石壱斗弐升　但弐つ成
当毛引
取合三百七拾六石三斗四合
内　三拾三石五斗八升三合　諸引米
残三百四拾弐石七斗弐升壱合
内　弐百六拾九石四斗七升　米方
内　拾四石弐斗三升三合　六斗直
五拾九石五斗九升五合　金方
拾三石六斗五升六合　八斗直

古坂下村
高百六拾壱石七斗九升四合
4　内　田高九石三斗壱升弐合　佐瀬嘉左衛門　給田
残高百五拾弐石四斗八升
田高百五石六斗八合
畑高三拾石三斗壱升壱合
以下　後略する。

（上金沢江川和宏家文書）

※註　文久二年（一八六二）今より百五十年前の当村の年貢本田・新田・定納・米方・金方・諸引米繁茂地・当毛引などの用語がある。

Ⅰ　（当時江川家の方が坂下代官所に勤めていた時村方、当免相定の控として記したもの、外に安政四年の『萬書留帳』当時の各村から代官所諸願写しが所蔵されている）坂下組と牛沢組の村々のこと、それにも福原ことが多く記されている。

Ⅱ　会津藩地方御家人佐瀬嘉左衛門（佐瀬縁蔵）、独禮席（茶紐）、村方支配取締、給田、石高『慶応年間会津藩士名録』の記述と同じ五八石五升六合の石高である。

当村文久二年（免相・年貢の割符）当免定より左の通り

佐瀬嘉左衛門給田

1　三四石二斗一升三合　福原村　字名（殿田）
2　二石三斗三升八合　〃
3　一二石一斗九升一合　〃
小計　四八石七斗四升二合
4　九石三斗一升四合　古坂下村分
合計　五八石　五升六合

凡そ五町八反歩の給田である。天明三年の高分限送り状には七三石壱斗六升九合とある。この頃は凡そ七町三反ほどの土地の所有であることが窺える。

Ⅲ　福原新田村の年貢率は本田は五ツ六分成（五六％）、畑は七ツ二分五厘（七二・五％）外に繁茂地・新田にも年貢が課されている。

Ⅳ　会津藩はこの文久二年（一八六二）より京都守護として京都の治安の維持にあたる。青津組三十一ケ村はこの年より高久代官所管轄より坂下代官所所属に移る。所謂凡ての諸願・訴訟などの役所となる。

Ⅴ　左の古文書は百五十一年前、福原新田村の年貢の達しである。凡そ当時は六十三町歩の耕作反別があった。（壱石は壱反として）大正七年の耕地整理においては七拾町歩であったが、現在は約百余町歩ほどの耕地面積に成っている。

「開村以来、佐瀬家は、当村福原新田村肝煎役（親方・御用場）を勤め、且つ地方御家人であったが、戊辰戦後、・肝煎職を除かれ謹慎の身になりのちに斗南藩士となり、廃藩置県により明治三庚午年二月、自由の身となり斗南藩（下北半島）へは移住しなかったので、佐瀬縁蔵（佐瀬傳助・縁治・縁次）通称嘉左衛門（開村碑には加左衛門）を村民より従来通りに肝煎の任に成って欲しいと言う村民の連判書を当時の若松縣役所に出願した書付である。それは迂生の曽祖父傳八が肝煎となる。上記戸数の四十軒に佐瀬家が含まれていない。斗南藩士として下北半島へ行くはずであった。

その後の文書に斗南藩士貫属として記された文書がある。

「明治二己巳年二月河沼郡坂下組福原新田村高分限帳」

明治四辛未年の「若松縣管轄人員録」によれば第十九区坂下組福原新田村とあり、当村の村役人は肝煎佐瀬傳八・年寄佐藤又平・百姓代菊地杢平と記載されている 。

以前の村役人は肝煎一人・地首二人・老百姓数名であった。代官所への願書後に村役は戸長、什長、掛長、区長などと変わる。

百四十年前の当主の名前、村の戸数は四拾二軒であった。現在は五十八戸である。明治三庚午年には人口二百二十三人、馬三十一疋、養水堰二ケ所、加水堰壱ケ所と記載されてる。福原村と称するようになったのは明治八年からである。当村の村名の変遷は左の通り当村で最も古い文書には「稲河郡之内福原新田之事」の表題で開村当時元和九年（一六二三年）の様子を伺い知る寛永二年の史料がある。当村には水帳（土地台帳）稲河領福原新田村御検地帳延寶元年（一六七三）約三百四十年前、享保十七年の検地帳もある。

稲川郡坂下組福原新田村、河沼郡坂下組福原新田村、岩代国河沼郡福原新田村（明治初期）、若松縣第十九区坂下組福原新田村若松縣第大三区四小区福原新田村、福島懸第十四区福原村、明治二十二年金上村大字福原村更に昭和三十年、河沼郡会津坂下町大字福原村・・現在に至る。

五、会津藩家老・諸藩士の京都勤番入用金 証文

会津藩、京都守護勤番時代の藩士の証文・その他 (佐瀬家文書)

(文久二年・一八六二年十二月より慶応四年・一八六八年一月まで京都勤番)

1、

① 借用致金子証文之事 (借用致し金子証文の事・返点付した)

一金百両也

右は 主人京都勤番入用に付 致借用
候処 実正に御座候 返済之儀は 御定之
利足加へ 當暮三拾両 残金帰國次第無異
儀返済可致候 為後日依て 証文如件

(内とは譜代・家来)
一瀬要人内

子五月 同 古川廣右衛門㊞

宮本雄之助㊞

佐瀬嘉左衛門殿

※註 一瀬要人隆知 千三百五拾石

「右は 主人京都勤番入用に付き・・」とは元治元子年(一八六四)京都守護職時、入用のための借用証文で文久二年十二月(一八六二)より足掛け六年京都守護職、藩士上洛、出役し慶應三年十二月九日王政復古、守護職免ぜられるまで。佐瀬家に残る証文の一部、慶應四年一月三日鳥羽伏見の戦い始まるが、一月六日大阪より徳川慶喜・松平容保・定敬ら江戸へ帰る。残った藩士は今後どうなるか、忠誠を誓い命がけで治安の維持に当ったのに何を考え帰郷しただろうか。

☆如レ件・・くだんのごとし

2、

②　證文之事

金五両也

右の通借用致候処実正に御座候　御返済
の義は　来亥後御成箇を以御返済可致候
猶追本證文差替可申依て仮證文入
置候以上

文久二戌年
十一月

借主
水野格之進㊞

加判
同
萬吾㊞

佐瀬嘉左衛門殿

※註　御成箇を担保として御返済とは藩士の俸禄の米を引当・担保として借用することである。急なことだったので、仮証文を出し、後に本証文と差し替えるとのことであった。

3、

③　覚

一金五拾両

「担保の内訳」
但壱月三拾両歩亥御成ヶ五拾俵子同月五拾俵
丑同五拾俵入置亥年元金拾五両子年同
拾五両丑年同弐拾両返済の筈 年に十二月
中返済

右は餘義無き入用に付き 借用致候処 返済の義は
但書 年賦割合の通り 元利返済致すべく候
尤も 入置候道手形へ蔵所宛 得と売拂
元利御勘定給うべく 後の為 証文入置き候 以上

文久二戌年　　上田 一学㊞
十二月　　同 新八郎㊞

佐瀬嘉左衛門殿

☆読み下しにした。

※註　上田一学は六百石、「餘義無き入用に付き・・」とは京都勤番のことであり、治安の維持にあたり宿舎となったのは浄土宗総本山黒谷知恩院の近く、京都の金戒光明寺である。頭塔の西雲寺には京都勤番や鳥羽伏見の戦い、戊辰の戦役で斃れた会津藩士の墓地がある。文久二年（一八六二）から五年間で二三七人、鳥羽伏見の戦死者は一一五人を弔う墓所である。

☆御成箇担保

4、

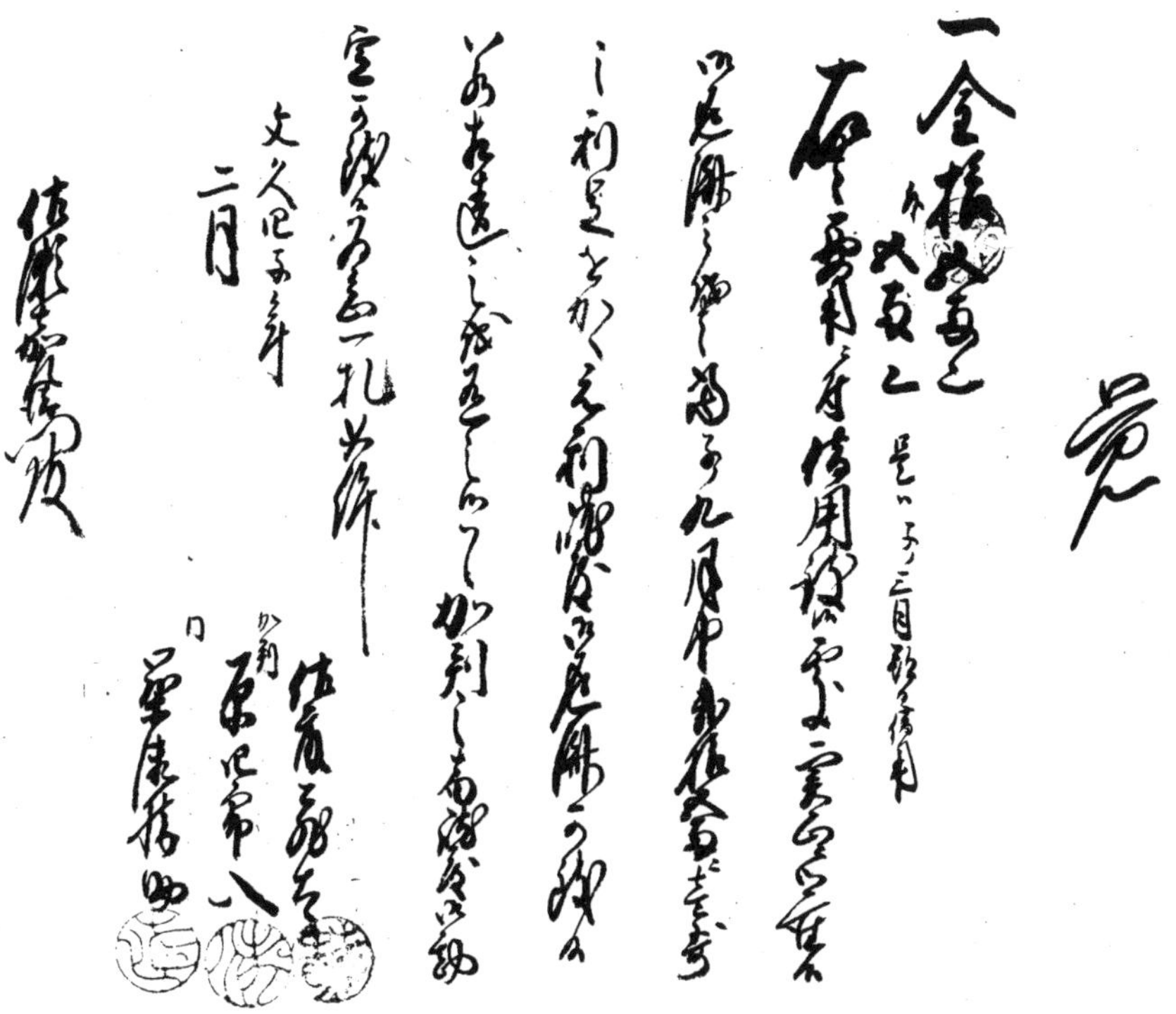

④　覚

一金拾五両也

外

五両也　是ハ子ノ三月朔日借用

右は要用に付借用致候處実正に御座候

御返済之義は　当子ノ九月中弐拾五両に壱分

之利足を加へ　元利屹度御返済可致候

若相違之義有之候は丶　加判之者屹度御勘

艇可致候為念一札如件

文久四子年

二月　　　　　佐藤蔵太㊞

加判　原四郎八㊞

同　簗瀬勝助㊞

※註　京都守護職三年目右は要用ニ付とは京都勤番であり、藩の財政難につき己が旅費などの調達が必要だったのであろう。

5、

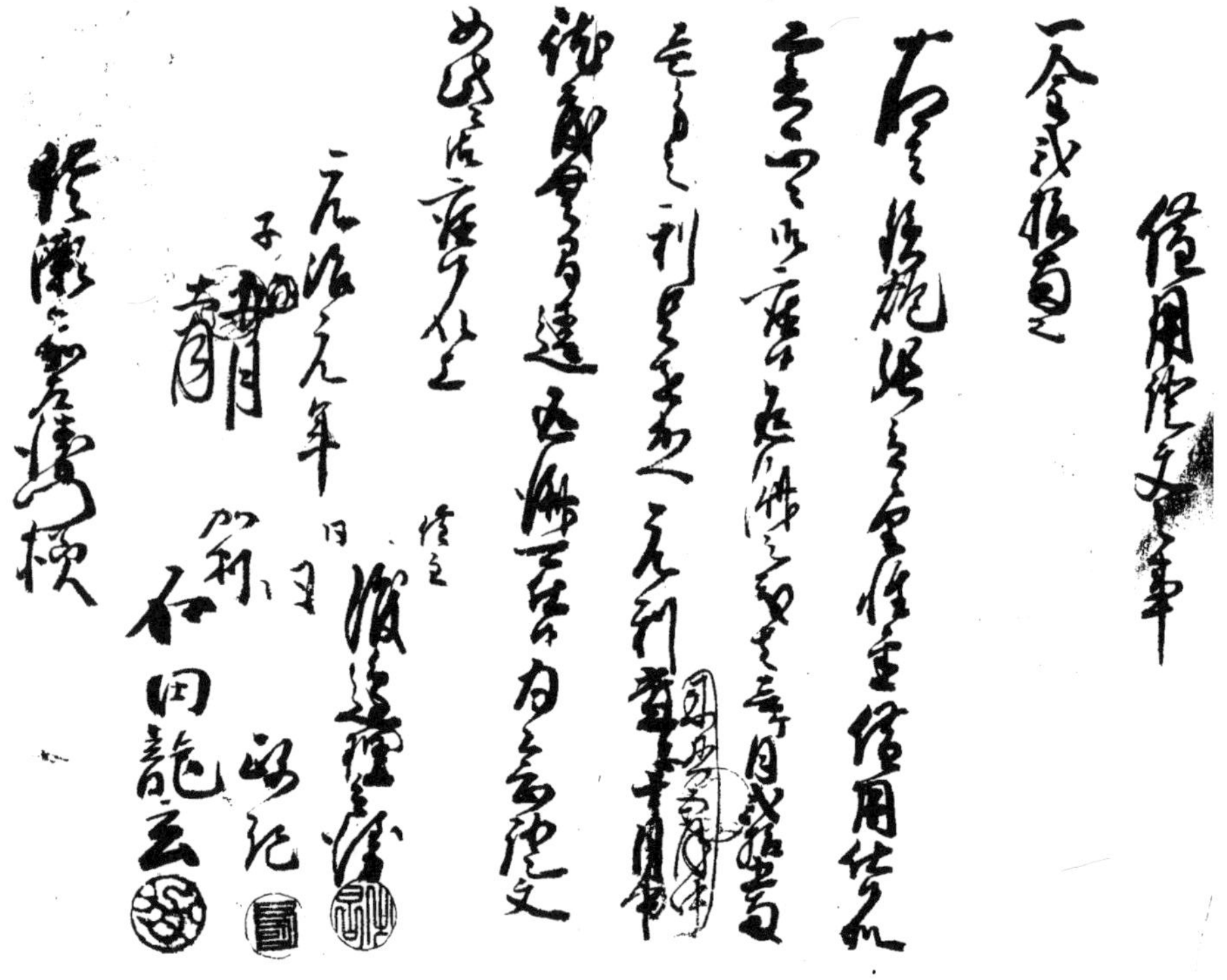

⑤

借用證文の事
一金弐拾両也
右は鉄砲張り立て望性金 借用仕り候処
実正に御座候 返済の義は壱ヶ月弐拾五両
壱分の利足を加へ元利来る丑五月中
屹度間違い無く 返済仕るべく候 念の為證文
此の如くに御座候 以上

借主
元治元年
子十一月 渡邊理兵衛㊞
同 政記㊞
加判 石田龍玄㊞

佐瀬嘉左衛門様

☆読み下しにした。

※註
元治元年この頃、城下においても鉄砲の製造・修理が行われていた。渡邊〔部〕理兵衛は鉄砲張りとして拾九石六人扶持で且つ兼金具師であった。外に鉄砲金具師、鉄砲台師、槍師など武具調達の士分の方が多くおられた。望性金とは資本として「壱ヶ月弐拾五両に壱分之利足」とは〔弐拾五両〕は一両は四分であるから百分の壱分であり、月利は〇・〇一（一％）であるから年利は一割二分〔一二％〕となる。現在では壱両が拾万として、弐拾両は〔二、〇〇〇、〇〇〇円〕とすると、一年の利息〔二四〇、〇〇〇円〕ほどであった。一年借りると、利足二両四朱となる。証文があることは貸し倒れの証しである。

6、

⑥

覚

一金五拾両也

右は 主人要用に付 致借用候所 実正に御座候 返済之義は 壱ヶ月弐拾五両に壱分之利足を加へ當丑十月中元利無異儀御返済可申上候 萬一相違之義御座候は丶 為宛物抔御成箇米左手形百三拾俵入置候間 御通用可被成下候依て為念一札差上置申候 以上

北原采女内

目黒 善 蔵㊞

古川保右衛門㊞

荒川類右衛門㊞

冨田義左衛門㊞

元治二年

丑正月

佐瀬嘉左衛門殿

※註

北原采女光義二千八百石 藩士への貸付証文は「覚」前掲三通はいずれも元屋敷は現在の若松城前の合同庁舎の近く、百両は現在に換算する壱両、拾万として、一千万円に相当する。前掲の証文は幕末(文久二年より慶応四年) 頃までに家老層に資金調達したものであり、諸士の「覚」が現存する。

外に地方御家人支配方であったので、各村に在住する士族への資金調達・証文、越後方面の赤谷、石間口への出役手当、負傷手当文書などがある。戊辰戦役により貸倒れ、棄捐となった、証文・覚書などが多く残っている。

外に幕末の町方の証文・御抱屋敷証文など三百余通ほど有る。

北原采女譜代の荒川類右衛門が書いた『会津藩士の越後流亡日誌』阿達義雄著があり、戦後の有様がよく分かる。

七日町・山城屋萬右衛門 北小路町塩問屋赤城惣兵衛七日町・真船屋幸助赤井町・近江屋小左衛門の諸家の証文が有る。

7、

⑦

覚

一金弐拾両也

右は無拠入用に付 借用仕候処 相違無

御座候 返済之義は 丑十月中思召之利足

加へ 元利屹度御勘定可仕候 為念證文

仍而如件

慶應元年丑七月

借主 若 林 官平㊞

加判 若林兵之進㊞

※註 右はよんどころ無き入用とは京都守護職のため資金繰りとして借用されたものである。

8、

⑧
覚

志田左五郎

一金壱拾両　卯十二月元
右は要用に付　借用仕候処　実正
御座候　壱ヶ月弐拾五両ニ壱分利
附にて　来辰十二月中元利返済
可致候　若相違之儀御座候節は
加判之者　無異儀弁済可仕候　以上
慶應三卯年
十二月
借主
志田左五郎㊞
加判
同　貞次郎㊞
佐瀬嘉左衛門殿

※註　慶応三卯年　加判の志田貞次郎は西郷四郎の父で、四郎は城下で慶応二年生まれ、戊辰戦争後は津川町で育つ。志田左五郎は京都勤番のための借用であろう。要用に付とは京都勤番のためである。

9、

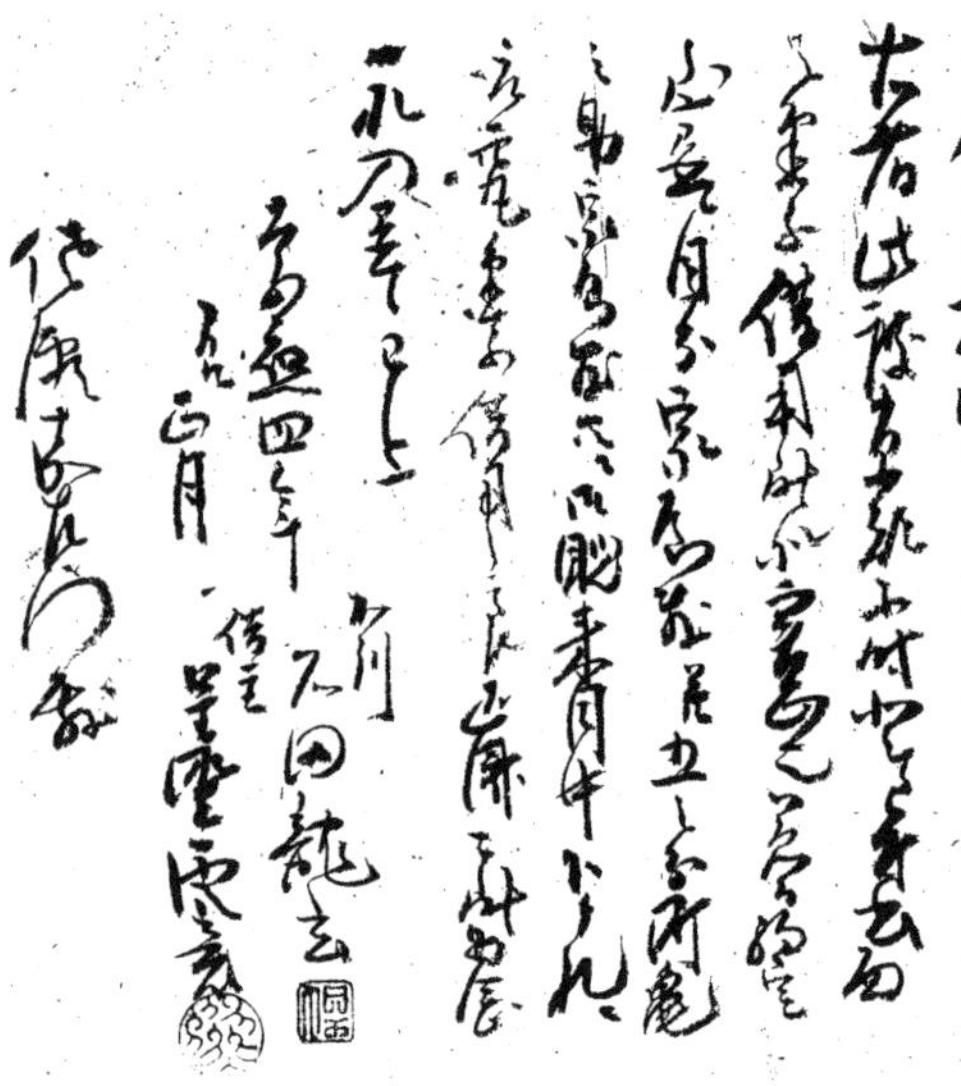

⑨

覚

一金弐拾両也

右は此度 京都不時登候に付き 書面
の金子借用致し候処 実正也 兼て約定
致し置候自分家屋敷ならび五之分町亀
之助家屋敷共に御睨来月中下ヶ札に
取究 金子借用候節 返済致すべく念の為
一札置候 以上

加判 石田龍玄印

慶應四年
辰正月
借主 星野雲意㊞

佐瀬嘉左衛門殿

※註

石田龍玄（御側医師）は松平容保の御殿医であり、白虎隊の石田和助、その兄で姓名を改め長崎県知事・福島県知事を勤めた日下義雄の父親である。日下義雄傳に詳細に記述されている。

星野雲意は御側医本道（漢方医）である。慶応四年正月の頃は会津藩が京都守護職を解任された後、京都に赴いている。鳥羽伏見の戦いの頃にどうして京都へ赴くのだろうか、容保・弟の定敬ともに大阪より江戸へ戻ってくるのに、混沌とした情勢や連絡が不分明だった為であろうか。

東松事件の伴百悦・高津仲三郎・井深元治・武田源蔵らが民生局役人だった越前藩の久保村文四郎が役を終えて帰路の東松峠の手前天屋・本名村への雑木林で殺害された事件に関わった。井深元治が東京で捕らわれ、獄死した元治を日下はどうして当時高官だったのに己の墓地（東京谷中霊園）に葬ったのか解明したい。

☆己上・・以上

10、

⑩　☆読み下しにした。

覚

一金百両也

右の通り借用仕り候処　相違御座無く候　返済
の義は　壱ヶ月弐拾五両に壱分の利息を加へ
當月十二月中　元利異義無く返済仕るべく候
後日の為　一札斯の如に御座候　以上

慶應四辰年正月

丹羽右近内
永山　淳介㊞
永山乙之助㊞

佐瀬嘉左衛門殿

※註

丹羽右近　千石

大政奉還は慶応三年十二月九日であり、慶応四年正月（一八六八）鳥羽伏見の戦い、戊辰戦役終結九ヶ月前の証文。壱両拾万として現在の壱千万ほどの貸し倒れとなる。

遺体の処理、墓所の清掃は任侠の会津小鉄会が当たった。

境内に上坂組長初代・二代の立派な墓碑が在り、配下は今でも会津藩墓地の清掃に当たっていると言う。新撰組だけではなく、情報・食糧収集に当たった任侠（会津小鉄会）の配慮が見失われているのではあるまいか。

☆丹羽右近内・・丹羽右近の譜代、家来

11、

⑪

覚

一金五拾両也

右は此度御家人様御一統え調達金為被
仰下候に付　根本甚助御納候得は八
重納相成　御前不都合の儀　被仰聞候間
厚　評議之上甚助納之内え右金銭差
上申候所　此節差上兼御借用仕候　卯暮より
三ヶ年賦無利足被差上可申候後証如此御座
候以上

坂下牛沢両組任役共

慶應三卯年四月

斉藤伍之丞	㊞	平井
遠藤七助	㊞	金沢
坂内林助	㊞	大江
石田五郎左衛門	㊞	開津
佐瀬次郎左衛門	㊞	政所
五十嵐武左衛門	㊞	朝立
永山兵次右衛門	㊞	坂下
小川孫八郎	㊞	柳津

佐瀬縁蔵様

※註　坂下代官所・根本甚助が地方御家人の資金調達として、小川庄任役が借り主として佐瀬に出した証文。当地方御家人は慶応四年五月頃より木本隊に附属し越後表口石間口、赤谷口の番所に守衛出陣した。文書後に掲載した。

12、外に〔文久二戌年より京都守護職期間に藩士の借用証文〕（佐瀬家所蔵文書）より　原文略

★坂下町古文書研究会収集目録　より

諸藩士よりの証文（覚書・証文が残っていることは貸倒れの証拠である）

年	氏名	金額	備考
文久二戌年	上田一学	金五拾両	当物御成箇米（担保として）
	水野格之進	金五両	当物御成箇米
	牧野安之丞	金参両	
	小野寅之助	金弐拾五両	
文久三亥年	木村兵庫	金五拾両	
	林代吉	金七拾両	当物御成箇米
元治元子年	大久保鉄吉	金弐拾五両	
	風間久七郎	金弐拾両	
	簗瀬勝助	金五拾両	
	木村兵庫	金参拾両	
	上田一学	米拾五俵	
慶応元丑年	北原采女	米百参拾俵	当物御成箇米
	西田十郎左衛門	金弐拾両	
	若林官兵衛	金弐拾両	
	林代吉	米七拾八俵	
	小野寅之助	金弐拾五両	
	原政之進	金拾五両	
	野村数之助	金五両	
	牧野安之丞	金弐拾五両	
	田中源之進	金七拾両	当物御成箇米
慶応二寅年	原政之進	金弐拾五両	

★母成峠の戦い

以下略

13、社倉米について

九拾俵（五百両分）社倉に入れる。百両に付拾八俵ずつを受け取ること。

⑬

覚

一米九拾俵

右者郡役所社倉籾計
入用此度金五百両被差上候ニ付
百両ニ付拾八俵つ、之利を以 年々十月
中社倉籾挽町蔵為登米を以
永々被相渡筈ニ候以上

天保十三寅年十月

和田八兵衛㊞
田中鉄之丞㊞
在竹五郎右衛門㊞
佐藤惣蔵㊞

佐瀬嘉左衛門殿

※註　当地方の郡役所は北会津の中荒井にあった。大川沿いで現在の会津若松市北会津支所の集落である。

第六章　地方御家人（小川庄）越後表口出陣について

赤谷口　石間口　三月沢口　津川口（河運口）守衛

慶応四戊辰年二月よりの文書

※註　越後街道　角石原の戦い　赤谷口　會津戦死碑

一、小川庄地方御家人と戊辰戦争・関所守衛出陣について

1、

★横帳を開いた文書

① 小川庄地方惣人別

金子左兵衛
生江八郎
唐司織衛
塩野津之助
病須藤与八郎
志田吉右衛門
渡部源之助
武藤参蔵
佐々木佐左衛門
神田小重郎
平田清覚
長尾佐仲
山村多左衛門
金子喜十郎
病斎藤三衛門
赤城微兵衛
鈴木鉄之進
山田嶋之助
高橋吉左衛門
村上六郎兵衛
杉原新助
二瓶周蔵
高橋国三郎
伊藤民之進

菱田直之助
永井幸左衛門
菊地覚衛
高橋直八
金成次左衛門
樋口新蔵
原田忠吾
山口助之進
遠藤久八
同　新蔵
小山類之進
同　勇吉
諸橋又作
遠藤清記
小三拾八人
大竹　萬
近藤伴之進
佐藤甚蔵
叶沢金衛門
佐瀬嘉左衛門

2、

② 子弟ニ而御扶持願之人別

神田好之進　須藤与三郎　菊地岩次郎　遠藤健吉
唐司正記　金子秀伍　〆十八人　弐拾人組之内
杉原持作　諸橋又治郎　生江　緑　山田系助
佐々木兵庫　遠藤節之助　村上六之進　菊地彦之助
菊地東馬　斎藤顕一郎　永井久杢　叶沢常杢
近藤勝之進　赤城惣蔵　〆六人　御関所之内
真田清久　長尾常之進
長尾清吾　山村多三郎　合四拾三人
二瓶辰五郎　武藤七郎　外ニ
平田清美　壱人　赤城清之助
〆九人　三拾人組之内　但是ハ□瀬原之代勤□
書出し不申候
唐司穂積　須藤与五郎
武藤寅之進　渡部源吾　壱人　佐瀬縁治
佐々木六郎　平田清摩
山村多□　斎藤杢治郎　小四拾五人　役所へ書出
杉原四郎　菱田房之助
菊地民恵　高橋佐久馬
高橋主水　金成勘治郎　辰
樋口四郎　小山力之助　六月六日

3、横帳を開いたので文書が逆さまになっている。

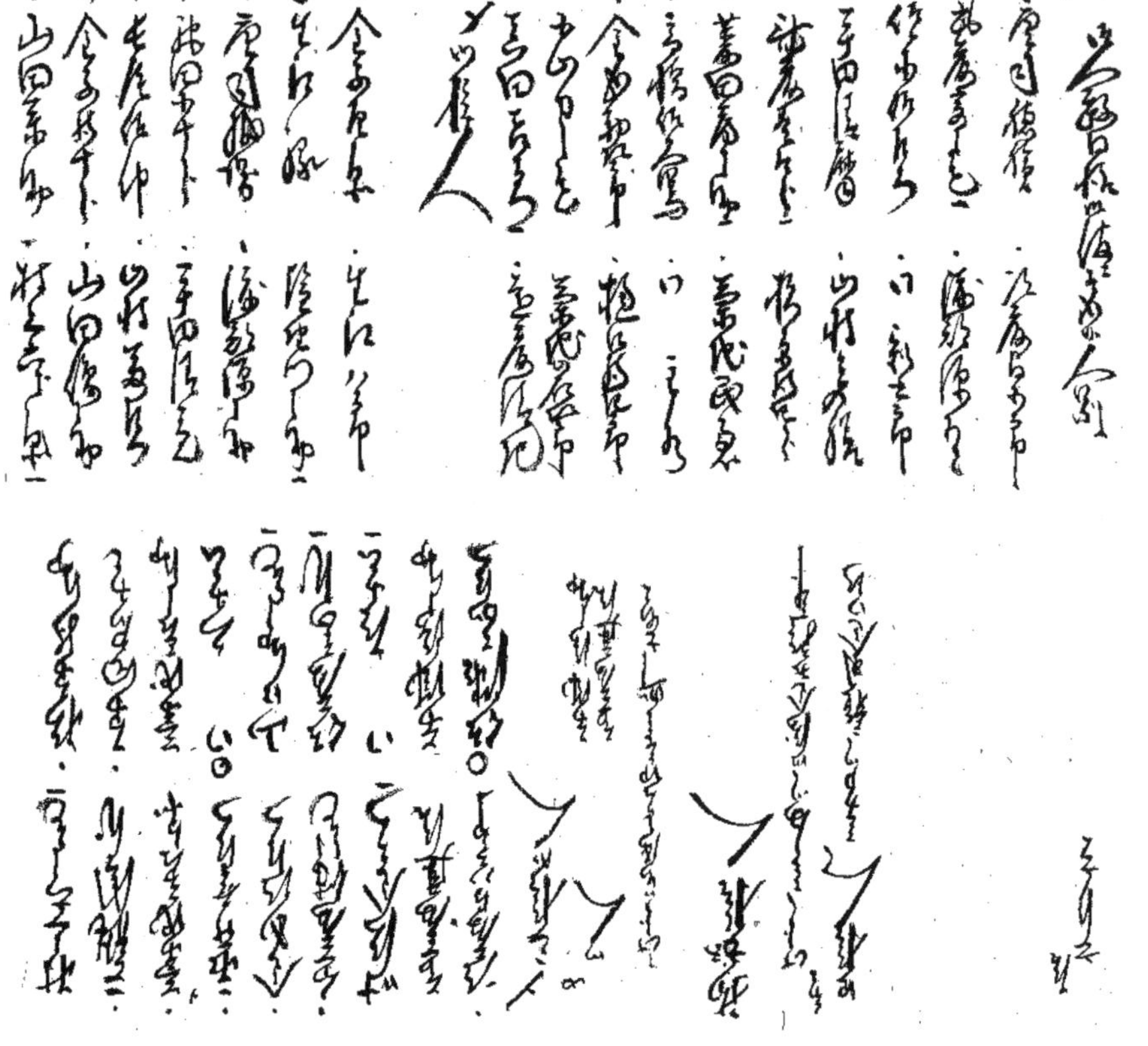

③

御人数同様御備ニ相成候人別

唐司織衛　須藤与五郎
武藤享之進　渡部源吾
佐々木佐左衛門　同新六郎
平田清摩　山村多膳
斎藤㕘太郎　杉原新四郎
菱田房之助　菊地民恵
高橋佐久馬　同　主水
金成勘次郎　樋口新四郎
小山力之進　菊地岩次郎
志田吉右衛門　遠藤清記
〆弐拾人

金子左衛　生江八郎
生江　緑　塩野門之助
唐司織衛　渡部源之助
神田小十郎　平田清覚
長尾佐仲　山村多左衛門
金子新十郎　山田像之助
山田□助　村上六郎兵衛
村上六之進　杉原新助
二瓶周蔵　原田忠吾
菊地□衛　菊地善之助
永井幸左衛門　同　久吾
金成次左ヱ門　山口助之進

近藤伴之進　佐藤甚蔵
叶沢金左衛門　同　常夽
遠藤健治　赤城鉄之助
須藤与八郎　佐瀬嘉左衛門
〆三拾弐人
内
弐人　赤城鉄之助
遠藤健治
此分ハ出張候間□無之迦し書出ス
残五拾人
此分へ壱分づつ御渡金相願候斗
外ニ
四拾人へ壱分づつ雑用金同断
辰六月六日
慶応四辰年

4、

④
木本隊江附属越後表へ出
陣之内病気ニ而帰国仕候人別
六月十一日帰国　佐仲悴　長尾常之進
同十三日帰国　高橋国三郎
同十八日帰国　伴之進悴　近藤勝之進
同廿一日帰国　冨左衛門二男　山村多三郎
同日帰国　大竹　萬
右之者共義於越後表ニ追々
病気いたし帰国仕候由ニ付而者
早速御届可申上候処私義下勤
出張留守ニ而甚遅御届申上候
尤病気全快次第彼地へ為相
詰候様可仕候間此段共ニ申上候以上
七月
佐瀬嘉左衛門

5、横帳を開いたので文書が逆さまになっている。

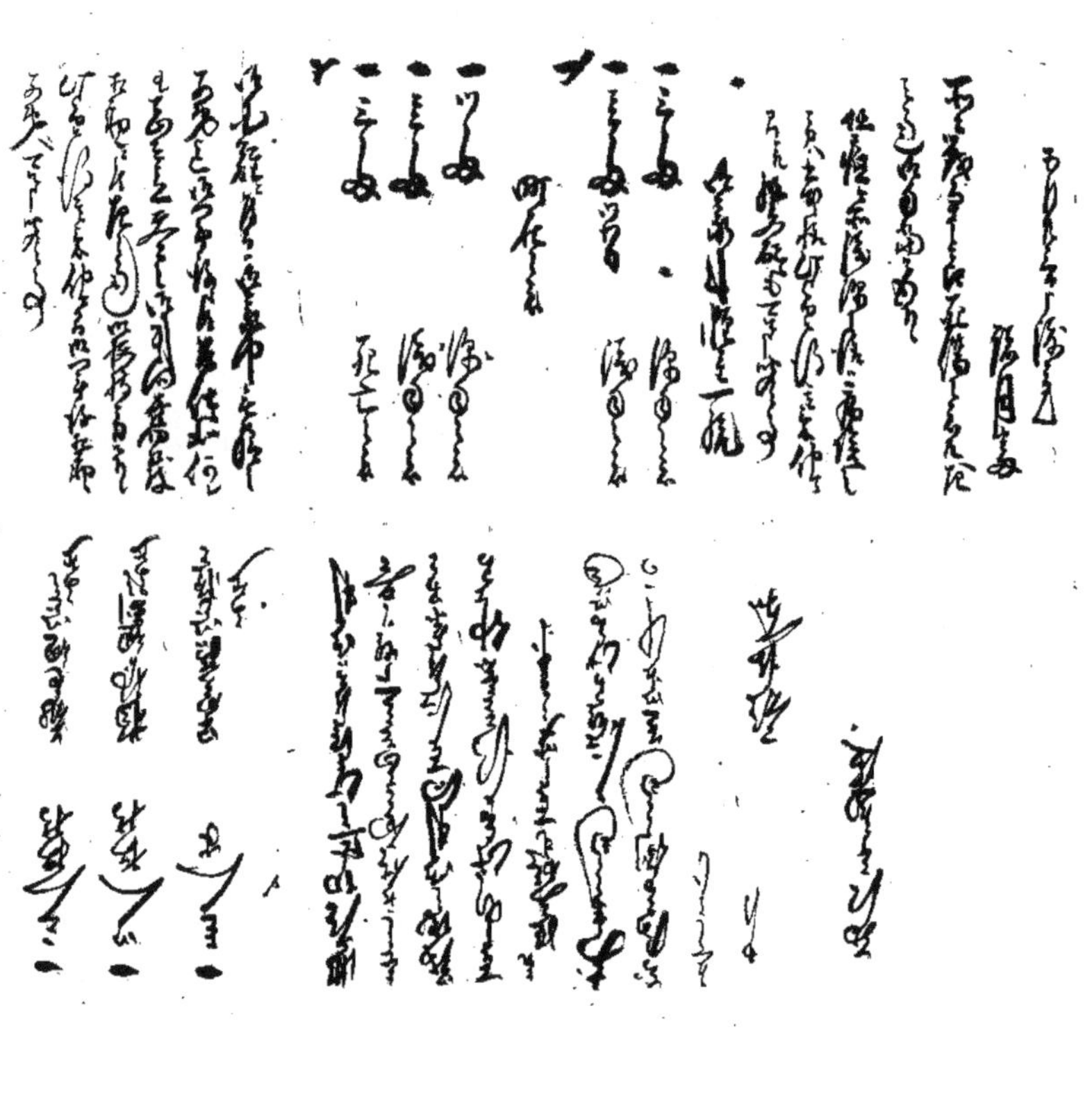

⑤

五月廿三日申渡覚

所々戦争之節死傷之者共へ左
之通御手当被成下
但疵々所浅深之療ハ病院之
方へ書出候様此旨候得者

御家来軽重一統

一　三両　深手之者
一　壱両弐分　浅手之者
〆て

町在之者

一　弐両　深手之者
一　壱両　浅手之者
一　三両　死亡之者

御国難ニ付而御家中無給之
子弟迄御軍役□□仕候処何レ
も志を立夫々之御用向奮発
相勤候ニ付左之通御扶持方被下候
此旨得其意働候間御軍役相勤候
子弟へ可被申聞候事

一三人扶持　色紐以上之子弟
一弐人扶持　礼より紐制之子弟
一壱人半　甲賀橋以上軽々
子弟
〆

非常切迫之此節ニ付而ハ御用
無之被仕候面々甚被立申出ニ
戦地之御用向可被仰付候条品々
可被申出候此旨候得御意働候間
組□も可被申聞候事申候
前条之通被仰出候間此旨御年
前及方例之通　宜御取計可
有之申候

五月　郡役所

西郷平蔵殿

6、

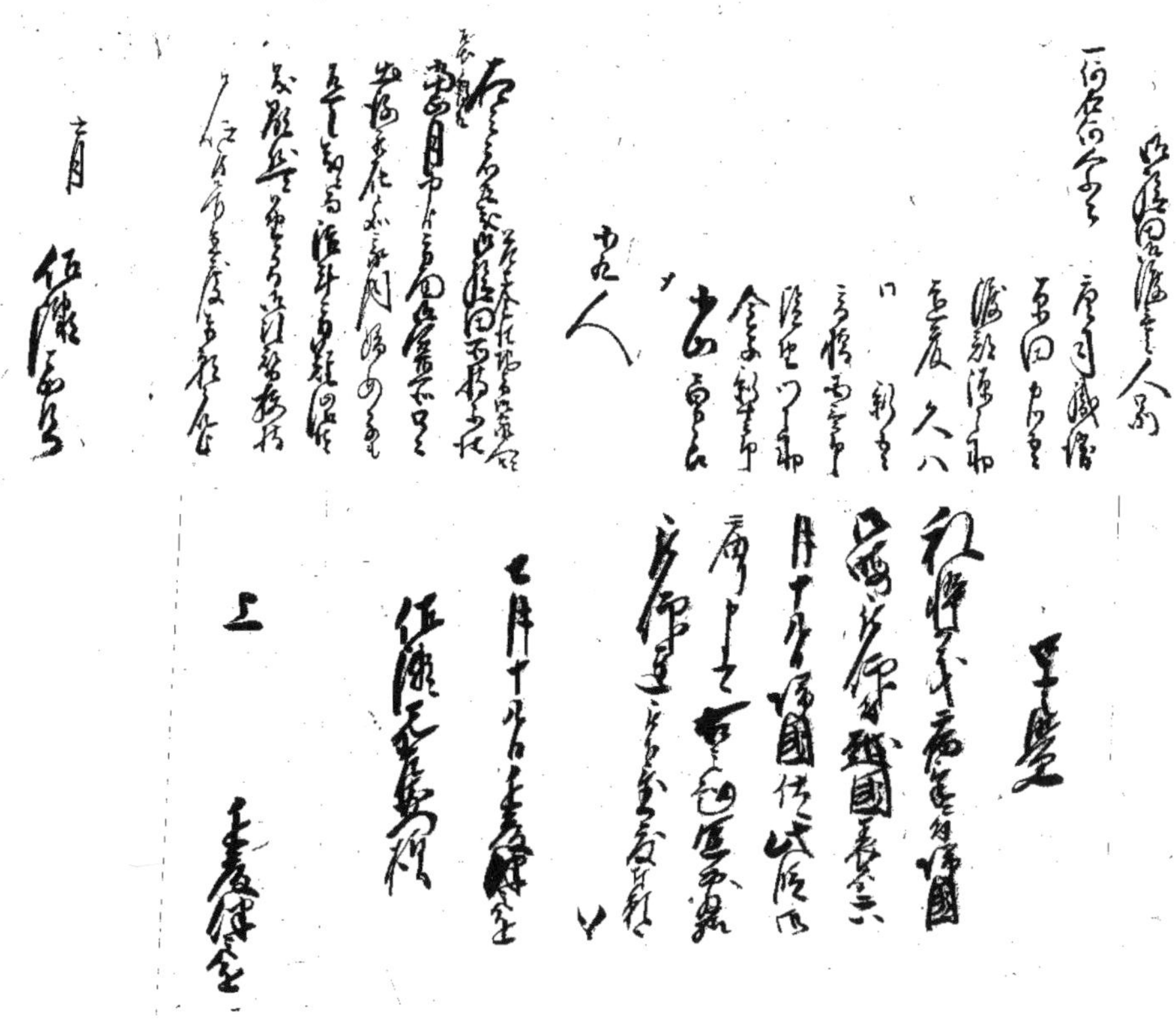

⑥

御給田御渡無之人別

一何石何人ふち

唐司織衛

原田忠吾

渡部源之助

遠藤久八

同　新吾

高橋五三郎

塩野門之助

金子新十郎

小山勇吉

小九人

右之者共義 御給田所持不仕

当月中より方面御関所口へ

出役罷在之処 家内婦女子も

有之義ニ而 活計方難渋仕候

義顕然然ニ御座候間 御引替扶持

被仰付被下置度奉願候 以上

六月　佐瀬嘉左衛門

口上之覚

私悴義病気ニ付 帰国

御暇被仰付越国表より六

月十八日帰国仕候 此段御

届申上候 右之趣宜敷様

被仰達被下置度奉願候

以上

七月十八日

近藤健之進

佐瀬嘉左衛門様

上　近藤健之進

7、

⑦

大竹萬合戦之病
　気次第

一　六月二日より四日迄陣所
　病気に而伏居同五日
　賀茂へ御暇ニ而下り
　夫より十四日迄療治致
　医師佐藤玄碩療
　治ニ相掛り夫よりかん病
　附添鈴木勝右衛門手当
　ニ而厚療治致候得者快
　気相見得不申残念
　なから御暇双戴仕
　道中なんたニ而十五日正
　記ニ而同二十一日ニ帰国仕申

一　賀茂宿賃十宿分
　阿んた賃共ニ自分
　費ニ而罷帰り申候
　七月十一日

8、

⑧

覚

一金弐両也
右は此度越後出陣不時入用有候て
借用仕候処実正ニ御座候御返済之義者
帰国之上元利無相違御返済可仕候万ヶ一
打死など仕候は丶御恩□の義ニ付家族共より
聊も無□略御勘定可申上候仍而為後
日一札差置申候以上
　辰五月四日
　　　　借主　菱田直兵衛㊞
　　　　受人　同　房之助㊞
佐瀬嘉左衛門殿

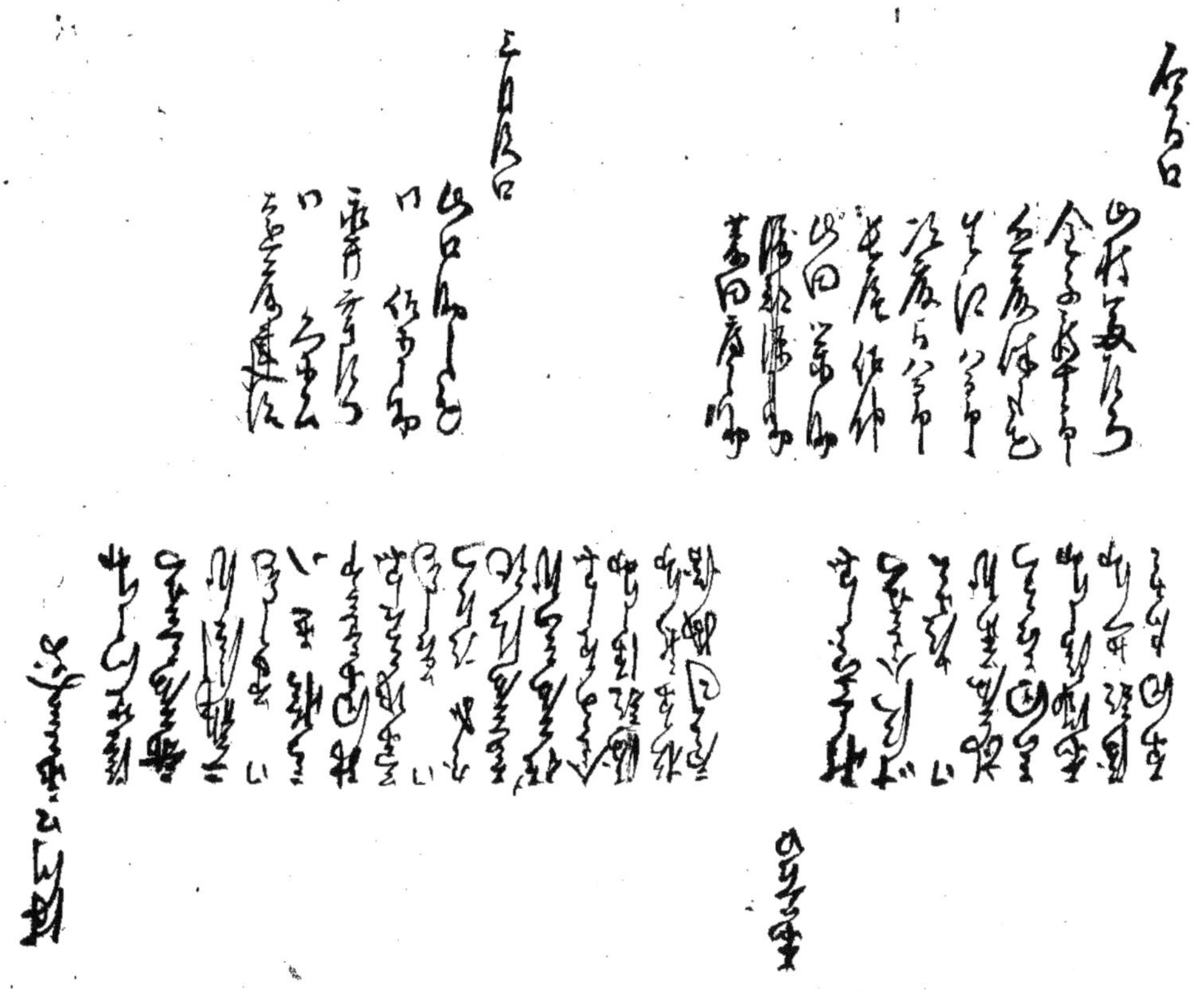

9、横帳を開いたので文書が逆さまになっている。外に二通ある。

⑨（会津藩越後口関所詰め）

石間口
山村冨左衛門
金子新十郎
近藤伴之進
生江八郎
須藤与八郎
長尾佐仲
代田栄助
渡部源之助
菱田房之助

三月沢口
山口助之進
同佐五郎
永井久忝
遠藤建治

津川口永々受前
塩野門之助
斎藤三右衛門
二瓶周蔵
同　□之進
神田小重郎
菊地覚衛
同善之進
金成治左衛門
遠藤清記
佐藤甚蔵
金子左兵衛
渡部源之助
杉原新助
唐司織衛

赤谷口
村上六郎兵衛
叶沢金衛門
同　常忝
武藤栄蔵
志田吉衛門
赤城鉄之助
渡部惣助
原田忠吾

10、

⑩

佐瀬嘉左衛門殿　　郡役所

当今之形勢切迫致候ニ付小川庄
地方御家人共三拾人木本隊江附属
出張被致下候処 御関所守衛筋手
薄ニ付在勤子弟ニ至迄不残
御関所守衛被仰付□事大切之
此節甚難渋之趣被達候ニ付 受代ニ而
被仰付如何躰ニも此先取凌ニ相成候様
被仰付致旨申達候処 吟味之上弐拾
人居残詰関門見張番以たし
余者引払受代為致候様 御指図ニ
相成候間 此旨被仰其意宜被
取計候以上

五月十一日

※註　中荒井の郡役所より小川庄の会津藩境、形勢切迫致し木本隊（木本慎吾）の元へ援軍の要請、しかし此節甚難渋な暮らしの中宜しく取り計らいの達し。

11、横帳を開いたので文書が逆さまになっている。

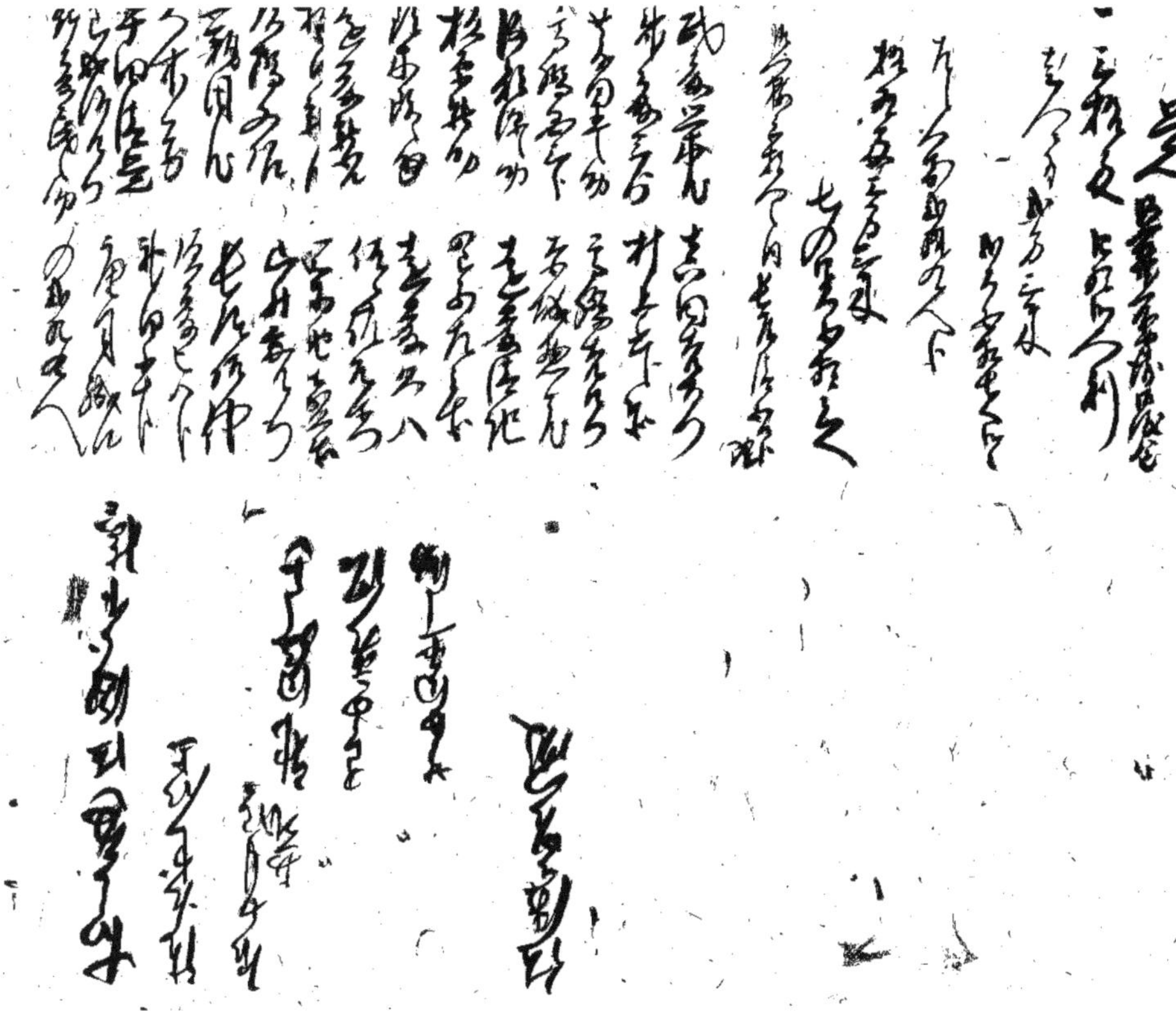

⑪　覚

御関所守衛御渡金

一三拾両　四拾弐人割

壱人ニ付　弐分三朱

弐百五拾七文弐分

左之人別弐拾九人分分

拾五両三分三朱

七〆四百五拾三文

御人数三拾人之内　長尾清五郎限

武藤栄心　真田吉右衛門

斎藤三衛門　村上六郎兵衛

菱田直之助　高橋吉左衛門

高橋国三郎　赤城惣蔵

渡部源之助　遠藤清記

杉原新助　金子左兵衛

鈴木鉄之進　遠藤久八

中　略

右之通御渡被下慎ニ

請取申候以上

辰五月四日

惣代　神田好之進

金子秀□

菱田直之助

佐瀬嘉左衛門殿

⑫

小川庄地方惣人別

金子左兵衛
生江八郎
唐司織衛
塩野門之助
須藤与八郎
志田善右衛門
渡部源之助
武藤　蔵
佐々木佐衛門
神田小重郎
平田請覚
長尾佐仲
山村富左衛門
金子新十郎
武藤三左衛門
赤城瀬兵衛
鈴木鉄之進
山田優之助
高橋善左衛門
村上六郎兵衛
杉原新助
二瓶周蔵
高橋国三郎
伊藤民之助

壮年之者人別

神田好之進
須藤与三
菱田直之助
永井幸左衛門
菊池覚兵衛
高橋直八
金成治左衛門
樋口新蔵
原田忠吾
山口助之進
遠藤久八
同　新吾
小山類之進
同　勇吉
諸橋又作
遠藤清記

小三拾八人

大竹　萬
近藤伴之進　　近藤勝之進
佐藤甚蔵
叶澤金左衛門
佐瀬嘉左衛門

石間口

金子新十郎
佐藤甚蔵
近藤伴之進　　勤小山勇吉

小五人

以下略

⑬（原文略）

小川庄触下　　（地方御家人の住む村）

金子左兵衛　　（塔寺）
悴秀伍　二十六才
佐瀬嘉左衛門　　（福原）
生江八郎　　（青津）
悴　緑　二十一才
塩野門之助　　（鹿瀬）
唐司織衛　　（宮内）
悴正記　三十二才
須藤与八郎　　（村田）
悴与三郎　三十二才
二男与五郎　十七才
武藤栄蔵　　（新町）
悴　寅之助　十五才
甥七郎　二十才
真田吉右衛門　　（馬取）
悴清久　十八才
二男大吉　七才
三男清治　六才
渡部源之助　　（片門）
悴　源吾　十九才
二男又治郎　十才
佐々木佐左衛門　　（坂下）
孫恒之進　十才
三男玄康　二十三才
五男新六郎　十七才

六男千代松　十一才
七男七郎　十才
八男千代之進　七才
神田小重郎（村田）
悴好之進　三十四才
孫　小太郎　十一才
三孫好　七才
平田清覚（津川）
悴清記　二十二才
二男清磨　十六才
長尾佐仲（羽林）
悴恒次郎　十七才
二男治郎　十才
親勇蔵　六十六才
兄織殿助　四十才
甥清吾　十八才
二甥貢　十五才
山村冨左衛門（東原）
悴四郎治　三十五才
二男冨之助　二十六才
鈴木新十郎（高瀬）
赤城瀬兵衛（十文字）
悴新三郎　四十三才
孫剛蔵　三才
弟鉄之助　五十七才
山田鉄之助（牛沢）
悴米助　三十八才
孫　十才

高橋吉左衛門（滝谷）
悴五三郎　二十五才
二男力衛　十三才
四男　四才
五男　幾馬　二才
親吉十郎　五十五才
斎藤三右衛門（東原）
悴得之助　四十二才
孫松太郎　十八才
二男□一郎　二十一才
三男勝五郎　十二才
遠藤清記（樋渡）
悴吉之助　二十五才
二男清三郎　十一才
親久吾　六十二才
弟新八　二十三才
三弟新吾　十八才
四弟喜代松　十六才
五弟新吉　十一才
菊池唐兵衛（御池）
悴善之進　四十才
孫民恵　十五才
二孫民三　五才
二男東馬　二十才
四男佐二　三才
親盤中　六十二才
永井幸左衛門（青津）
悴久松　二十八才

村上六郎兵衛　（赤谷）
　悴重蔵　二十才
杉原新助　（塔寺）
　悴新作　二十二才
　二男新治郎　十五才
二瓶周蔵　（羽林）
　悴辰五郎　四十五才
　二男周吾　十一才
　三男辰之進　九才
菱田直左衛門　（山三郷上林）
　悴直之助　四十三才
　二男早太　七才
　三男房之助　四十才
井形禮助　（坂下）
　二男仁七郎　九才
　親佐平　五十一才
　弟佐太郎　二十一才
　二弟子之吉　九才
　三弟巳之助　六才
高橋直八　（沢田）
　二男直吉　十五才
金成治左衛門　（御池）
　悴初治郎　十五才
　親僧蔵　六十一才
　伯父僧之進　六十二才
樋口新蔵　（京出）
　弟新四郎　二十四才
　伯父嘉蔵　二十九才
山口助之進　（御池）
　二男藤吾　十三才
諸橋又作　（青津）
　悴鉄馬　十二才
　二男又三郎　四才
　親又助　六十才
　弟又四郎　十七才
小山類之進　（沢田）
　弟力之進　十五才
　二男鉄之進　六才
　小山勇吉

子弟〆八拾七人
外ニ
外勤之者
　〆三拾七人

小川庄御触下
右は地方無役と共御家人
家内有人男子之分書上
申候　以上
辰二月　　頭取
　　佐瀬嘉左衛門　（縁蔵）

第七章　代田組　廃田再興・新田開発に関する文書

郡山新村稲荷神社境内　風間大明神の祠

東高野村稲荷神社境内　東高野墾田之碑

一、新田開発に携わった文書について

代田組（郡山・京出・高畑）廃田再興に関する文書

1、文中「六拾人の人数引入れ 拾三軒の新家作仕・・」143頁

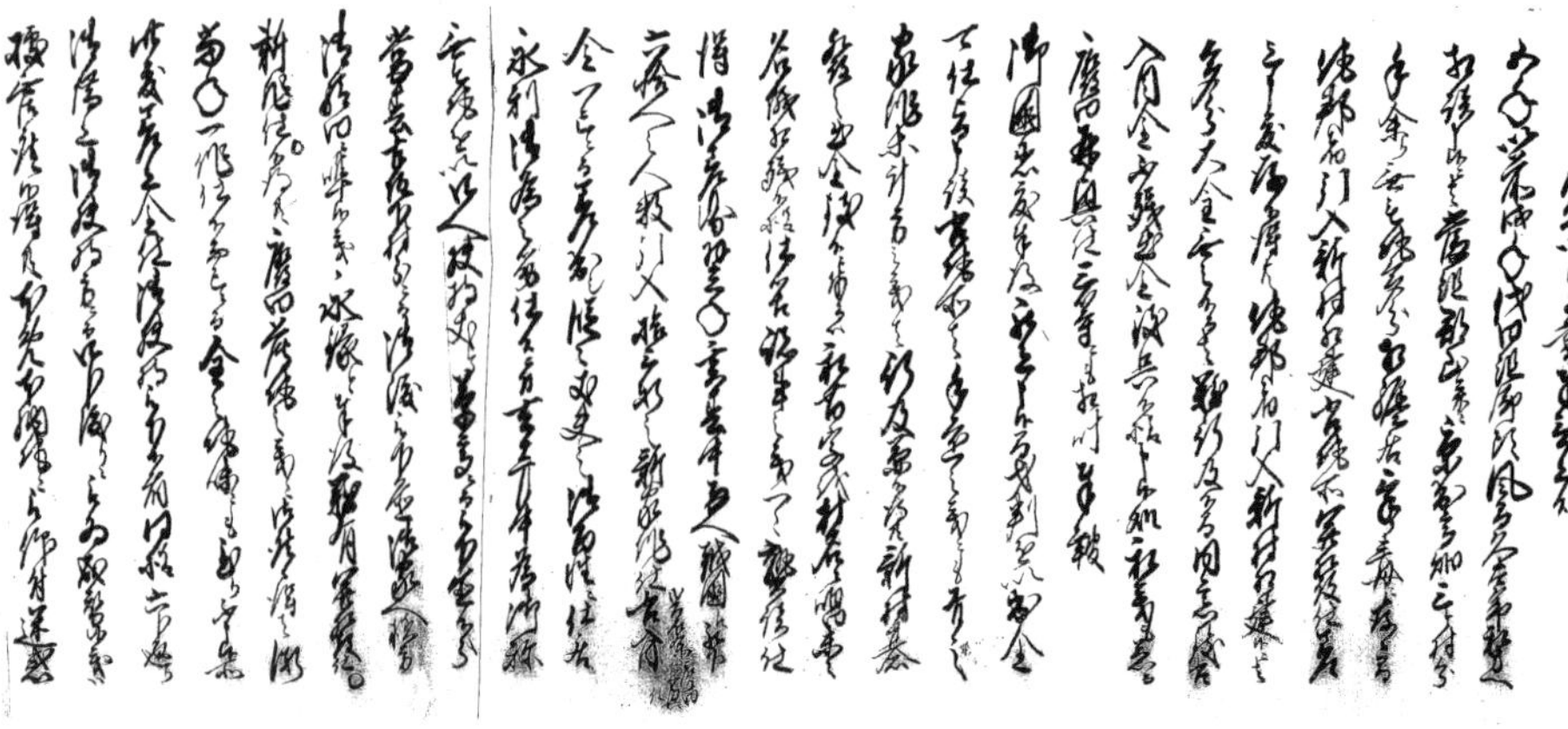

①

恐れ乍ら口上書を以て言上奉り候
五年以前戌年代田組郷頭風間久太郎 私方へ
相談申し候には 当組郡山並びに京出・高畑三ケ村分
手余り無毛地 多分相纏居り気毒に存じ候間
他邦者引入れ新村相建て 右地所開発仕り差
上申し度く存じ候得共 他邦者引き入れ新村相建て候には
多分大金これ無く候ては 難行及候間 同意致し右
入れ目金残らず出金致し呉れ候様申し候処 私義も兼て
廃田再興仕り意気にも相叶い報い奉り
御国恩存じ奉り度 罷り在り申し候間 才判を以て出金
仕べく旨ね申し談ず 右地所は手遠の義にもこれ有り
家作等計方の義は行及兼候得共 新村基
発の出金致し候については私苗字越村名に唱い末々
名儀相い残し候様仕筈 諸事の義一々熟談仕り
得と　御差図翌年亥春中両人越国へ罷り下り
六拾人の人数引入れ拾三軒の新家作仕弐百石余廃田再興仕り右入目
金一己にて差出し段々丈夫之御百姓に仕り居り
永利御為の筋仕り候につき 去三月中御祢られ
無毛地を以て 四人扶持丈ケ草高にて下し置かれ候分
当春 古坂下村分にて御渡下し置かれ 御家人様
方御給田に準じ候義 永録と存じ奉り 難有く開発仕り候得共
耕作仕り 廃田薄地の義に御座候得は 漸
当年一作仕り候て 己にて全ての地味にも至り申さず候所
此度差上げ金仕り御扶持下され候は同様六分通り
御借上げ御扶持方にて四分渡りに成らせられ替候義は
拠無（よんどころな）く御座候得共 本免本納地に仰せ付られ迷惑

2、

至極に存じ奉り候 新村相建て候為 御祢下し置かれ候
地所に御座候間 不朽の御為に仕り候義にも深々
御取り組厚く御勘弁の上 最初仰せ付置かれ候
通り地方に御居置下し置かれ度く 願い上げ奉り候 去り迚も
御居置難く下し置かれ御義に御座候はば 右地所
差上げ奉り候間 元の無毛地に御返し下し置かれ度 存じ奉り候
尤新村 村名の義は末々名義に相成らせ候 佐瀬村と
唱い候様 仰せ付けられ下し置かれ度く 願い上げ奉り候 以上
文化三年寅十一月　福原新田村肝煎
佐瀬音吉㊞
御代官様

②

乍恐以口上書奉言上候　「再願書控」
五年以前戌年 代田組郷頭風間久太郎 私方へ相談申候ニハ
当組郡山并京出・高畑三ケ村分手余り無毛地多分
相纏居気毒ニ存候間 他邦者引入新村相建 右地
所開発致差上申度存候得共他　邦者引入新村
相建候ニハ多分大金無之候而ハ難行及候間 同意致
右入目金不残出金致呉候様申候処 私義も兼々
廃田再興仕意気ニも相叶奉報
御国恩度奉存罷在申候間 才判を以出金可仕旨
申談 右他所ハ手遠之義ニも有之 家作等計方
之義ハ行及兼候得共新村基発之出金致候ニ
付而ハ私苗字越村名ニ唱 末々名儀相残り候様仕度
諸事之義一々熟談仕 得御差図翌年亥ノ
春中両人越国江罷下り六拾人之人数引入 拾三軒
新家作仕新村相建 弐百石余之廃田再興仕
右入目金不残私一己ニ而差出し 段々丈夫之御百姓ニ

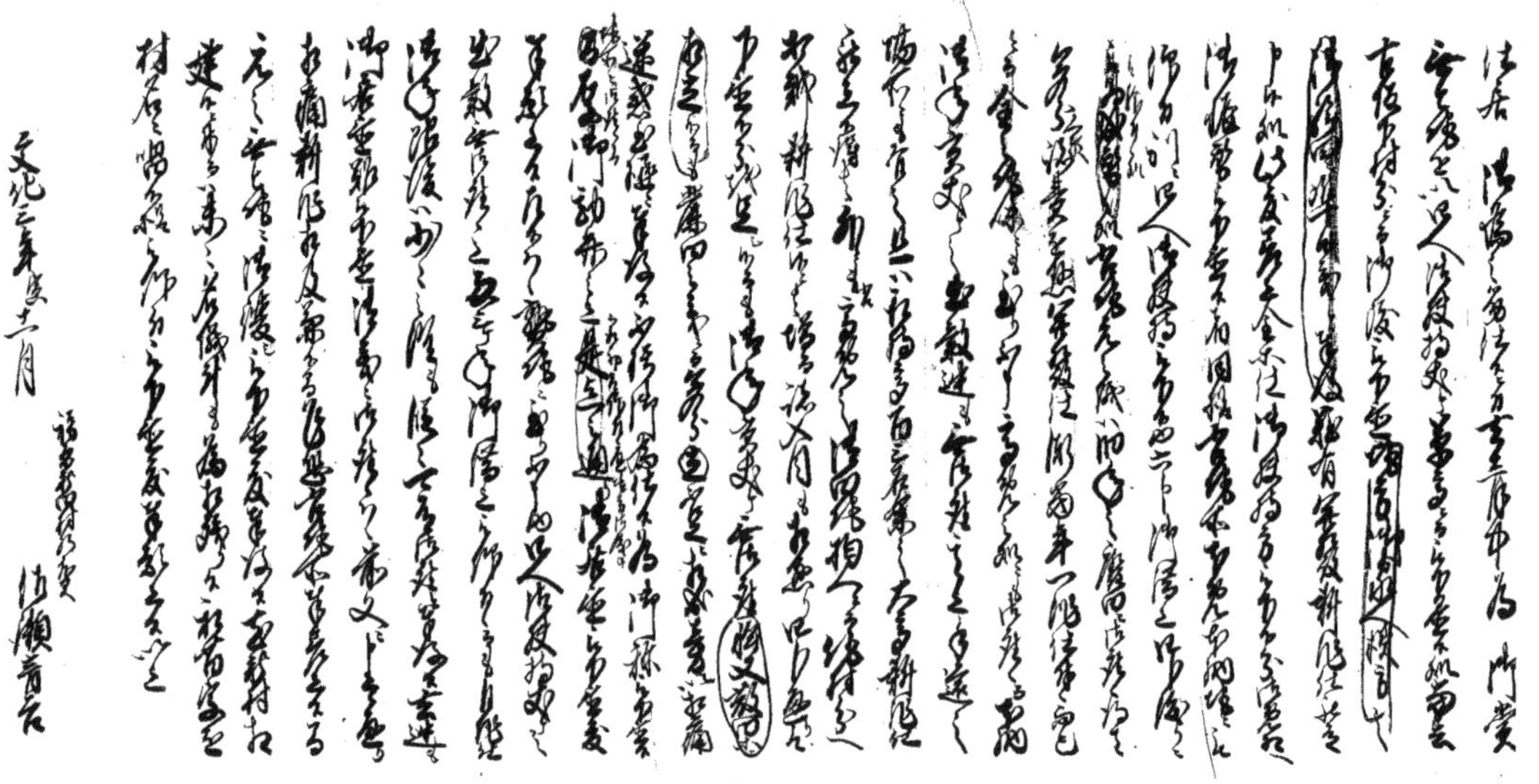

仕居御為之筋仕候ニ付 去三月中為御賞
無毛地を以四人扶持丈ケ草高ニ而被下置候処 当春
古坂下村分ニ而御渡被下置地方御家人様方者
御給田ニ準候義と奉存難有開発耕作仕罷有
申候処 此度差上金等仕御扶持方被下候分御免相へ
御振替被下置候者同様右地所本免本納地ニ被
仰付別ニ四人御扶持被下候内六分御借上四分渡りニ
被仰付候処 右地元之儀ハ旧年之廃田ニ御座候得ハ
多分ノ人数諸費を懸開発漸当年一作仕付候而已
ニ而全之地味ニも至り不申 高免之処ニも御座候而本納
御年貢丈ケ之出穀迚も無御座 其上手遠之
場所ニも有之 且ハ私持高百三石余之大高耕作仕
罷在候得者外ニも 右高免之御田地抱へニ而他村分へ
打越し耕作仕候ニ者 増而諸入用も相懸り四分通り取
下置候分を足シ候而も御年貢丈ケ無御座 将又散田等ニ
相立候而も鹿田之義ニ而多分立不足ニ相成 旁以相痛
迷惑至極ニ奉存候 不朽御為仕候為御称被下置候
地所ニ御座候間 厚御勘弁之上 最初被仰付候通 地方御渡ニ御居置被下置度
奉願上候 左候ハヽ、熟地ニ至り不申内四人御扶持丈ケ之
出穀無御座候上 両三ケ年御借上被仰付候而も自作仕
御年限後ハ少々之潤も段々可有御座と奉存候 去迚も
御居置難被下置御義ニ御座候ハヽ、前文ニ申上候通り相痛
耕作相及兼候間 乍恐右地所奉差上候間元之無毛地ニ御復シ
被下置度奉存候 尤新村相建候ニ付而ハ末々名儀計も為相残
り候 私苗字を村名ニ唱候様被仰付被下置度奉願上候 以上

文化三年寅十一月

福原新田村肝煎

佐瀬音吉

★註 五年以前戌年・・前掲の文書の文化三年よりさかのぼると享和壬戌二年（一八〇二）頃が河東の郡山新村開村の年であろう。

文化三年などの文書によれば、五年前享和二年、代田組郷頭風間久太郎（藤倉）が私方へ相談申し候には当組郡山などの手余り、無毛地を開田し、新村相建てたいので、「右入目金不残出金致呉候様・・」援助をして十三軒、六拾人引き入れた。右は其の時の文書である。

代田組〔郡山・京出・高畠〕周辺の新田開発に関するもので、当村の稲荷神社に「風間大明神」の祠がまつられている。（移住される前の地名と家族名前の文書があった。）新発田領・蒲原郡小須戸組・村上領・高崎領・五泉在下條組よりの移住だった。明確に祖先を確認された方も居られた。

河東町史には天明三年（一七八三）の開村とあるが、未曾有の凶作続きの時期に開田を始めたが容易でなかったので、開田が途絶えた田地を凡そ二十年後に再興した。従って開村、移住はこの文書のように享和壬戊二年ころであると推測される。河東町史にはまた寛政八年（一七九六）に村の鎮守である稲荷神社を勧請したとある。

しかし「風間大明神」は村が整った後に建立されたであろう。

代田組郷頭風間久太郎・佐瀬家の文書には・久太郎・久八の名の書状が多くある。代田組郷頭風間久太郎墓地は藤倉二階堂、延命寺の西に風間氏の墓域があり、「真純院観阿浄亮居士」の墓碑北面には佐瀬家の系譜にある通り福原邑長佐瀬貴道の六男（尚房）が久左衛門庸篤の養子となったことが記されている。このような関係から新村再興の資金援助を依頼され、共に手余地の開田に関与したのであろう。

一、代田組郷頭・・代田組郷頭として代田村の荒川氏は芦名盛隆十八代の天正九年（一五八一）より当地の大割元として、芦名滅亡後も領主の伊達氏・蒲生氏・上杉氏・再蒲生氏・加藤氏に仕えその後、保科氏より郷頭として寛永年代より四代（八十年）勤められた事績は代田村集落、荒川氏菩提寺、墓石の壮大さからも偲ばれる。その後の郷頭役として芦名一族の藤倉氏の屋敷（郷倉があった）には多くの主の変遷があった。

栗村氏（十九年）・安藤氏三代（六十年）・長谷川氏（五年）とかわり、延享元年（一七四四）より代田組郷頭風間（風間長左衛門）・久左衛門庸篤（金三郎・久太郎）・久左衛門尚房（久太郎）・風間緒右衛門（久八）四代が住み、現在は松本氏が藤倉館跡を守り居住し、かつ風間氏の墓地をも管理されておられる。

一、才判を以・・・・・・資金や扶食・籾・種子の調達

一、私苗字越（を）村名・・・佐瀬と言う苗字をいれた村名、佐瀬村とする。地方御家人御給田・福原新田村（会津坂下町福原）の当免定（文久二年）には佐瀬嘉左衛門給田（五八石五升六合）無役、古坂下村（免相帳）当免定にも御家人としての給田が記されている。

惣石百三石。当時は七日町、大和町、大麻町などにお抱え屋敷があった。証文が多数残されてある。

一、佐瀬音吉・八代佐瀬嘉左衛門徳明（音吉・乙吉）と称していた。藤倉の代田組郷頭風間久太郎との往来文書数通が佐瀬家に保存されている。其のなかに越国（新潟）より塩をともに買い入れ藩へ上納した文書なども有る。本宮「郡山新村」の神社境内に祀られてある石祠の表面には「風間大明神」と刻字されている。風間氏の居宅であった藤倉村・墓地のある二階堂延命寺の方角

を向いている。

圃場整備以前は当村の南七十m程の田園にあった。

福原村「福原新田村」の音吉が田地開発に「入目金」など協力し「佐瀬村」と村名を願い出た、久左衛門尚房は代田組郷頭風間久左衛門庸篤の養子であり、文書の中の音吉は佐瀬嘉左衛門徳明であり久左衛門庸篤も久左衛門尚房は共に久太郎を名乗り、久左衛門尚房は音吉（徳明）からは伯父にあたる。

一、西屋敷百姓共親類・・西屋敷の開村は四百年以前であるが、自然災害旱魃など不作により廃村になったが、明和八年（一七七一）再興・開田のため代田組郷頭風間久左衛門庸篤の覚書にあるように西屋敷を再興するのに安西氏を肝煎りとして、越後より移住し村が再興された。そのため西屋敷村住人の親類が越後に居られるのでお世話戴いたことが、郡山新村再興には関係したことが窺える。しかし西屋敷の集落形成は歴史が深く複雑で西蒲原郡より移住と言われておるが、簡単に断定できないようである。『西屋敷の歩み』を参照するとよい。
郡山新村再興は西屋敷再興の明和八年より凡そ三十年後の享和壬戌二年に後記の「越国引入百姓人別書」（郡山新村）により郡山新村に移住された方々のことが判る。しかも地域が広範囲にわたる。

新発田領及び村上領・高崎領・蒲原郡、五泉などに及んでいる。

他領への移動について、当時は越後の領主と会津領との間の手続き、分限送り「寺送り證文」など難儀なことが多々あったろうと思われる。菩提寺は会津若松市の浄土真宗「正教寺」「正蓮寺」である。

二、河東町藤倉集落、伽羅陀山延命寺の二階堂

二階堂延命寺の代田組郷頭風間氏の墓所

（近隣の住まいや本堂は戊辰戦役にて焼失したが二階堂は免れた）
二階堂、裏の立派な六地蔵の西、墓石が風間氏の墓所である。

三、代田組の廃田再興・郡山新村に関する書状

1、風間久太郎の書状

享和弐年戌（一八〇二）壱月十八日出戸ノ口郡御代官所
認直被仰付相直り扣書　宿ニ而密に認め上候事

乍恐以口上書廃田
再興恵存之程奉願候
代田組之義　薄地麁田之
地所通殊ニ　畑方少前々より
困窮之場所ニ御座候　別而
郡山村至窮之処　度々疫
癘ニ而　過分人数減少仕
前々より之無毛地弐百五拾
壱石余御座候　右村方元
来千百七拾九石余之
村ニ御座候故　捨廣手懸
之場面荒地罷成居申候
右野続高畑　京手両村
同様困窮ニ而　高畑分無毛
地六拾三石　京手分無毛地
七拾三石　合三百八拾七石
余之地所大法纏候様ニ
相見申候処　三ケ村ともニ
家数人数共ニ過分減少
仕候得者　自村ニ而急生
帰可レ申様無ニ御座一義ニ奉レ
存候ニ付　新村相立引入
百姓ニ而　開発仕度　志願
奉レ存候得共　諸事之入用

★解読に返り点をつけた。

金不レ少儀ニ御座候得者
御時節柄 御上様江
申上候義ニも奉ニ恐入一色々
思案仕候処 困窮之
私自力相及可レ申様も無ニ
御座一候ニ付 私親族福原
新田村肝煎佐瀬音吉
方ヘ罷越相談申候処 同様
気毒存呉出金可レ仕由
申候ニ付 乍レ恐申上候 右郡山
村分ヘ新村相建無毛地
高弐百石余開発仕候儀
音吉并私両人ニ而仕
引入人之義ハ私亡代より
私ニ続取計候新村西屋敷
百姓共親類者越国ニ御
座候間彼ら者共方ヘ私罷
越人数引入来早春右
場所江新村相建申度儀ニ
奉レ存候 依而志願恐をも内
願之義申上候 右音吉
親傳助義先達而中荒
井郡御役所江廃田再興
金百両寸志差上候ニ付
既牛沢組山郷之内江
佐瀬分与唱候 新村御建
被レ下候義 御座候 且又此度

新村相建候付而ハ 過分之
入用金 音吉差出候義ニ
御座候 且福原新田村之
儀者 音吉先祖開発
村ニ御座候処 先祖家筋
御尋之上 肝煎役柄不レ
拘永々検断格被仰付
置候者ニ御座候間 右ニ付き
而者 検断格御除被レ下
検断上席肝煎定兼
務与御直 被ニ下置一相応
之御扶持方代々 被ニ下
置一其分音吉最寄之
無毛地内ニ而 御振替被ニ
下置一候ハヽ 乍レ恐御物成
減にも不ニ罷成一義ニ 奉レ存候
左候得者 音吉代々之
忠勤相願音吉ハ不レ及申上出私
深々難レ有仕合 奉レ存候事
一右郡山 高畑両村無毛
地之内御高弐百五拾石
御渡被ニ下置一度 奉レ存候事
一新家作来春先つ拾
三軒相建申度 奉レ存候事
一引入百姓夫食米出穀
迄相渡 農具無ニ差支一
相渡可レ申候事

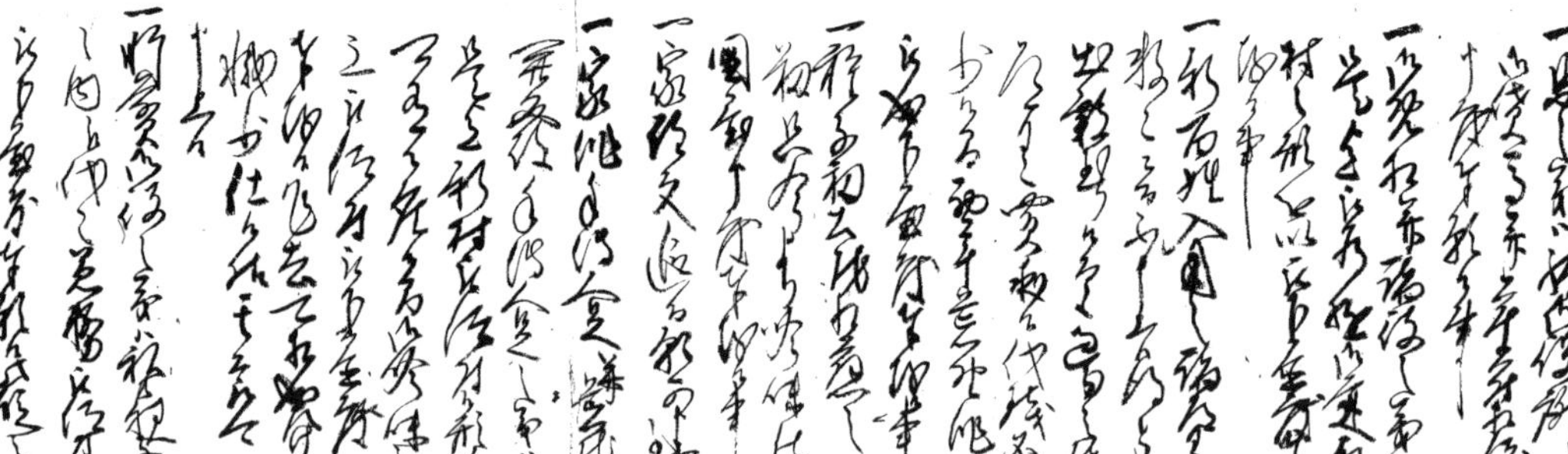

一馬之義ハ 駒御役所　御貸馬並年
賦相渡　申度奉レ願候事
一御免相並諸役之義ハ
是迄被レ為レ遊御建新
村之形を以被二下置一度奉レ
存候事
一新百姓入用之諸道具
数々ニ而　不二申上一候得とも
出穀至り候而も 過分之諸
道具買求候 代銭不レ
少候間酉年荒野作ニ
被ニ成下置一度奉レ存候事
一種子籾土地相応之
籾 只今より吟味仕
囲置申度奉レ存候事
一家注文追而願可二申上一候事
一家作手伝人足並荒地
開発手伝人足之義ハ
是迄新村被二仰付一候形も
可レ有御座候間 御吟味之
上被二仰付一被二下置一度
奉レ存候　乍レ去可二相成一左け
掛少仕候様其節可二
申上一候
一肝煎御役之義ハ 私共親子
之内江代々兼務被二仰付一
被二下置一度 奉レ願候此段之

義者他邦引入百姓之
儀ニ御座候間 丈夫成御百姓
仕居段々大村ニも 仕度
志願奉レ存候事
一当春中藤田助四郎殿
御預り之四ヶ村極窮
者共江 寸志貸渡し籾
弐拾俵是夫食仕度
奉レ存候事
一御貸鍬拝借為レ仕度奉レ
存候事

右段々申上候通被ニ仰付一
被ニ下置一候御儀ニ 御座候ハヽ
私義寸志ニ右私村
相建申度奉レ存候 乍レ恐
以ニ 御哀憐一願之通
被ニ仰付一被ニ下置一候ハヽ
深々難レ有仕合奉レ存候
以上

代田組郷頭

戌十一月 風間久太郎

（一八〇二）

2、越国引入百姓人別書　本宮（郡山新村・戸数に番号をつけた）

★註　十三軒・六十人ほど移住した当主・家族・年齢分限の文書である。現在三軒の子孫が確認され篤農家で居られるが、もう少しお尋し十軒の子孫の方々が判ればと思う。調査には当村の藤崎氏のご協力を戴いた。

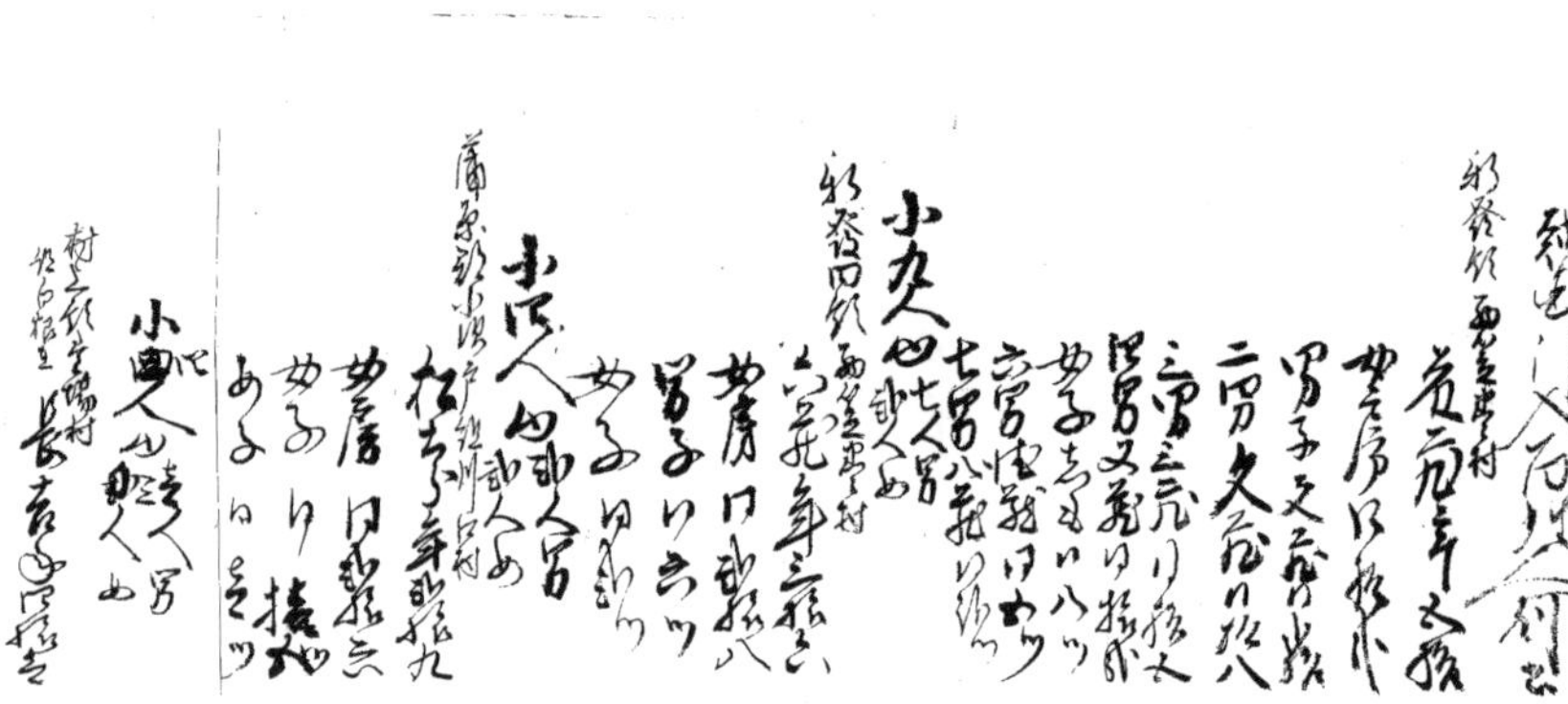

②

越国引入百姓人別書

一　新発田領西笠杢村　★（鈴木功の祖）現在の郡山村北乙五十一番

藤蔵　年五拾
女房　四拾弐
男子文蔵同弐拾
二男久蔵同拾八
三男三蔵同拾五
四男又蔵同拾弐
女子志も同八ツ
六男徳蔵同五ツ
七男八蔵同弐ツ
小九人内　七人男　弐人女

二　新発田領西笠杢村

六蔵年三拾六
女房同弐拾八
男子　同六ツ
女子　同弐ツ
小四人内　弐人男　弐人女

三　蒲原郡小須戸組川口村

松太郎年弐拾九
女房同弐拾六
女子同拾五
女子同壱ツ
小四人内　壱人男　三人女

四　村上領□場村　★（小林昇の祖）現在の郡山村本宮乙四十四番

組白根在
長吉年四拾壱

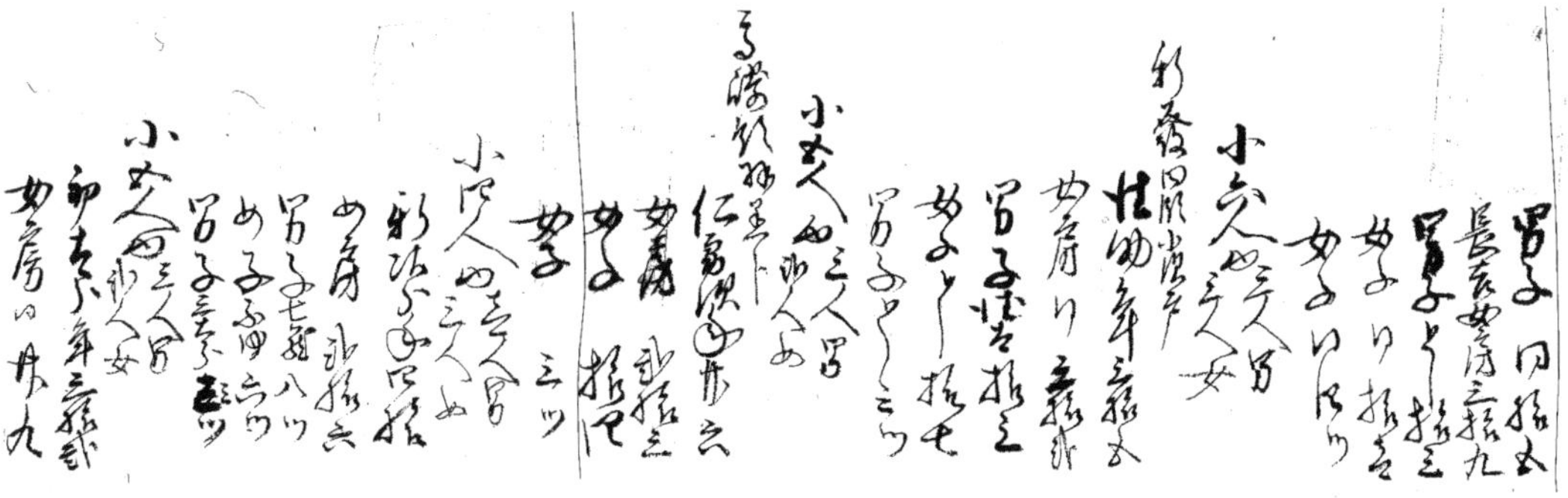

男子同拾五
長吉女房三拾九
男子とし拾三
女子同拾壱
女子同四ツ
少六人内 三人男 三人女

五 新発田領小須戸
徳助年三拾五
女房同三拾弐
男子徳太拾三
女子とし拾七
男子とし二ツ
小五人内 三人男 弐人女

六 高崎領羽黒分
仁郎次年廿六
女房 弐拾三
女子 拾四
女子 三ツ
小四人内 壱人男 三人女

七 新次郎年四拾
女房 弐拾六
男子七蔵八ツ
女子ふゆ六ツ
男子三太郎三ツ
小五人内 三人男 弐人女

八 初太郎年三拾弐 ★（原俊幸の祖）現在の郡山村本宮乙二十四番
女房同 廿九

男子同　九ツ
女子同　七ツ
小四人内　弐人男 弐人女
九 藤右衛門四拾九
女房　三拾四
男子藤吉拾九
小三人内　弐人男 壱人女
十 新発田領小須戸
利兵衛年五拾四
女房同四拾九
男子万蔵拾三
女子おで十
小四人内　弐人男 弐人女
十一 五泉在下條組小口村
権助年三拾弐
女房同三拾
小弐人内　壱人男 壱人女
十二 五泉在下條組小口村
徳助三拾五
女房　三拾三
男子徳五郎　十
女子ひよ　八ツ
三男　辰五郎弐ツ
母とし五拾壱
小六人内　三人男 三人女
十三 梅吉　三拾九
女房　三拾八
小弐人内　壱人男 壱人女

3、佐瀬乙吉の代官所への書状

③

乍恐以口上書奉願候
代田組郷頭風間久太郎
旧冬私宅へ参り 相談申候
義ハ 當組郡山高畑京出
右三ケ村前々無毛地 高三
百八拾七石余有之候処
右村方何連も窮村と申
人数少ク 其上野廣手
遠之場所ニ而愈々生帰り
可申様無御座気毒ニ
存候間 右場所へ新村相
立他邦者引入腐田
再興致度旨 相談し
候処 私義も兼而
御田地開発仕 御上様御為之
筋をも仕度 志願罷上
候ニ付 同意仕 右場所内
郡山分江新村相建
申候筈相談し候様奉存候左候得者 諸事
之入目金過分相懸り
候義ニ 御座候得共 御時節
柄御上様へ申上候義も
奉恐入 右入目金私
一己才判を以 新村相立
腐田再興　仕度

他邦者引入候義者
風間久太郎私両人ニ而
可仕由申合候　尤右地
所之儀者戸ノ口御役所
御触下ニ御座候得者　右
之趣久太郎儀寄を以
御願申上候　凡右之儀取
計罷在申候　右ニ付私共両人
越国江罷越人数引入来り
田地開発為仕丈夫
之御百姓ニ仕居差上申度
奉存候間当月幾日より二月
何日頃迄日数幾日御暇
被下置度奉存候　右奉願
之通被仰付被下置度奉
願上候以上

福原村肝煎
佐瀬乙吉

亥三正月　「享和三亥年（一八〇三）」
御代官様
右之通認相違し候控

※註　前記の文書は代田組六丁原代官所宛の控である。戸ノ口御役所とあるのは耶麻郡川西組戸ノ口村（猪苗代）に郡役所があった。外に領内には中荒井組荒井村、塩川組浜崎村、野沢組片門四ヶ所に寛政の改革による編成替え。天明八年（一七八八）「御代官勤方被ニ仰出ニ」『家世実紀』巻二百三十五に農村再興のた農民の廃田再興・人馬増長をしたことなどが記されている。

4、風間久太郎の書状

④ 覚　風間久太郎

二月十二日 越国より帰宅
一同十三日 引入共吟味在宅
一同十四日 政吉一同引入人共
吟味少々つつ　入方渡ス
同日昼時より郡御奉行様
御屋敷江届上候 御代官様ハ
十三日久八差上候処先ツ
郡御奉行所へ早ク罷上候様被
仰下候事
一十五日朝より引入人吟味政吉
一同昼迄夫より御代官様江
罷上り夫より郡山村肝煎
両人政吉郡山 地首一同地所受取
屋敷見立夫より三六方
立寄引入共吟味夜入
同日夜中政吉笈川組
樽川村遣し夫より直ニ
博労町罷越十六日明ケ方
私宅迄帰宅
一十六日早朝より人吟味種子
籾渡し四ツ半迄
一同日戸ノ口郡御役所へ
御覚之差図取並諸達し
致候処も相達候而夜中迄
同日止宿
一同十七日朝御差図相渡同日　昼時帰宅

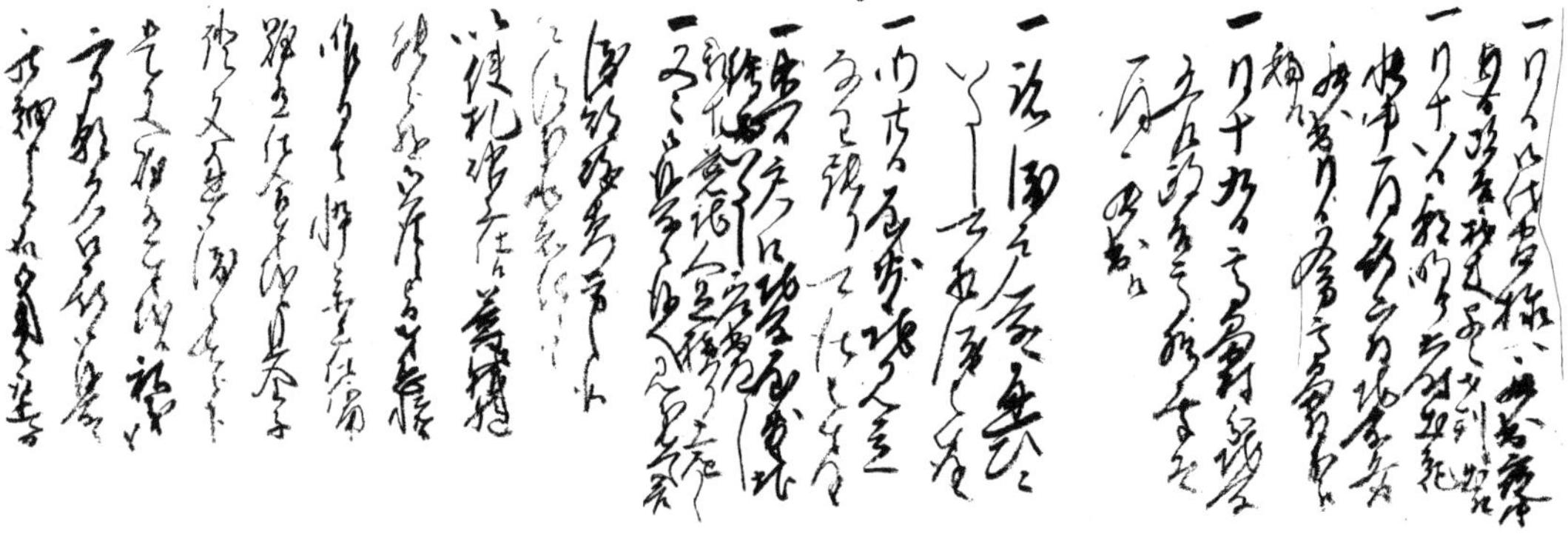

一同日御代官様へ罷出夜中
同日政吉材木品々才判江出起
一同十八日朝明ケ六時出起
帳書一同郡山村地所受取
罷出同日夕方高畠村分江　移ル
一同十九日高畠村分地所
受取政吉高畑平吉
一同罷出候
一諸渡戸前へ通ひニ
いたし可相渡奉存候
一明廿日屋敷地見立
なわ張り可仕と奉存候
一廿一日戸ノ口地所屋敷地
絵図いたし差出すべし
一私左荒地人足積り申上べし
一又々御役所へ役人見分在候筈

渡部改右衛門方之義
被仰下承知仕候　以上
以使礼啓上仕候　益ご機嫌
能被遊御座候旨　奉恐悦
昨日者悴参上仕何彼
難有仕合奉存候　且金子
証文通御渡被遣被下
是又難有奉存候　私義も
二日朝戸ノ口郡御役所江
罷越申候処　御用御取上候而

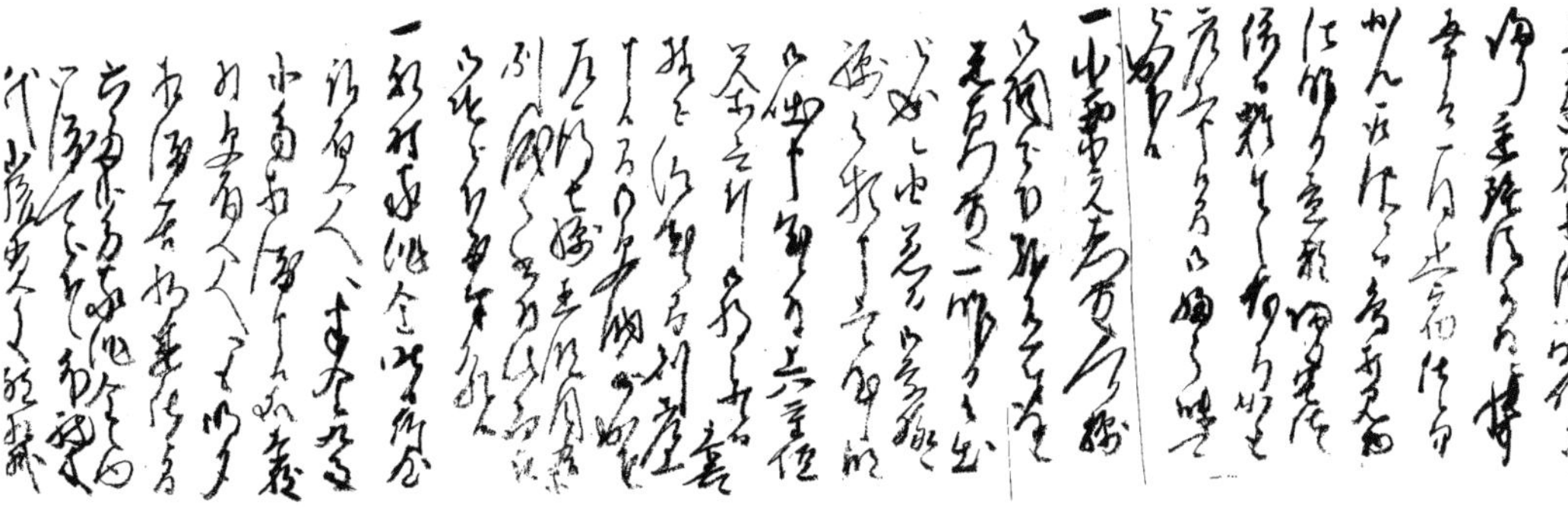

早速□相済一昨晩ハ
帰り途強清水村ニ帳書
幸吉一同止宿仕候而
かん取沢ニ而鳥打見物
仕昨日昼程帰宅仕候
依而殺生之何分も
差上申候間 御婦う味可
被成下候
一小栗元右衛門殿へくり綿
御調被下難有奉存候
元右衛門殿へ一昨日御出
被成候由 兼而□□□
綿御頼申上候義之段
御咄申置候ニ付 上八重垣
茶壱打御持参候ニ付□
様被仰置候間 則差上
申候間 御受納被成下
左候得者 綿値段目合等
別紙之書付此者江
御遣被下度奉願候
一新村家作金昨日御屋
請負人へ半金九両
弐分相渡申候処 赤枝
村受負人へも明夕
相渡筈約速仕候間
六両弐分家作金之内
御渡可被下候 外材木 代弐拾貫文程相掛

申候分近村へ半金相渡
約束仕只今□□
□取為仕度奉存候此分
壱両弐分御渡可被下候
二口合八両今日此者
御渡被遣被下度奉存候
仍而通ひ　差上申候期
入用ハ当月中無御座候
春内ニ御下知被為可
申候間 左様被進達可
被下候

一私義十日後無間も
越国筋へ鳥渡罷越
申度奉存候其以前ニ
拾両拝借被仰付
可被下候　猶又此分追而
可申上候

一越国罷越候日数前後
十四五日も相掛り可
申候　音吉五月送仕
度奉存候　猶又御相談
可被成下候

一戸ノ口御奉行様より今日方へ
町御屋敷ニ帰被成候由
六日七日之内私罷上り候　筈仕候

一地方御渡分ハ先日御
代官様へ御差図相済候

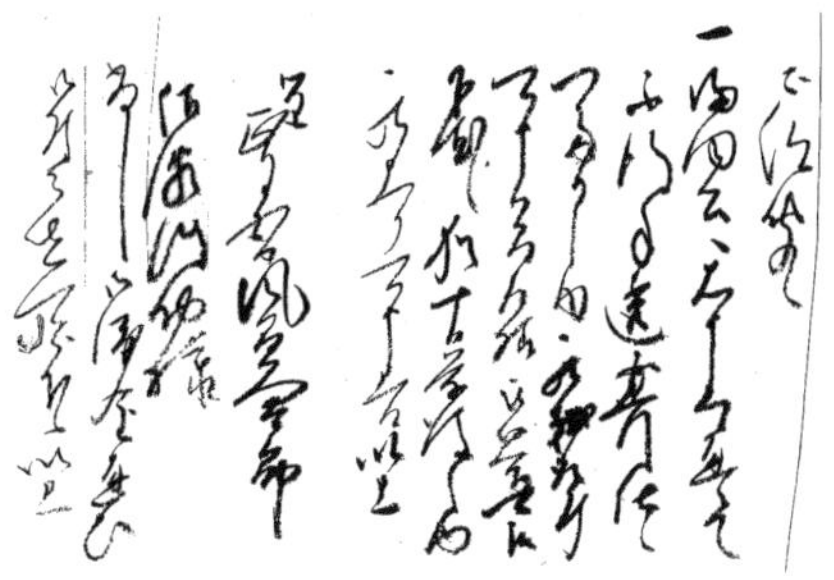

※註　久左衛門尚房（風間久太郎）が代田組郷頭風間久左衛門庸篤の養子になったことが佐瀬家の系譜に★の通り記されてある。左の加左衛門徳明が佐瀬嘉左衛門徳明（佐瀬徳明・音吉・乙吉）である。

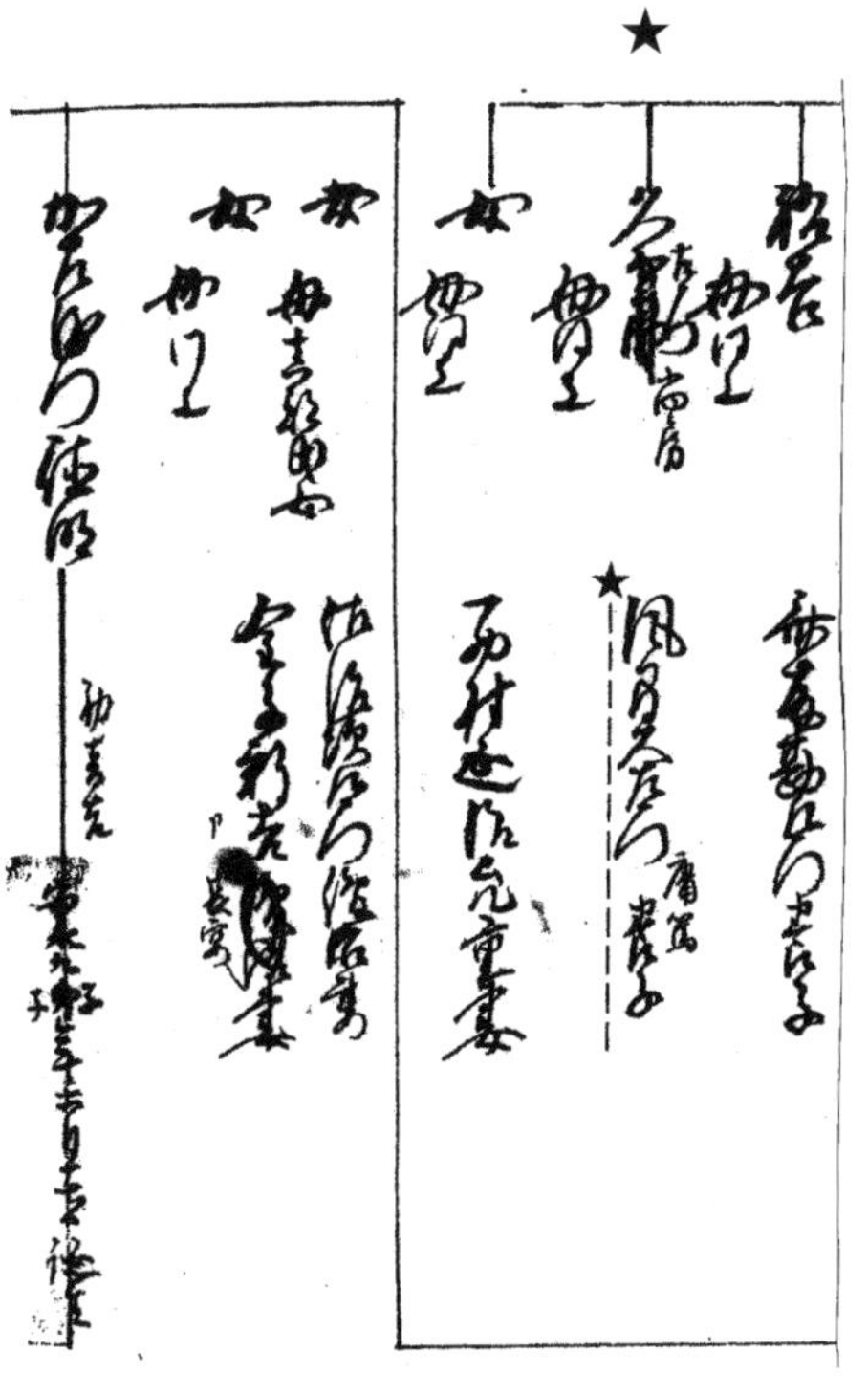

被仰聞候
一満田公へ右申上候通りにて
不得手違直引仕候
一両日之内罷越取計
可申候間　左様被御思召可被
下置候猶十日前後之内
罷上り可申上候　以上
閏
正月五日　風間久太郎
佐瀬傳助様
尚々御渡金通ひ
御付御遣可被下候　以上

四、佐瀬徳明（音吉・乙吉）の事蹟について

（東高野『東高野墾田之碑』に佐瀬徳明の氏名があるので茲に当家の系譜に記述されてあるものを載せた。）

前　略（佐瀬嘉左衛門系譜より）

初音吉
八代　嘉左衛門徳明　安永九子年六月十六日誕生
香樹院顕譽道操俊徳居士（過去帳は香樹院殿顕譽道操俊徳居士）
（天保十亥年十二月二十六日没）
母　同上
妻　宮城八郎左衛門盛苗　娘（木曽組郷頭堂山村）

一　文化四卯年一代地方御家人ニ被仰付甲賀格ニ而於金堀村御上下之節御目見仕候様被仰付候事
一　同年福原新田村〆り（締り）方勤兼務被仰付　村方学握仕罷在候事
一　同五辰年　蝦夷地御人数御帰陣之節　塔寺・気多宮両村〆り筋として出役被仰付　且御隊長へ御用之有無相伺候様被仰付

一　八月中両度相勤申候事
一　同年十一月　田地生帰方ヘ金子調達仕　田地生帰方
勤被仰付　御通御見被仰付　役銘地方無役
被成下越国引入廃田再興人馬増長之筋取計　新村
相建　酉年迄三ケ年中荒井村郡役所ヘ出勤役仕田村
収蔵一同高千四拾石余開発取計申候事
一　文化九申年六月廃田再興人馬増長御取箇筋ヘ心を
尽し高千四拾石余生帰ニ仕居且　追々調達之金子取
合七百両之内四百両分ハ翌酉年より弐拾人扶持被下置
三百両ハ寸志差上切ニ仕旁功作抜群ニ付　御給田
是迄之通被下置　地方御家人ニ被召出年割ニ被成下置候事
一　同十酉年役銘肝煎勤兼務被仰付引通相勤申候事
一　同十酉年十一月田地生帰方ニ心を尽し抜群之功作
有之且差上金見込之通勘定相遂　納切ニも相成候
ニ付　格別之訳を以　御通席ニ被仰付　地方
無役ニ被仰付候事
一　同十四丑年三月御上京之節　寸志之義　納候功作有
之由ニ付席切支丹類族改役人之上被下置候事
一　同年六月大野原鷹狩　御帰御普請人足為寸
志現人数拾人差出候ニ付　為御褒美銀弐匁被下置候事
一　文政七申年五月　多年心を尽　甲冑并鉄砲新製
致　武備相嗜候段　奇特成義ニ付　御祢美被成下置候事
一　文政八酉年五月兼務出精相勤　生帰り取計ニ付
而ハ品々功作も有之候由ニ付　為御褒美金三分被下置候事
●一　同十亥年四月　去々年中　御大用ニ付而ハ臨時之
御用致出精候ニ付　為御褒美銀三匁被下置候事
一　同十二丑年二月廿三日　代田組南高野之入数ケ村　★東高野の墾田頃
入合之廃田五百石余開発取計　人馬家居等迄も
自力を以仕居　去納より御内證文ニも相成候由　永利之功作
格別成志ニ付　重義ニ候へとも　地方無役之侭独礼
被成下　村方支配役兼務被仰付候事
一　天保二卯年二月　細工名村民風取直之た免メり方
兼務被仰付候事
一　同三辰年三月廿日　精出相勤　且代田組新村百姓とも
仕居之ため籾三百俵寸志ニ　差出増加取計窮民
手当方相備功作も　有之候ニ付　為御褒美金五百疋
被下置候事
一　同五午年十二月　坂下村（坂下組か）細工名・東原　牛沢組上茅津三ケ村
メり方兼務被仰付　預り之村方同様締りニ相成候
様可取計旨被仰付候事
一　同八酉年八月二日非常之年柄志を立窮民為
弐枚金子差上奇特成義ニ付格別之訳を以　代々独礼ニ
被成下置候旨被仰出候事
一　同九戌年三月　坂下・牛沢両組手余地形付（片付）　新村
取立方ニ付而ハ懸りニ而精々宜取計仕居ニも相成
候ニ付　為御褒美金弐百疋被下置候事
一　同十亥年三月数年精出相務候
ニ付席廻米役人之上ニ被成下置候旨被仰付候事

※註　前記の徳明の事蹟の中に代田組の新田開鑿に携わった様子が窺える。田地生帰として新潟方面より移住を願い、廃田再興、人馬増長の取計らいをしている。代田組新村百姓のため金三百両寸志差出し窮民手当など致し、且つ又南高野ほか東高野など数ケ村にも関係している為、御褒美として五百疋（壱両）ほど天保三年には戴いている。地方御家人無役之侭独礼席である。

五、東高野の墾田に関する、藤倉の風間郷頭よりの書状

1、佐瀬家あての書状、五通

（読み下し）

①

尚々老百姓源之丞と申す者
遣わし申し候間 御渡くだされ度く願い奉り候

☆ 源之丞は渡部家の祖

寒入の格別の寒気罷り
成り候得とも 御家内様御壮健
ならせられ御座恐賀たてまつり候然
ば東高野の新百姓とも
米金の御貸し相い嵩み 取続
兼ね利息計も七両余相
納めず候ては 相ならず 振合に罷り成り
米七拾俵弐斗 金四拾五両
三分弐朱これあり候分 この後取
立これ無き様成し下され候らはば 当
年六人身売り押し壱人
受け返し取り計らい 右入用の
金子六両は加左衛門預り囲
金の内にて 取り計らい申すべく旨ね申し
達し候につき 是れ迄の御貸し金
無利にいたし 御取り立 これ無き筈
罷り成り 東高野新百姓取り
続き罷り成り候義に 罷り成り候 よって
六両別紙証文差上げ候あいだ
囲い金の内御貸し渡し成し下され
たく願いたてまつり候 返納の義は
私立添え来秋はきっと取
立て仕るべく候 此間調達仕り

☆被レ為レ成（ならせられ）

☆相嵩（あいかさみ）

2、

②

これ無く 右様申し上げ候も 如何
敷き様候へとも 格別の訳ヶに
御座候間申上候通り此者に
御貸し渡し遣わされ 下されたく願い奉り
候　書外拝顔申しあぐべく
早略仕り候 以上
十二月七日
風間久八 （風間直寛）
佐瀬加左衛門様

尚々屋敷地縄引
いたし候ハ、　罷在候様
可仕候 地所受取も帳書
口 上
其外肝煎地首鍬取大勢
罷出申候事
暖気罷成申候処愈、
御家内様御機嫌能被
遊 御座珍重之御義に
奉存候 私義風気未錠
与不仕候得共 別紙申上
候通一向不得手透参
上仕候 延引罷成申候
政吉義も帰り之節
坂下橋より連合之在哉
金上くつ方通いたし
引入人夫之用事在り

笠川組へ罷出罷帰り
申候　帰宅後昼ともに
不得手違日ニ私手元にも
罷越或ハ木材判才出
此間ハ私一同地方請取
末明より暮迄　罷出申候
間是も難差上罷在申候
一品々入用金大ニ差支
鍬鎌明日相渡申度
奉存候　先ツ金子拾五両
今日悴差上申候間
御渡通ひ御付被吟味
下度奉存候
一引入人分限別紙ニ
入ご覧申候然処　郡御
奉行様並御代官様へも
一寸ご覧入候迄ニて書き
不仕候家々　仕居候テ
書上可申上申上度
今日も地所受取ニ罷
出候ニ付品々申上候委
細ハ久八口上可申上候　以上
二月十九日　風間久太郎

3、

③

尚々高田月利取立候義
も見世町分登候而相迎候共
御銭役にも不書止在之
不立事罷出候
打続雨天御座候得とも
御銭義こまり候 乍去私最早
御家内様益御機嫌能被遊
取違ニも相成候間 取掛二三日中
御座候由 珍重候義ニ
取掛候様仕度御座候
奉存候 私家内無異義
罷在申候間一私風病も
漸本復方罷成申候間
乍憚ご安心被下置度奉
願候　私村も不残相調
家へ被引移相□申候
且同所も不残相□地所
渡私病中ながら九日より
十二日迄相仕舞申候
一先ツ安堵是よりハ
植仕付迄仕候得とも
大ニ心労之義奉存候
平鍬之義 私手元ニ六丁
御座候 御手元ニて七丁
御かし被下置度奉願候
調義仕候間 過分銭為掛
御義ニ付是取計可申候　奉存候

一坂下より繰金悴久八為持
差上候 内九両ハ御渡
被遣可被下候

一高田滞分近日中
取掛差上候様 可仕候
昨日も町へ罷登り 又々今日も
町御役所罷出 当座取立
人遣候様取計申候

一去暮米調義 壱両分も
相払候筈仕候間 是又
当月中元利持参御
勘定可仕候

一私村之義ハ 諸払暮々
中相始罷上り万々
可申上候 左様思召可被下置候
右早々計取申上候 以上
四月十五日
風間久太郎
佐瀬傳助様

4、

④
左の通り差出し然るべくと存じ奉り候
猶御賢慮の上然るべき様御計り
下さるべく候
一漆木苗の義私蒔き置候 苗
大凡そ十万本余もこれ有べく候得
とも 当年残らず植え候様には 相成り
兼ね申し候間 当年何程位植え
立に相成り候哉 取替苗仕るべく与
存請け書懸かり居り申し候 当春
植え苗何程秋植え苗何程と
申儀大凡員数兼て被仰
下され度存奉り候 尤秋は大方
植え苗ニ相成り候様手入れ仕るべく候間
成る丈け秋植え然べくと存じ奉り候
一植え立て候には畑發に開発致し候
上植え申さず候ては育ち宜からず候由
に御座候間 植え場所成る丈畑に
発候様 御相談下され度存じ奉り候
尤も下作人これ在り候得ば猶宜しく御座候
尤も大造りの計は急ニ致し候得ば
費計多分相懸かり申すべく候間
明年迄相懸かり然るべき哉 猶
御賢慮下さるべく
一私義も病後故急には出役
も相成り兼ね候間 私義兼ねて候節は
悴久七郎代わりに差上げ候間御
仕ひ下さるべく候 品々御相談も下行 〇へ

〇仕り度義 御座候間明登
りの節一寸御立ち寄りくだ
され度願上げ奉り候 以上
三月八日 久八
嘉左衛門様

5、

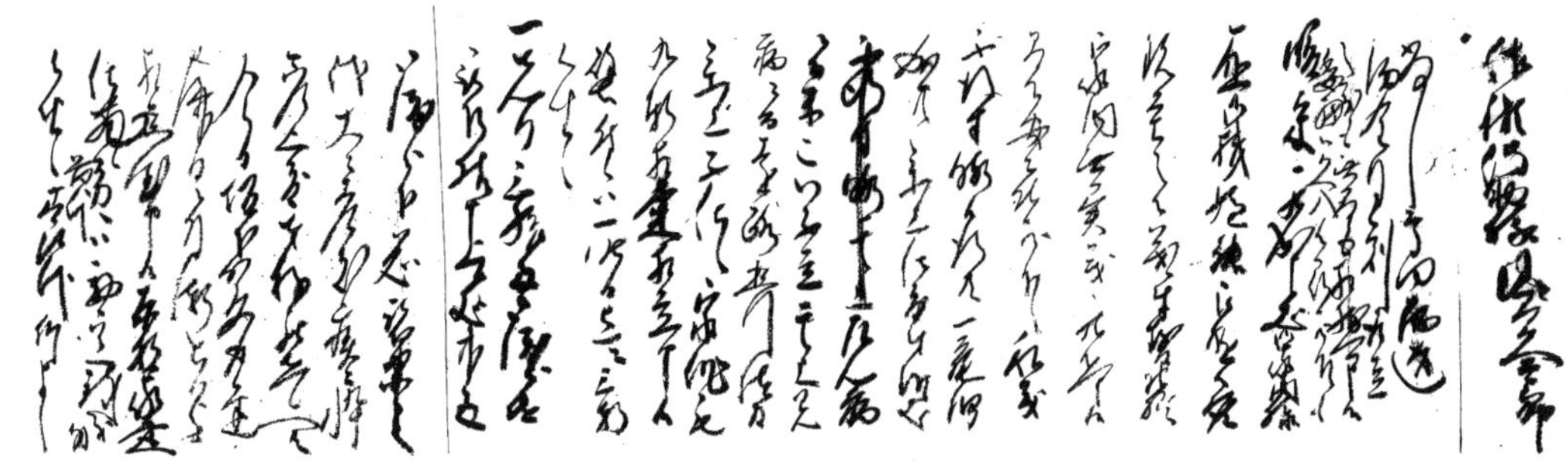

⑤

佐瀬伝助様　風間久太郎

（書状の行をそのままにし、かいり点を付した）

尚々高田酒造 酒金月利取立
之義も 無尽も相掛可レ申候
委細ハ久八ニお尋被下候も　★（久八は風間久太郎の倅風間直寛）
暖気罷成申候処 御家内様
愈御機嫌能被レ遊御座
珍重之御義 奉レ存候然ハ
家内 無ニ異義一罷在申候
間御安堵可レ被レ下候 私義
不得寸暇候得共 一夜泊
成共参上仕度 奉レ存候処たん病
ニ而未ニハ 不レ立其上異
病ニ而 遠路遊行仕候ニ付
参上不レ仕候 家作も
九軒相建相立申候
壁付候ハ 一昨日迄ニ 三軒
御座候
一、先日三拾両御渡被レ遣
被レ下様申上候処 廿五両
御渡被レ下候処 諸品など之
代大ニ 差支疾々悴
差上度奉レ存罷在候へ共
今日坂下より受取金
返済日ニ付 漸々□□
相建置申候 東数家建
仕舞候方へハ 勘定致候義外　御座候　養代 竹よし

★藤倉館跡の庭　風間久太郎が住んでいた
（松本宅庭の一部）

とばなど夫食品々
代御差支申候間　廿両
御渡被レ遣可レ被レ下候　何様
廿六七日頃参上仕
可ニ申上一候　四月八日ニ八
御帰度御見立御出被レ下
新村ヲ御見分可レ被レ遊左
同所人足積り御吟味
六ヶ敷　甚心労仕候　其
外万事心労仕候義ニ　御座候
何事期尊顔万々
可ニ申上一候　以上
四月十五日　　風間久太郎
佐瀬傳助様

☆すばらしく立派な藤倉二階堂の六地蔵

六、東高野墾田の資金援助などの書状

1、風間久八より佐瀬への四通の書状

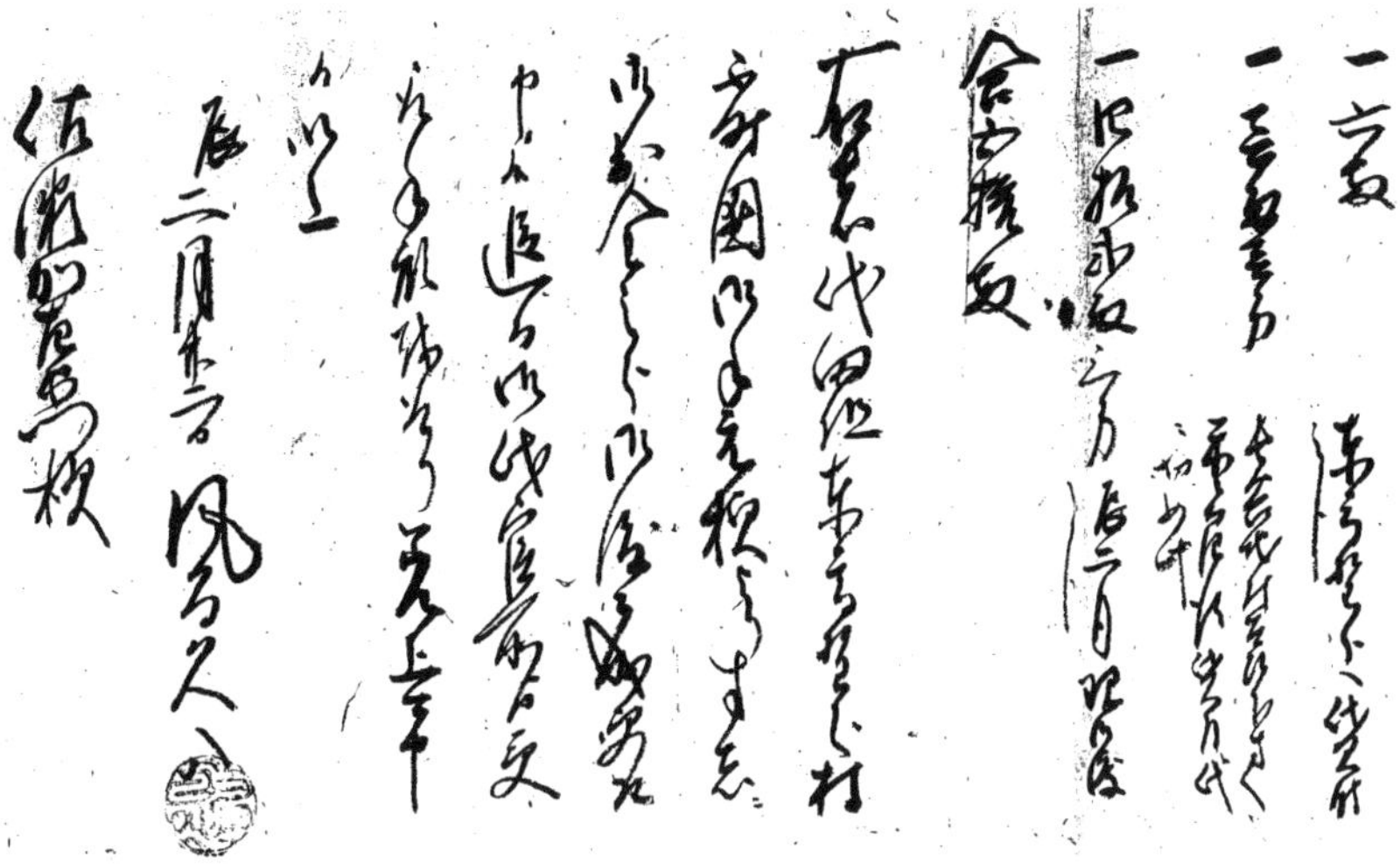

①

覚

一六両　　東高野分へ貸付
　　　　　之分

一壱両壱分　長谷地村太次郎方へ
　　　米ニ而四俵貸付此代
　　　　ニ切如件

一四拾弐両三分　辰二月限御渡
　　　　　之分

合五拾両

右者代田組東高野分村
不時囲御手元様より寸志ニ
御出金之分御渡被レ成受取
申候　追而御代官所より受
取手形越取り差上可レ申
候　以上

辰二月廿二日　　風間久八㊞

佐瀬加左衛門様

2、

②　覚　　　扣

一、五拾両
此籾　三百弐拾俵
内
六両　東高野分身受並
　売人押　貸金
此籾三拾八俵壱斗六升
壱両壱分　長谷地村太次郎
　手当金辰巳両年
　返済之筈
此籾八俵
五両　同人家作金
　無利年賦貸渡
　候筈
此籾三拾弐俵
〆　拾弐両壱分
　此籾七拾八俵壱斗六升
差引
　残三拾七両三分
　此籾弐百四拾壱俵弐斗四升
　　此分限備
卯十二月　　佐瀬加左衛門

3、

4、

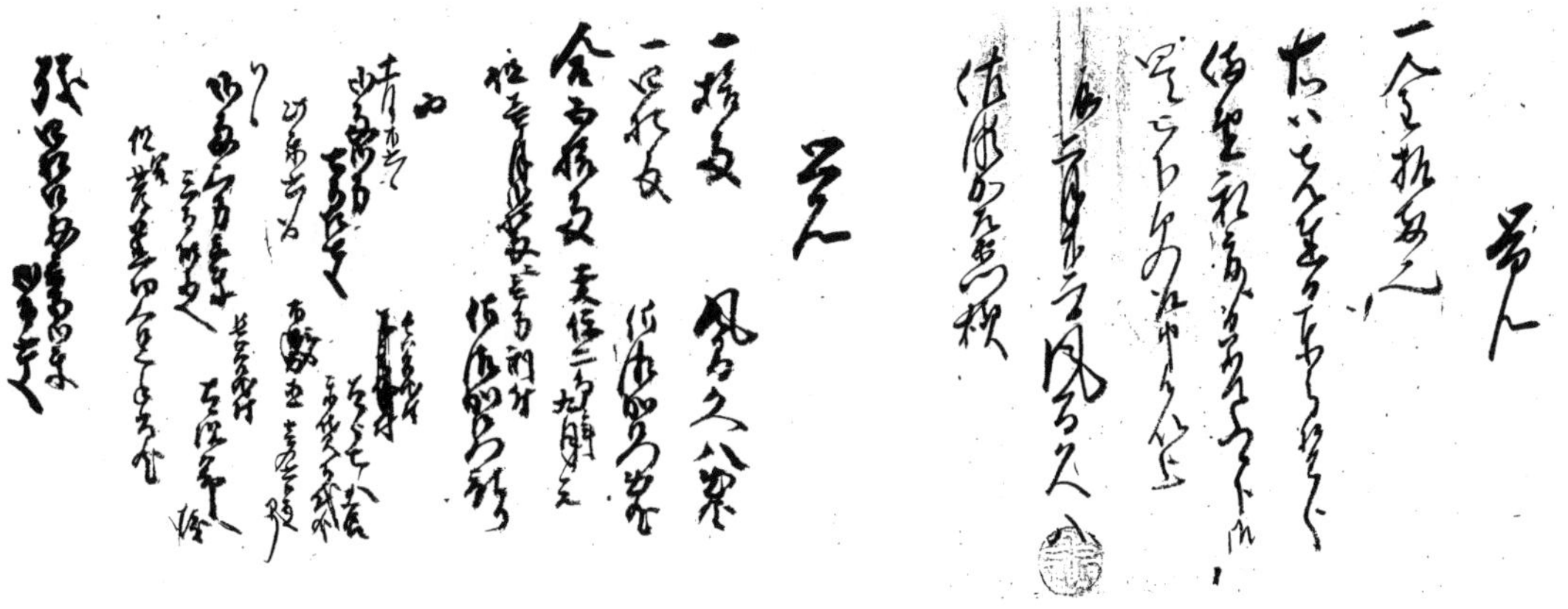

③

覚

一金拾両也

右ハ先達而東高野分

備金私方より差上被レ下御

廻し被レ下受取申候以上

辰二月廿二日　　風間久八㊞

佐瀬加左衛門様

④

覚

一拾両　　風間久八 出金

一四拾両　　佐瀬加左衛門 出金

合　五拾両　　天保二年卯年

九月也

但壱月に弐拾両二壱分利付

佐瀬加左衛門預り

内

十一月廿六日　　長谷地村

弐両弐分　　太郎七へ夫食

七百拾七文　　東貸候代金

此米六俵　布敷値 壱貫六百文

八日　　長谷地村

弐両三分壱朱　　太次郎へ渡

三百拾五文

但　開発道切人足手当金

残　四拾四両壱分弐朱　　弐百六文

七、風間久左衛門庸篤の墓碑・碑文

1、

☆右の真純院の北隣には「桂樹院秋山妙栄大姉」

文化二年乙丑月十七日卒

風間久左衛門庸篤妻　瓜生氏墓

南側

庸篤氏武藤小字左源治後称久左衛門
畠山右衛門亮義真之子右京亮直正九
代之苗裔元秀之男也俗呼村名武藤世
居于会津城西西城戸郷邑長□塩河村
栗村正次女也元□□□□十月朔生
宝暦酉十年被養代田郷長于風間定次

西側

為嗣同年之秋有之官命令継父職時邑
民窮困堪不愍□分俸養救之性行散慎
以身先之郷民懐之風俗淳奉　官賞之
賜金時西屋敷村民失産流亡田野荒蕪
庸篤廻誘於隣邦之越在郷者百三十有
余人授也田里開墾経年官税役故
官命賜粟若干賞之居職二十二年以材

北側

幹堪事屢彼恩遇娶瓜生氏女生一女名
久子□裕福原之邑長佐瀬道貴之六男
尚房□□□子以女之安永六年丁酉正
月□□□□役家享年四十歳□□欽殊
□□□□□命也葬于藤倉邑伽羅陀山
□□□□□□□□□□佐瀬常員記篤

（碑文に如雨露で水を掛けるとよく見えた）

※註　藤倉村の墓地にある風間久左衛門庸篤之墓「真純院観阿浄亮居士」の墓碑の三面に碑文が刻まれてある。残念ながら風化して読めない箇所が多い。畠山氏・栗村氏・西城戸の武藤氏などの族類関係が見える。真純院墓碑の裏面に西屋敷再興についても記されている。福原邑長道貴之六男、尚房（久太郎）のことが刻まれている。（甥が徳明）前掲の碑文に関ることが、西城戸村の武藤家文書に見ることができる。風間久左衛門庸篤の祖先は芦名盛氏の家臣である武藤右京亮直正が知行していた武藤村（十二ケ村・武藤郷）の出であり、東城戸・天満・西城戸などとあり、伊達の支配当時、更に蒲生・

上杉にも仕え当地の諸村の吏職となる。九代の元秀の子が代田組の風間氏を宝暦年代に嗣ぐことが記されている。風間氏は高久組郷頭との関係があり、当時武藤氏は塩川組の内、米丸村の田地手余り地二百六拾石余、無役御免仰せつけられ、御代官直支配郷頭格を仰せ付けられた記録がある。

現在、湯川村の米丸には西城戸の武藤家より移り住み、同村共同墓地とは別に同村の西に武藤家だけの墓地がある。古いので寛政十年没であるからそれ以前の元文年頃の移住である。

更に元文年の頃、代田組の嶋村神職武藤薩摩守（武藤氏）が西城戸よりの出であることも西城戸の武藤家文書により判る。

妻　順性院養讃妙貞大姉　文政十一年戊子六月朔日卒

2、風間郷頭三代尚房（久太郎）の墓碑表面東側には妻の戒名が刻まれている。外に風間長左衛門の墓碑や、倒れた数個の墓石が積まれてあるのも近くにある。その前に笠付の「風間氏」と刻された五頁の写真に在るような門碑がこの墓碑の前にもある。

右の笠付墓石は代田組郷頭風間久左衛門尚房（久太郎）と妻である。手前二基は風間直寛の子供の墓石である。佐瀬家の墓域には笠付の墓碑十三程の中に墾田に関係した徳明の墓がある。前二〇頁に掲載。

八、『鈴木又右衛門重之墓』と『東高野墾田之碑文』について

河東町北山の集落の墓地に「鈴木又右衛門重之墓」が建立されている。この方が東高野村の墾田に携わり、墓碑には安政四年四月四日（一八五七）没とある。

東高野村の墾田により「鈴木又右衛門重之」の子孫がこの村の肝煎りとなり、現在でも屋敷に往時を偲ぶ屋敷入り口、東に石垣があり西側の石垣は取り壊されている。同じような枡形石垣は北山村の鈴木祐一家の屋敷入口に今でも往時の遺構、桝形石垣があるのが誉である。東高野村の分家初代鈴木重寛（又三郎）より鈴木家は現在で七代になっている。

1、河東町北山の集落の墓地に東高野墾田、指揮・功労者の一人、
鈴木又右衛門重之の墓碑がある。（鈴木大明神）

河東町北山肝煎り鈴木又右衛門重之宅屋敷入り口は枡形の石垣が当時の肝煎役を偲ばせる。東高野墾田之碑を建立された方の屋敷。
同じ様な石垣が分家東高野の鈴木家にもその名残を留め、同町の足利家にも同じような枡形の屋敷入り口がある。

「東高野墾田之碑」の左面に風間直寛・佐瀬徳明の氏名が刻まれてある。東高野村の稲荷神社境内に建立されており、碑文の撰文は吉村寛泰である。孔子の著した「論語」のなかの教えや、孟子への教えなどを引用している。荒地をなくすることの意義を説いているようである。さらに、碑文に風間直寛・佐瀬徳明巡視し、墾田（開田）の建議を文政十年（一八二七）にしている。

風間直寛・佐瀬徳明巡視は藩の役人として行なわれたとおもわれているが、実は藩の役人ではなくて、代田組の郷頭風間久太郎と坂下組の肝煎り佐瀬徳明（音吉）が享和二年（一八〇二）の頃、共に郡山新村再興に携わっていたので、二十五年後の東高野分についても次代の風間直寛（久八）と共に開田、墾田に協力したのである。

2、「東高野墾田之碑」の左面に風間直寛・佐瀬徳明の氏名が刻まれている。

表面

東高野墾田之碑
孔子過蒲入其境日善哉由也田疇
盡易草萊甚辟孟子亦日入其彊土
地辟田野治則有慶由此觀之如其
反之者

右面

不悚遡矣后稷肇教播種子今墾者靡
弗推奉
天保十一年秋九月
吉村寛泰謹選
鈴木重之建之

裏面

場而督課之末期而成辟田二百四十
石餘戸数十三男女稱之名日東高野
於他三村亦新増十五戸各有差開田
二百五十石餘鈴木重之始末與有力
為官賞抜新村長頃乞余銘并序余乃
銘之日誰社維稷國家所重民命繫之
豈可

左面

孔子以為不善乎孟子以為無慶乎然
則方今之務無急於發荒蕪者矣文政
十年風間直寛佐瀬徳明巡視代田之
廢田殊多至生蕀棘相與建議奏請居
宅飲食農具家什一切雑費各出襄装
以墾之官迺矣之於之直寛日莅其

3、東高野墾田之碑　（読み下し）

孔子　蒲を過ぎ　其の境に入りて曰く　善き哉　由也　田疇盡く草莱の甚しきを易り辟くと　孟子　亦　曰　其の彊に入り土地を辟き田野を治むれば則ち慶あらん　由此の之を観るに其の之に反く者あるが如し孔子以為　善からざるかと孟子以為　慶無きかと　然るに則ち方今の務め　荒蕪を發くより急なるは無きなり　文政十年風間直寛・佐瀬徳明代田の廃田　殊に多くの蕀棘に至れるを巡視し　相與に建議奏請し　居宅　飲食　農具　家什一切　雑費を各囊装して出し以て之を墾く　官廼之を直寛に允す曰く　其場に莅みて之を督課し未だ期ならずして田を辟きて二百四十石餘　戸数十三を成らしむ男女之称して各東高野と曰ふ他の三村に於いても　新に十五戸を増し各差あるも田二百五十石餘を開く　鈴木重之の始末に與って力有り為めに官賞して新に村長に抜きんず頃に余に銘並に序を乞ふ余　乃之に銘して曰維の社　維の稷　国家の民を重んじ　命を之に繋ぐ所豈邈かなるを悚ざるべけんや　后稷肇めて種子を播かしめてより　今に墾く者靡弗して推して奉らん

天保十一年秋九月

吉村寛泰　謹選　（謹撰）

鈴木重之　建之　（北山肝煎）

（鈴木又右衛門重之）

※註　（文政十年より十四年後に建立された碑文）藩校日新館の学術儒学者吉村寛泰の撰文は、出典として『孔子家語』巻三弁政第十四と『孟子』告子章句下より引用してある。（論語解説 和泉新先生の助言）

孔子の弟子、由（子路）は「蒲」の国を三年治める、孟子との問答が記されてある。

蒲（ほ）・・春秋時代　衛の国の地、中国（現在の河南省長垣県）

過・・よぎる　由・・孔子の弟子の「子路」　疇・・うねさかい

慶・・褒賞　囊装・・ひとまとめにして　靡弗・・（悖）もとることなく

『歴史大辞典』には「東高野分は高塚山の東から北に掛けての山麓にあって上・中・下の三区にわかれる。文政十年（一八二七）代田組郷頭風間久八（直寛）と藩役人佐瀬嘉左衛門（徳明）によって墾田の建議奏請によって開かれた」と記されている。東高野は現在復元された河東町の藩校日新館の台地より東北に見える集落である。当村の稲荷神社には天保十一年（一八四〇）建立の「東高野墾田之碑」があり、建立された北山村の肝煎鈴木又右衛門重之の事績を知りたいものである。

4、吉村寛泰・・碑文の撰者は藩校日新館の学術方儒学者、『日新館志』の著者で明和六年（一七六九）生まれ、没年嘉永六年（一八五三）、天保十一年（一八四〇）の撰文であるのでこの碑文は吉村七十一歳の撰文で没は八十四歳であった。江戸で学び『日新館志』三十巻の稿を完成し藩医、藩校日新館を中心に会津の学術、技芸などを録した方である。

菩提寺は会津若松市馬場本町「久福寺（日蓮宗）」であるが、吉村寛泰墓石は善龍寺の裏、大窪山にあり、墓碑「青雲院遂成日光居士」とあり母が天保七年に石灯篭一対を寄進したのが今でも久福寺本堂前にある。歴史春秋社の『会津の寺』には久福寺に吉村家の代々之墓の写真が掲載されてあるが今は無い。十年前に子孫の了解の許、更地にされた。氏家住職の話であるが、また久福寺は戊辰戦役には焼失していない。碑文の撰者吉村寛泰は東高野墾田之碑の文政十年、佐瀬徳明・佐瀬嘉左衛門徳明（音吉）・坂下組福原新田村肝煎兼務地方御家人で藩の役人をも兼ねていた（21頁参照）。ただ系譜の事績からすれば代田組の開田・再開発に携わったり、多くの村々の取締りなどに関係していたことは確かである。

大窪山にある吉村寛泰の墓石

九、西屋敷・本宮（郡山新村）・東高野について

東高野村の『鈴木大明神』は鈴木家の石祠ではなく、東高野村の墾田、開村の功労者として北山村の鈴木又右衛門重之が村民より崇められ、祀られた証であり、東高野村氏子の石祠である。

更に、同じように本宮（郡山新村）の稲荷神社境内にも開田・再興に尽力した代田組郷頭風間久左衛門尚房（久太郎）『風間大明神』の石祠がある。この祠は境内より東南、藤倉二階堂、延命寺の方角を向いて建立されているのも本宮の氏子皆さんの石祠である。

『東高野墾田之碑』の建立は天保十一年秋九月であるから墾田を始めて十三年後に当る。二百四十石は下田、石盛として約二十町歩ほどである。

しかし「大明神石祠」は共に没後に祀られたであろう。代田組の再興や墾田について西屋敷・本宮村・東高野村についてみれば次のように推測できる。

Ⅰ、西屋敷再興の頃、明和八年（一七七一）は郷頭風間久左衛門庸篤が携る。

Ⅱ、郡山新村再興は天明三年（一七八三）と言うが、実際は享和二年（一八〇二）頃に郷頭風間久左衛門尚房（久太郎）が関る。

Ⅲ、東高野などの墾田は文政十年（一八二七）代田郷頭風間直寛（久八・緒右衛門）が関った。風間直寛の墓碑が藤倉の墓地には無い。

しかし文化十三年（一八一六）に亡くなった風間直寛の三男繁之助や、文政七年（一八二四）没の七女の墓は建てられている。

「東高野墾田之碑文」の風間直寛は風間緒右衛門であり先に記述した天保九年三月の巡検使の案内手鑑には代田組郷頭風間緒右衛門

が高田より猪苗代迄案内して居る。しかし何時没したかは不明であるし墓石が見当たらない。風間郷頭は四代で終焉を告げたことになる。河東町史には藤倉の館に風間郷頭が安政三年（一八五六）に松本姓に替ったとある。なぜ風間郷頭を継いだ松本家の墓地が藤倉新田近くにあるのだろうか。

いずれにしても代田組郷頭と坂下組の福原新田村肝煎や、藩の援助により手余地・無毛地などを再興し、本宮などは入植以来八代に及び、篤農家になっておられる小林家など三軒が明らかになったことは興味あるところである。

「東高野墾田之碑」を建立された、北山村の鈴木又右衛門重之の業績など、もっと検証したいものである。

更に東高野の肝煎になった北山村の鈴木又右衛門重之の三男重寛の業績や東高野の稲荷神社・氏子の初代の方々の古里についても知りたいものである。

東高野集落は現在二十六戸

十、東高野村氏子系図（大正六年八月鈴木重敏考写とある）

（鈴木家を含め十三軒であるが多少不詳である）

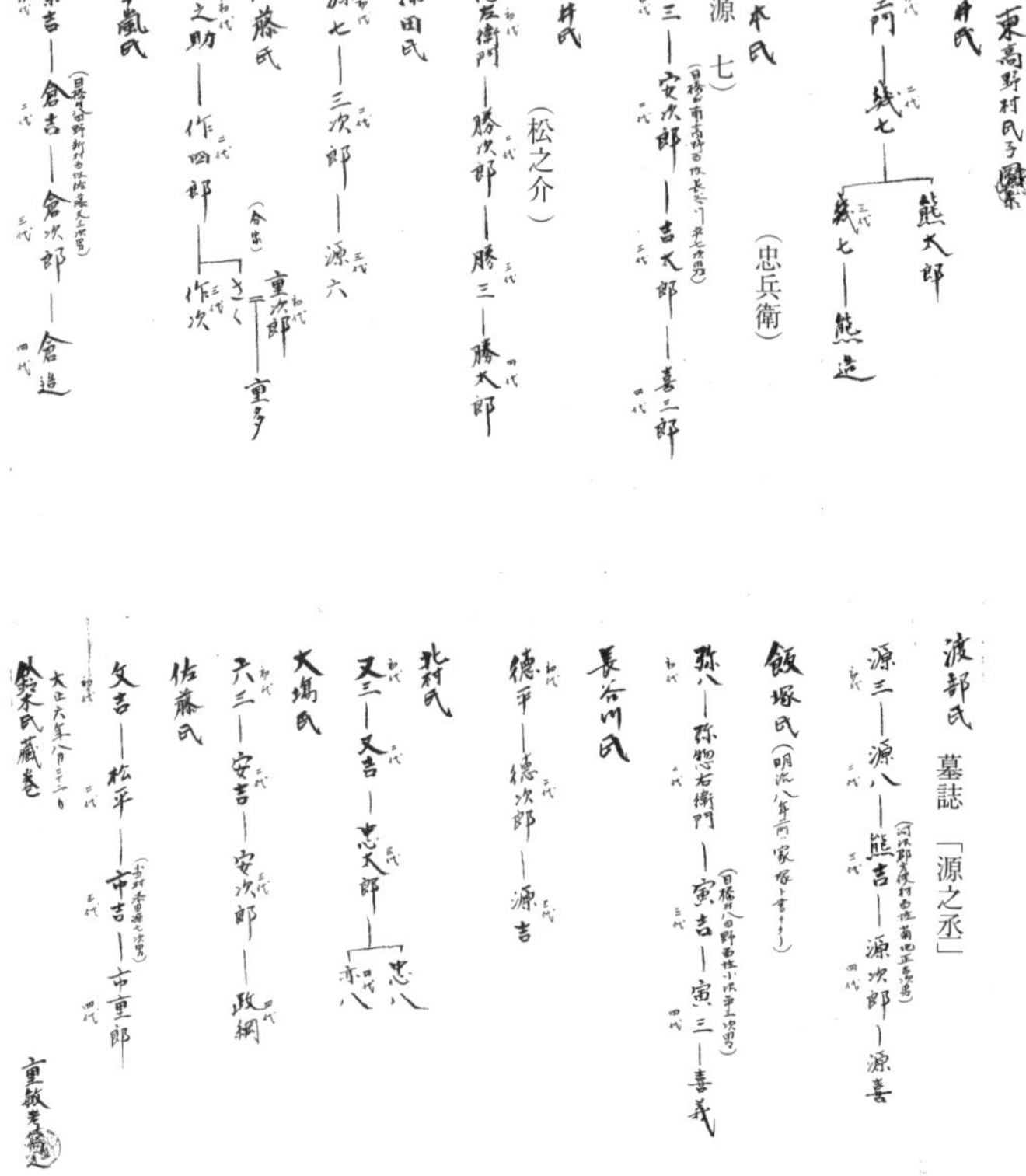

十一、東高野村の稲荷神社について

拝殿の奥に祀られてる石祠覆堂と、左右に二つの石祠があり、祠の台には奉納された当時の方の名が刻まれている。当村の氏子・祖先である。左の祠の中には『鈴木大明神』と刻まれている。祠の台の名前は初代か二代の方々の名前であろうと思われるが該当されない方もおられるようである。色々な名前で呼ばれていたのかも知れない。

天保二年
　右の祠
弥惣右衛門
安　兵　衛
松　之　介
忠　兵　衛

中央『稲荷神社』
　北山の方角向

　左の祠
「鈴木大明神」と中にかすかに見える。
弥惣右衛門
半左衛門
源　之　丞
安　兵　衛
忠　兵　衛
永　　吉
源　　七
勝　治　良

調査は平成二十一年早春撮影　★祠の台にある名前　帰りに境内で、「ふきのとう」を近くの旧肝煎鈴木重之の子孫と採る。

十二、引用資料と諸家文書

『会津藩郡政一貫　弐』

1「附札」

文政十亥年正月御宅江申上冊子之内
村方支配役風間久八義、代田組郷頭ニて数代民間ニ罷在、支配之百姓共宜取扱莫大義成候、籾抔古代も被下義、相見積差置候哉、帰参被仰付候、此者天文数字学学亡父江添、相学に今尋来候者御座候処、官民之筋飽迄掌握罷在暮ニ蒙御取立録碌々罷在候ニも在之間敷候間、新村何成共取立、永利之御奉公可仕旨諭候処、正月之御神領新田として郡奉行江申述候由之処、既此見当は附済候由ニ於北方見立、福原新田之無役佐瀬嘉左衛門と申すは親類之由ニて申合、悉皆自力を以て三百石余之村引入、分家共家数三十程、人数九拾計ニも相成候哉、越国引入之談共ニ相整ひ、当仕付より仕居候よし、此義御旨をも不奉義ニ御座候得とも、出来候得は、永利御座候趣申上候処、弥成就五百石程之開発相成、両人其功ニよって獨礼迄御取立被成候、

後　略

五月七日　片桐藤八

2「代田組東高野分新百姓」

一日

扶持七合	味噌廿五匁	源之丞	年三拾六
同　六合	同　廿五匁	女房	同参拾弐
同　四合	同　廿匁	男子	同　八ツ
同　四合	同　廿匁	男子	同　六ツ
同　三合	同　五匁	女子	同　三ツ
同　七合	同　廿五匁	親源左衛門	同八十六
同　六合	同　廿五匁	母	同七十七

小七人（男四人・女三人）

但、小仕野菜代壱人五文ツ、　老若同しニ御座候
一日渡方左之通り
米三升七合　　　銭三拾五文
味噌百四拾五匁　　二月十五日より九月十五日迄日数弐百十日渡
〆米七石七斗七合
俵〆拾九俵壱斗七升　　銭七貫三百五拾文
味噌三拾貫四百五拾匁
外ニ
種子籾壱反歩ニ付、六升ツヽ、相渡申候
家作弐間半梁三方三尺、下屋前之方半分三尺、下屋付行間八間、下屋共苫屋根戸建具壁小舞並ぬり代共ニ、大凡〆手不入、住居相成候様いたし、九匁程相懸り申候
渡方之品
一敷莚　弐拾枚　　鍋大小三ツ　摺鉢（但家内応し）
振桶　弐ツ　ひさしくしゃくし類
養壷　高鍬
一新鍬　鍬柄　野懸鎌　平苅鎌（人数ニ応し相渡申候）
一馬壱疋ツ、　馬代金ニて渡候
但し、馬ニ限り宜馬調義　相望候者は無利年賦貸取計申候　右之外は皆手当渡切ニ致候、右之通、此度取計申候、新百姓之内、壱家内分大凡如此ニ御座候、余は家内人数ニ応し、相渡申候、初年如此ニ候得とも、翌年も不厚手当仕候而は、相立兼申候
以上
文政十三寅年十月　風間久八

★註　前記の資料は「会津若松市立図書館」の『会津藩郡政一貫　弐』より引用。「源之丞　年三拾六」とは現在の「東高野」の下に住む渡部家であろう。墓誌に源之丞を初代祖とある。

3、

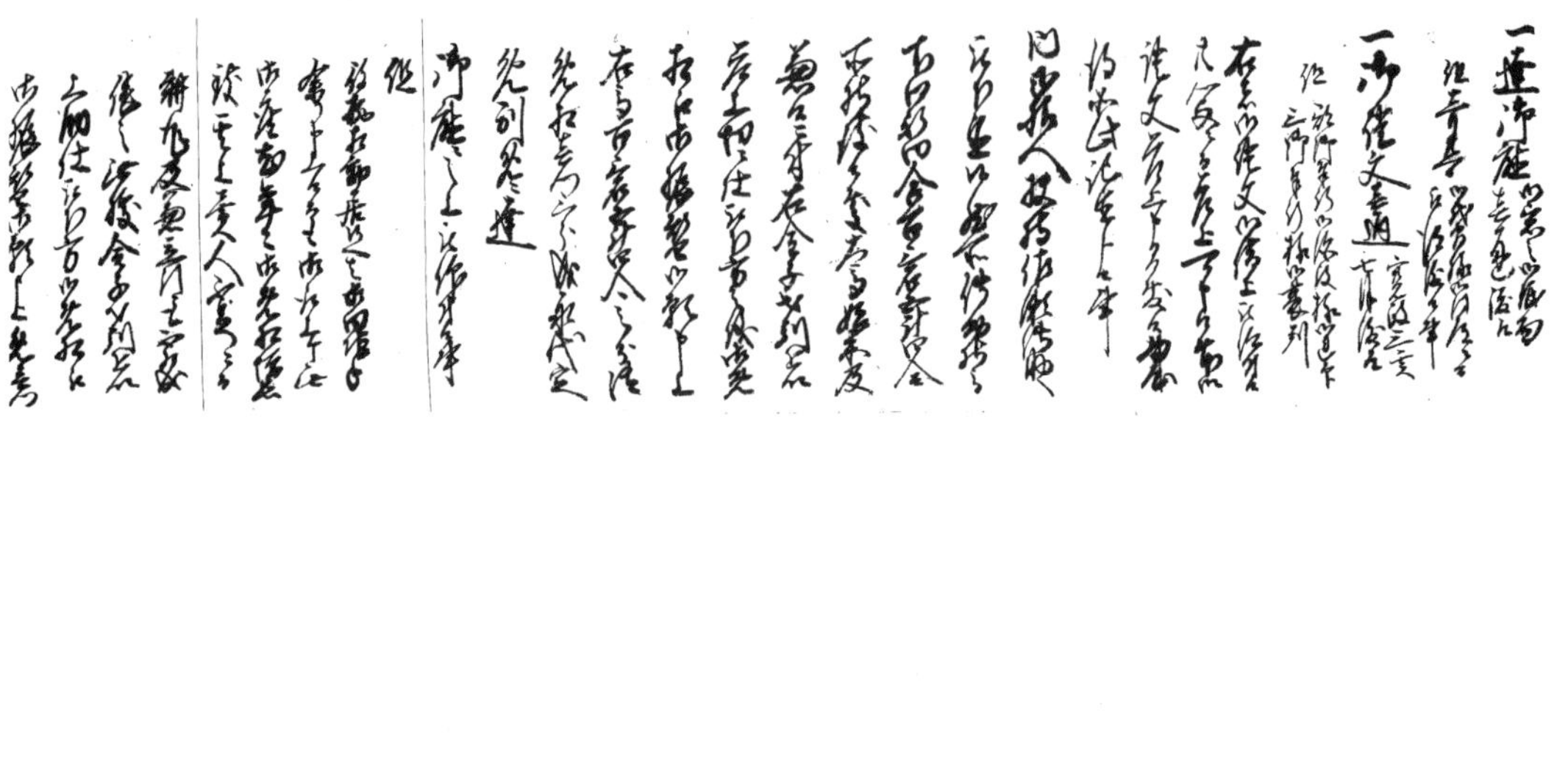

一達御座　御意之御紙面壱通渡候
但十二月廿一日御代官様御同道ニ而被御渡候
一御證文壱通　寛政三亥年七月渡候
但　郡御奉行御添役様御連印　三奉行様御裏判
右者御證文御借上被仰付候
共写ニ而差上可申候　本御
證文差上申間敷候為心
得如此記置申候事
内弐拾人扶持佐瀬傳助へ
被下置候　然所傳助持高
本田新田合百三石五斗四合
所持致候処　大高始末及
兼候ニ付右金子才判を以
差上切ニ仕　被下方之儀御免
相江御振替御願申上
右高百三石五斗四合之分御
免相　壱つ三分成永代定
免別免ニ達
御座ニ之上被仰付候事
但
役柄相勤居候得者　御田地手
余り申上候而も御取上ヶ無
御座　尤年々御免相増長
致　其上売人不足ニ而
耕作及兼立引ニも不相成
依之無處金子才判を以
上納仕　被下方御免相江　御振替御願申上　免壱つ

東高野 鈴木家屋敷の枡形石組み、入口の名残
東南には当村の稲荷神社や墾田之碑がある。

三分成 永代定免別免ニ被
仰付 郡御奉行御添役様
御連印并三御奉行様
御裏判之御證文頂戴
仕候 尤最初より御免相願ニ而
御取上ヶ無御座 依之御
扶持之義 例方も有之候ニ付
御扶持被下方 御免相江御
振替奉願候事
右之次第ニ而御田地片付
手余り不申上候間 及後年ニ
御免相御取返等候得ニ付
候ハ、 右之訳ヶ柄を以 御願
可有之候事　後　略

※註　佐原盛連の分封　三男、藤倉三郎左衛門築館跡（市指定遺跡）後に藤倉氏は坂下の金上氏となる。藤倉館跡には旧代田組郷頭安藤氏、長谷川氏、風間氏と替わり、現在松本氏の居宅となっている。
中世の館跡として当時の壕、土塁が残っており、稲荷神社も勧進されてある。

4、乍恐以口上書申上候　原文略
代田組郡山村分江新村
相建引入百姓仕無毛地
開発仕度段委細
先達而申上候処内願内
福原新田村代々検断格
肝煎佐瀬音吉儀検断
格を御除被下代々検断
上席肝煎定務与御直
被下置度段申上候処
検断与計之名目難
被仰付候義ニ御座候ニも
是迄之通御座置被下
検断上席御直被下置
跡式相続之節格式
不申様ニ被成置被
下置度奉願候事
一　御扶持方之義申上候処
五人扶持無毛地之内ニ而
御渡被下置度奉願候事
尤無毛地之義ハ自己が
開発可仕候事
右二ヶ条御願ニ付
乍恐申上候以上
代田組郷頭
戌十二月　風間久太郎㊞

第八章　鶴沼川（宮川）の鮭鱒関係文書

「寛政四年（一七九二）今より二百二十三年前に鶴沼川（宮川）に遡上する鮭鱒の魚業権の取得に関する文書その後のことなど」

※註　鶴沼川（宮川）旧北会津村和泉村の西簗場があった。

一、鶴沼川の鮭鱒関係文書

1、「寛政四年（一七九二）今より二百二十二年前に鶴沼川（宮川）に遡上する鮭鱒の魚業権の取得に関する文書である。権利取得には五百貫文（百弐十五両）の寸志上納金が必要であった。」

①

乍恐以書付奉願上候
鶴沼川筋鱒鮭留之儀、中荒井組和泉村ニ而
壱番留并舟乗り網殺生仕御役鮭先規者
四拾本ニ御座候由之処、当時ニ而ハ六拾本迄之
御役糶り為登上納仕候、由其形を以御家中様
ニ而右御殺生被成候、右之義者当時所ニも御座候ニ付
先達而和泉村之者共私方へ譲りニ致度由
仲人有之諸掛り之内御家中様江去年中被
仰付候由、依之御願申上候、私義為寸志銭
五百貫文可奉差上候間、御役鮭五拾本御役
被成下置、尤是迄仕来り之通不行やう年者御定
通之代銭上納ニ被成下置度奉願上候　右川筋
留場より下山崎前落合迄川才鱒鮭留の義ハ
勿論、張網舟乗り殺生共ニ私持株ニ明丑年より
末々被仰付被下置度奉願上候且留場之儀者
右川筋何れ之場所成共勝手次第ニ留相定
候様奉願候、尤舟役之義ハ是迄御定の通私方より
上納可仕候、且又是迄舟乗り殺生仕来り候者
相望候ハヽ、右御定之御役私方へ請取殺生
可為仕候、右私祖父代迄乗網殺生等仕罷在
候ニ付如斯御願申上候、右寸志之五百貫文ハ当時
可奉差上候間以　御哀憐急々被仰付被下置
度奉願上候尤末々私持株ニ被仰付被下置候とに
申義　廉々乍恐其御筋より御証文奉
頂戴度願上候　以上
寛政四年子八月　福原新田村肝煎　佐瀬傳助㊞
御代官様

2、

②

乍恐以書付奉願上候
鶴沼川筋鱒鮭留之儀中荒井組和泉村ニ而
壱番留ヲ打殺生仕御役鮭先規ハ四拾本位ニ
御座候由之処当時ニ而ハ六拾本迄之御役糶り為
登上納仕候由其形を以御家中様ニ而右御殺生
被成候右留之儀者当村前ニ茂御座候ニ付先達而
和泉村之者共私方へ譲りニ致度由仲人有之
談茂御座候処御家中様江去年中被仰
付候由依之御願申上候私義銭五百貫文可奉
差上候間御役鮭五拾本之定役ニ罷成下置
尤是迄仕来り之通ふりやう之年ハ御定通之代餞
上納ニ被成下置度奉願候右川筋留場より下
山崎前落合迄張網殺生被禁被下置且
留場之儀者福原新田領分より上勝手次第ニ留
相立候様奉願候　右五百貫文被仰付被下
置度奉願候　右壱番留来丑年より末々私持
株ニ被仰付被下置候与申義乍恐其筋より
御証文奉頂戴度奉願上候以上

坂下組福原新田村肝煎
佐瀬傳助㊞

寛政四年子九月

御代官様

※註　鶴沼川筋鱒鮭留の役決め、上納は四拾本から六拾本へなど、不漁の時などの願い

3、「凡そ、二二〇年前の寛政四年よりの鶴沼川鮭鱒簗留のこと」　③

※中荒井組和泉村より　鶴沼川鱒鮭壱番留　持株被仰付被下置度旨

和泉村須藤家文書

恐れ乍ら口上書を以って願い上げ奉り候
当村元入増加御斗金は発恩者先年
坂井九八郎様御代ニ福原新田村肝煎
佐瀬傳助金百拾両差上　鶴沼川鱒鮭
壱番留　持株被仰付被下置度旨　申上候由
ニ而当村第一之産業　　御先之邦様より
無悔怠立来候　鱒鮭留御取上ヶ右傳助
持株被仰付　百拾両之内　百両者　御代官所
御除方江被為御廻置　拾両当村江御渡被成下候処
御代官様被仰聞候ニ八拾両計之金子
其之村ニ而　受取配分致候とて用立候程之義ニも
有之間敷候間於御代官所増加取斗其
百両ニ茂相成候ハヽ　右鮭留受返候共　何連ニも産
業之替りニ一廉村方の為ニ相成候様　被成下度趣
被　仰聞奉承知　御増加御事被成下置度　御願
申上候ニ付　弐拾両歩利付ニ而　和泉村鮭留金と
申名義ニ而　御代々両組之内江　御貸付被成下義
余程之金高ニ相遣申候処　村方非常之難渋之
年柄ニ　一度受取配分仕　元金拾両ハ備置
元□とて御増加奉願出置候処　内田傳左衛門様
御代ニ留無株之者共より新ニ為致元入村中
一躰之備金ニ二仕候様仰聞候ニ付留株所持

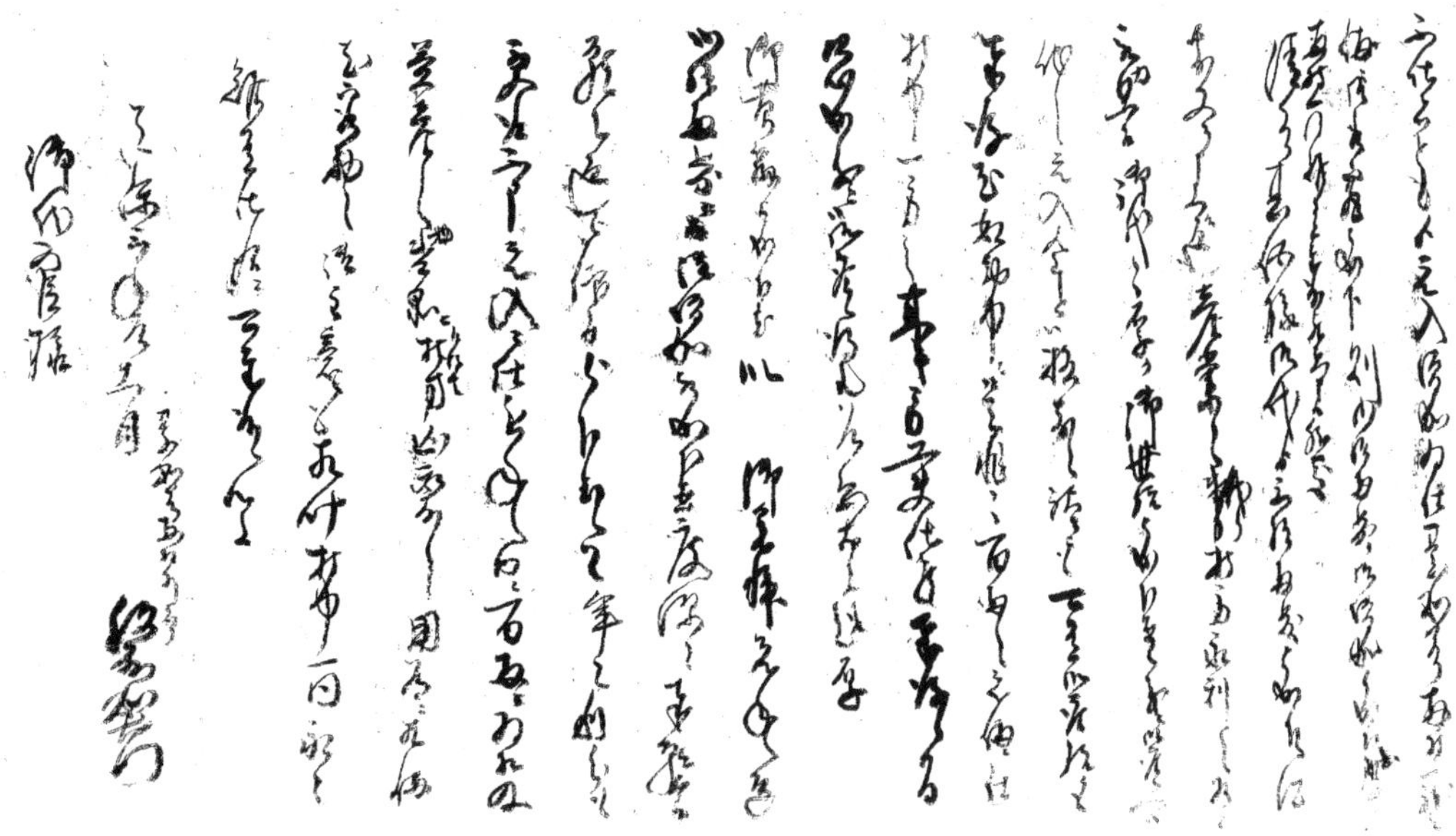

不仕者ともより元入須成為仕台和泉両村一躰者
備御取究被成下則弐拾両歩ニ御増加被成下度
両村一同□罷在申候然処
清水甚伍様御代より三拾両歩被成下処
又、申上候通産業之代り村方永利与有之
被為□　御代々厚ク御世話被成下置候義ニ御座候へハ
他之元入金とハ格別之訳ニも可有御座様ニも
奉存尤相勤中ニ是非々百両之元備ニ仕
村中一方之基本方工夫仕致奉存候間
恐やふニハ御座候得共乍恐前之趣厚
御考弁被成下置以　御哀憐先年之通
弐拾両歩ニ而御増加被成下置度深々奉願上候
願之通被仰付被下置候ハヽ　年々利分も
受取不申元入ニ近年之内ニ百両ニ為相及
益差し遣し品ニ候得者村方凶変之用為ニ相備
尤最初之御主意ニも相叶村中一同永々
難有仕合ニ可奉存候以上

天保三年辰十一月

台和泉両村肝煎
須藤紋右衛門

御代官様

※註　福原新田村肝煎佐瀬傳助金百拾両差上げ、和泉村との関係（須藤紋右衛門家文書）

4、

④　乍恐以書付奉願上候

私儀、鶴沼川筋元泉村鱒鮭留、先年持株被仰付
年々御役銀上納氏渡世之殺生仕罷在候処、最早時節ニ罷成
申候ニ付奉願上候、右川筋和泉村留下より山崎村前大川落合
迄之間張網目張等之悪殺生無御座様以　御哀憐例
年之通御家中町郷村一統江御触ニ為仰出被下置度
奉願上候以上

坂下組福原新田村 検断格
佐瀬茂吉㊞

丑九月

代官様

前書之通致吟味申達候　以上

佐瀬嘉左衛門㊞

⑤　乍恐奉言上候　原文略

鶴沼川筋鱒鮭留之儀、寛政八年辰年寸志差上金仕、和泉村
より山崎落合迄私持株ニ被仰付置、川役御上納仕、右留
場より山崎落合迄之間、張網悪殺生被禁置候、是迄八
分限帳ニも相顕し置候儀ニ御座候、当年ニ至り右之形を
以て若松御係役所江願達八月中是迄之通御差図ニ相成
申候、右御尋ニ付御受奉書上候　以上

福原新田村
茂吉㊞

九月廿七日

坂下係　御役所

6、

坂下村係へ同道之上留之次第被相尋候節受書

※註　明治四辛未九月松平容保・喜徳・容大、斗南藩が廃藩となったことにより東京に移る頃。北会津和泉村より山崎落合迄の張網・留場についての願い。

明治三年八月郷頭が廃止され大肝煎となった現在の町役場に居られた石本常次郎の奥書がある。

（⑧の文書）

⑥ 乍恐以口上書奉願上候
私共前七日御尋之儀ニ付御呼出被仰付出頭
仕候処 鶴沼川鱒鮭留之儀 坂下村勇吉一同
御吟味之上 相手勇吉御調中脇宿江 差控居候
様被仰付奉畏下宿罷在申候　然所一昨十日別紙
之通り御収納方計立之儀兼而日割なども被仰付
日割之通 屹度皆納仕候様御布告被仰出置候処
最早日割之内一両日ニ相成上納方差候間御用
之程奉御伺 一ト先帰宅仕候様申遣し候処 愁成
義奉願上候茂恐入候義ニ奉存候得共 余之儀ニ違
上納之儀ニ候得者御暇被下置帰村被仰付被下置度
奉願上候御用之節ハ何時ニも出頭仕可申候間何卒
厚以　御哀憐願之通被仰付被下置候ハハ
深々難有仕合ニ奉存候　以上

未
十一月十三日

第十九區福原新田村
佐瀬　縁治㊞

同村
千葉源太郎㊞
縁治代印

第十九區坂下村上町
勝三郎改名
山内利三郎㊞

同　福原新田村年寄
佐藤　又平㊞

若松縣
御役所

※註　戊辰戦後西軍は民政局により支配、明治二年五月若松縣設置。この文書は明治四辛未年、坂下組から第十九區になる。

7、

⑦ 乍恐以書附御伺奉申上候
鶴沼川筋鱒鮭留之義 寛政八辰年福原新田より
和泉村分迄一番留打候儀 私持株ニ被仰付川役限
上納渡世之殺生仕候者ニ御座候 右留場より下山崎落
合迄之間年々其節ニ至リ留打候得者 張網悪殺
生不禁置候処一昨年己年御役納改而金弐両ヅツ
上納仕候間 是迄之通被仰付被下置度旨奉願

上願之通被仰付年々御皆済之砌御上納仕来候
ニ付当年茂是迄之通相心得留下江張網致候者相
対ニ而網預候得者 当村又平と申者江別紙坂下
御取締所より之御用状之趣能く拝見仕候処 御印鑑
迚茂無御座乍恐御役所御用と者文面悉之徒者
之所と相心得而己差置候処 一昨十日夜坂下
御取締所より御出張ニ打出留場留主居三左衛門と申者
御義被仰付縄〆ニ合申候 当年より書御役納御廃被仰付
候義ニ可有御座候哉且又猥ニ殺生仕候而も宜敷義ニ可有
御座候哉 乍恐右両条御伺奉申上候 以上

坂下組福原新田村
未九月十二日　　佐瀬　縁治㊞
百姓代　千葉源太郎㊞
若松縣　年寄　佐藤　又平㊞
御役所　肝煎　佐瀬　傳八㊞

前書之通伺罷候間差図被成下置度奉存以上
大肝煎　石本常次郎㊞

二、青津組青津村生江家文書の鮭鱒に関する文書

〔原文は生江敬久所蔵〕

※註　以下は鶴沼川下流の青津・西青津村と福原村との出入りの様子。代官所や取締方との折衝の文書である。★原文略

①
乍恐以書附奉願書候
私義数年来鶴沼川大橋之上ニ而 目廣鮭殺生
仕来 諸納物之足り仕罷有申候処 此度福原村
鮭留より故障御座候処 右殺生之義ハ古来
仕来申候義ニ而既ニ去年中 御役魚も上納仕
是迄福原留 故障与申義も無御座候処当年
ニ限り故障御座候 御元留ニ相成申候而ハ甚以
嘆ヶ敷奉存候間 乍恐奉願上候当年之義も去年
中之通り御役納上納可仕候何卒以
御哀憐先年より仕来之通大橋之上も目廣
鮭殺生致候様御据置被下置度奉願上候
尤右目廣之義ハ昼計ニ而乗舟殺生目張
など与違夜中致義にも無御座候昼登り之鮭
殺生致候義ニ而至而稀登リ申候義ニ而施而留之
障り相成候義にも無御座候間　此段厚御勘弁
被成下置是迄之通り御据置被下置度深々奉願上候
子十月　　生江勇助
御代官様

★漁業権利福原村にある故障

★福原留など記している。

前書之通り願出申候処 右大橋之上ニ而 鮭殺生
致候義ハ 勇助ニ限り申候義ニ無御座村方難渋
百姓共往古 仕来右余産以諸納物
之足り致候様申候義御仕候処 既去々年中故障
申候御仕御座候ニ付 締方迄奉願上候 堀役ハ勿論
目廣やす突勝手次第ニ致候儀 御差図も頂
戴仕候義ニ御座処 右之故障御座候而 御差留ニ相成ニ而
ハ勇助ニ不限 以来難渋百姓共一統之歎キ
相成仕候 尤御役納も仕候義願出申候間 是迄
之通り御据置被下置度深々奉願上候 以上　生江勇八郎
右之通願出郡御役所江御差図頂戴仕候 御差図生江勇八郎
宅江此通り締方へも願書差出申候

②
【鮭殺生文書】
青津村領分鶴沼川筋
新橋亥先年〆切新川普請
之場所度々洪水ニ而 川欠に相
成田地江欠入候場所自村

普請申付候 猶又右場所江
福原新田村留場より北留立
置普請之折ニ罷成候由之
所 右川筋留場之義者吟
味中ニ候間一先つ 普請場を
除キニ不相成様可
致旨申聞上候 右留場へ対
し早速普請ニ取懸り雪
降以前ニ仕取ニ相成候様 御申
聞可在之候事

十月廿三日郡役所

右之通り申来候間 此旨
得 其意普請ニ取
懸り雪降之以前ニ仕取候
様可取計候事

十月廿四日　御代官所

青津村肝煎
生江勇八郎方へ

③ 青津村領分鶴沼川橋
場ニおいて日張鮭殺生致候ニ付
年々代役弐人之役納ニ而右殺生
申付候間勝手ニ殺生致不苦候事

子十月　締　方　印

青津村地首
勇助方へ

此役銀六匁
年々十月中可納者也

肝煎
生江勇八郎

④ 〔鮭殺生について〕
其村領分鶴沼川
筋大橋辺ニ而鮭場待
目広中直突殺生往古
より仕来候由之処故障申
候者も有之由ニ而紙面を以
願出吟味之上仕来候趣
右殺生致候而も□□場
構無之候条可□勝手次第
候事

戌十月　締方印

青津村肝煎
生江勇八郎方へ

⑤ 御代官青津村百姓共
鶴沼川大橋上ニ而目広
鮭殺生数年致来候処
當年福原新田村留場より
差留之由ニ而役納も致居
候儀ニ而是迄之通御居
被置被下度旨願出被達候処
青津西青津両村之義右川
筋ニ而鮭殺生致往古より川
役限相納居候義ニ候間是迄之

通鮭殺生致候様御申聞
可有之候事
但目張など之殺生者御停止二
候間心意違無之様御申聞
可有之候事
十月六日　　郡役所
右之通来候間本文之
趣其意鮭殺生仕来
候者共へ可申聞候事
十月七日御代官所
青津村肝煎
生江勇八郎方へ
西青津村同
斉藤茂左衛門方へ

三、大川（阿賀川）鮭鱒留め簗場のこと

「坂下組東原村稲垣家文書」原文略

恐れ乍ら書付を以って再願上奉り候

東原村より大川筋鮭鱒留め簗場の義　往古より当村に限り持前に仰付け置かれ候処　去る春中より願い上げ奉り候得共　仰せら候も御座無く候に付　嘆願奉り候得共　壱か年高久村え留め仰せ付けられ候

当年壱か年差し控え候様仰せ聞かされ候に付よんどころ無く　差し控え罷り有り申し候　来る春願え出べく候に付　御願え申し上げ候御役納の義は現魚弐拾七本七百匁以上　六拾三本　但し一本に付き三百文代納御座候処　春鱒留め御役納の義は六拾本　但し壱本にて弐百文代納に御座候処　右留め高久村え仰せ付け置かれ候ては活計行き迫り　村中一統嘆敷く残念至極に存じ奉り候

尤当村と申すは極白地の場所に御座候得ば　右留めの潤いを以って御年貢早速致し罷り有り申し候間　何卒厚き御哀憐を以って村方え古複仰せ付けられ成し下し置かれ度き旨　願上奉り候処 当年右留め建て堂畠村え仰せ付けられ候義　伝承仕り　甚だ村中にて嘆敷く存じ奉り候　前文に申し上げ奉り候通りに御座候に付恐れ乍ら　再願上奉り候

当村え留め建て仰せ付けられ下し置かれ度願上げ奉り候

右願の通り仰せ付けられ下し置かれ候らはば　村中一統深々有り難き仕合せに存じ奉り候　以上

午（明治三年）
五月　坂下組東原村百姓惣代　孫右衛門
〃　庄　蔵
地　首　喜右衛門
肝　煎　冨右衛門
若松縣
御役所

四、【福島県商工課水産係舊藩時漁業制度調】より

河沼郡
1、甲号
覚　　※註　中荒井組の須藤家文書と附合する。

一新金百拾両也
右者比度寸志金差上候ニ付鶴沼川筋鱒鮭之義福原新田村ヨリ和泉川原新田村分迄壱番打候儀并ニ生鮭納候儀御用拾被成其方持株ニ被仰付右川役銀之儀ハ是迄之通リ可相納候且ツ右株追テ他ニ譲候儀モ有之候節ハ和泉村へ可譲候右留場ヨリ山崎村落合迄張網悪殺生禁候儀ハ其節ニ至リ可申出候右件々相違有之間敷候也
寛政八丙辰年六月　原覚之助印
坂下組福原新田村肝煎
佐瀬　傳助方へ

二月十三日申聞覚

郡　奉　行

坂下組福原村肝煎佐瀬傳助儀寸志ニ百拾両差上
可仕候間　鶴沼川筋鮭鱒役之義　右川筋當村領分
ヨリ下和泉川原領分迄壱番留打候儀　御用拾被成
下度由右川筋役銀之儀ハ是迄ノ通リ上納可仕由願
出被達候　何レモ任願候間留め打之儀勝手次第ニ致
候様可申聞候

一右川筋留場ヨリ下山崎前落合迄張網悪殺生等
　被禁被下度禁之儀ハ　其節ニ至リ可被申出候

一右出金之内百両ハ御勘定所御除方へ　被相回拾両ハ
　先達被申出候通リ　和泉村へ手當ニ可被取計候事

御勘定所

前末之趣キ　被得其意右百両相廻候迄御軍金
御除被入置追々申出候筋ハ　可被相渡候事
右之通リ御帋面ヲ以テ被仰付候間　此旨可被
承知候　以上

辰二月　御代官所印

福原新田肝煎
佐瀬　傳助　方へ

★只見川右岸の越後街道近くの山和泉村

2、乙号

乍恐以口上書奉願上候

當村領分村上へ中根鉄次郎様簗　御打被成候川水
下へ村中ニテ簗拵申度御伺申上候処　障之筋モ無之旨
被仰候ニ付　村中ニテ農業之障ニモ不相成様手透之内
拵申度奉存候　外ニ産業迚モ無御座　右之潤ヲ以而
諸出シ物等心安上納ニモ相成候得ハ　村中ノ為ニモ相成
可申ト奉存候ニ付　依テ乍恐御披露申上候以上

卯七月　和泉村惣百姓代

老百姓　豊之助
仝　仝　政　吉
地首　吉之助
肝煎　文　蔵
小野太郎兵衛

御代官様

乍恐以口上書奉願上候

當村之儀ハ田畑不足ノ村方御座候間　年中駄賃取諸
上納者等始営罷在申候処　近来ハ山林等モ伐尽シ駄賃
等モ薄ク罷成申候ニ付　當村領分ハ金カ渕瀬頭ト申所
之姿以鮭之魚畜生仕度奉存候間ニ付　私共右殺生以當
御皆済之足リニモ相成可申ト奉存候間何卒以　御哀憐
右願之通被仰付被下置候ハ、　深々難有仕合奉存候
以上

卯月九月　和泉村百姓

善太郎
勘之助
茂　八
傳太郎
文次郎
長四郎
久太郎
善之助
元次郎
常　吉
吉右衛門
久治郎
兵次郎

老百姓　政　吉
　　　吉之助
地　首　文　蔵
肝煎
小野太郎兵衛
御代官様

3、丙号　★吉田組　奥川の徳沢村
御用人所御入用御献上初鮭之儀ニ付徳澤村肝煎
其筋へ存寄申出金拾五両拝借被仰付被下候ハ、夏
中ニ材木伐出置来涸水ノ節普請致明年ヨリ御入用
ノ鮭無滞上納可仕候旨申出候ニ付其筋掛合ノ上左ノ
通貸金申付候間一ヶ月弐拾両ニ壱分ノ利足ヲ加へ
年々手形替之上五ヶ年賦ニ元
利相納候様御申聞可有之候以上
　文化八未年十一月晦日　郡役所
一金　拾五両
　内七両弐分　未十一月晦日渡
　残七両弐分　申三月中可渡候筈
　右之通申来候間　比旨承知之上可申上候
　十二月廿日　御代官所
徳澤村肝煎
山形武兵衛方へ

4、乍恐
私儀二十九年以前文化九申年御献上初鮭調儀御役ニ被仰付
難有相勤メ罷在申候処　老年ノ上長々病気ニ御座候而如何様
ニモ相勤兼申候ニ付　依之乍恐奉願上候　何卆厚御哀憐ヲ以テ
右御用捨被成下置候而　跡役之儀者肝煎山形善久ニ成下置度
奉願上候　右願之通被仰付被ハ、　深々難有仕合ニ奉存候以上
　天保十一年子六月　徳澤村肝煎
　山形善左エ門
御代官様

5、御請書事
御献上初鮭之儀近年鮭魚不足ニテ郷村納不相調
由ニテ 當秋中御役人様御調儀為御用御下リ被成下
置候ハ、年々無滞上納可□□□委□申上候処御吟味之
上郡役所ヨリ右普請金拾五両利付五ヶ年賦拝借
可被仰付由難有仕合ニ奉存候 依テハ滝普請比節ヨリ
取掛リ末申年ヨリ毎年秋彼岸ニ入候 無底鮭相納
メ可申候間 其節ハ御懸之御役人御壱人御出役被成
下御吟味ノ上□ニ被仰付候ハ、村人足ヲ以テ相納可申
候万一不猟トカ時節後レニ相成候ハ、他村ハ勿論
越國筋迄モ御役人様御一同罷越 宿賃等始メ他邦御出
役御用御入方之分ハ自力ヲ以テ相何レニモ御献上
不欠様御役人様差図之通 相調差上可申候間 御
褒美金之儀ハ是迄之通リ年々被下置度願上候　右
為御受一礼差上申候以上
文化八未年　肝煎
山形武兵衛外七人連署　御賄所

6、乍恐
御献上初鮭納之儀 私家ニ代々被仰付置相勤罷在
申候処 親善久儀病死仕私儀 肝煎被仰付候間右
初鮭納之通被仰付被下置候ハ、　深々難有仕合ニ奉
存候以上
　嘉永四年九月　徳澤村肝煎
　山形善之助
御代官様

第九章　こんな史料文書があった

夫丸郷中間与内金請拂役　越後街道往来、会津藩側医師馬島瑞延の妻梅女の拝借願代田組島村の社人武藤薩摩守（武藤家へ縁組）伊勢講中　八拾人の代参

※註　会津三十三観音札所　巡礼の姿（昭和八年七月）

一、こんな史料文書があった

1、

①　覚

一金七拾両也　此引宛裏地表地

弐ヶ所之家引宛申候

外ニ七拾両也先借用分

右の通り 御傳仕り候所 実正に御座候

ご返済

の儀は 当暮迄には屹度 御返済

可仕候 万一相違之儀座候は丶 加判にて

引受 右引宛の家売払候ても聊

ご迷惑相懸ヶ間敷候　為後日依て

一札奉差上置候 以上

卯十一月

借主

柏木藤五郎印

加判

真舟幸助㊞

佐瀬嘉左衛門様

前之旨相違御座候は八私共引受

聊御迷惑相懸ヶ間敷候

已上

小輪大作㊞

志田左五郎㊞

2、御蔵入りの証文

②

覚

一金五両也

右は度江戸登候に付達澤家

御相続一件入用金与して借用仕候

処実正に御座候　尤返済の儀は

當秋杉杢山売拂次第元利

屹度御勘定可仕候　為念借用

證文仍如件

安政六未年

川嶋孫左衛門㊞

佐瀬縁蔵様

☆註　御蔵入尾岐遅沢　郷頭川嶋孫左衛門、この外数枚の証文がある。

3、

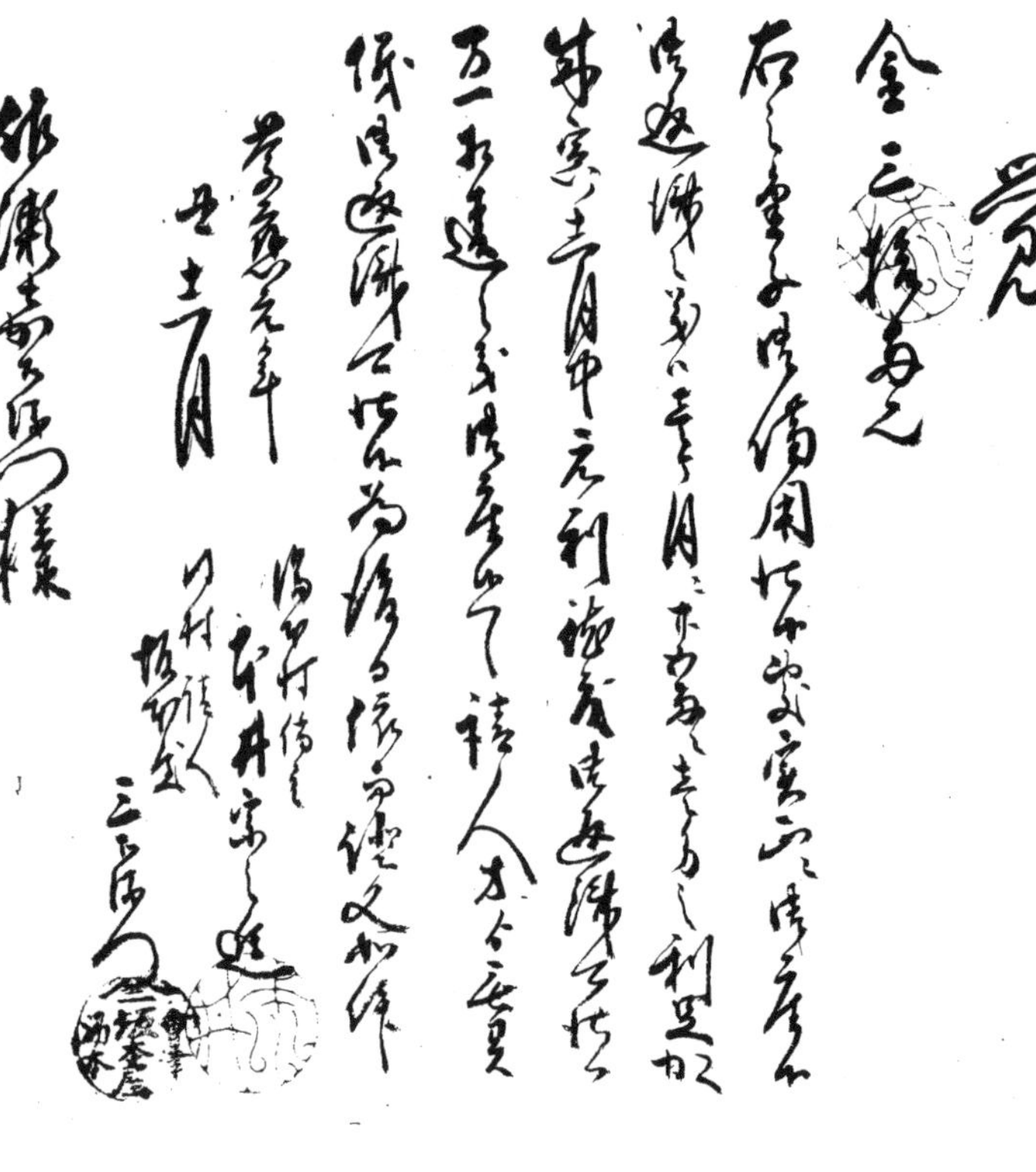

③ 覚

一、金参拾両也

右の金子御借用仕り候處 実正に御座候

御返済の義は壱ヶ月ニ 廿五両ニ 壱分の利息加へ

来寅十二月中元利屹度ご返済可仕候

万一相違之義御座候は丶 請人方より無意

儀御返済可仕候 為後日依而 証文如件

慶應元年

湯本村借主

本井宗之進㊞

同村請人

坂本屋

三右衛門㊞

佐瀬嘉衛門様

☆註 東山温泉の村、坂本屋と言う屋号の方が保証人。本井家は湯本の肝煎りであった。

4、

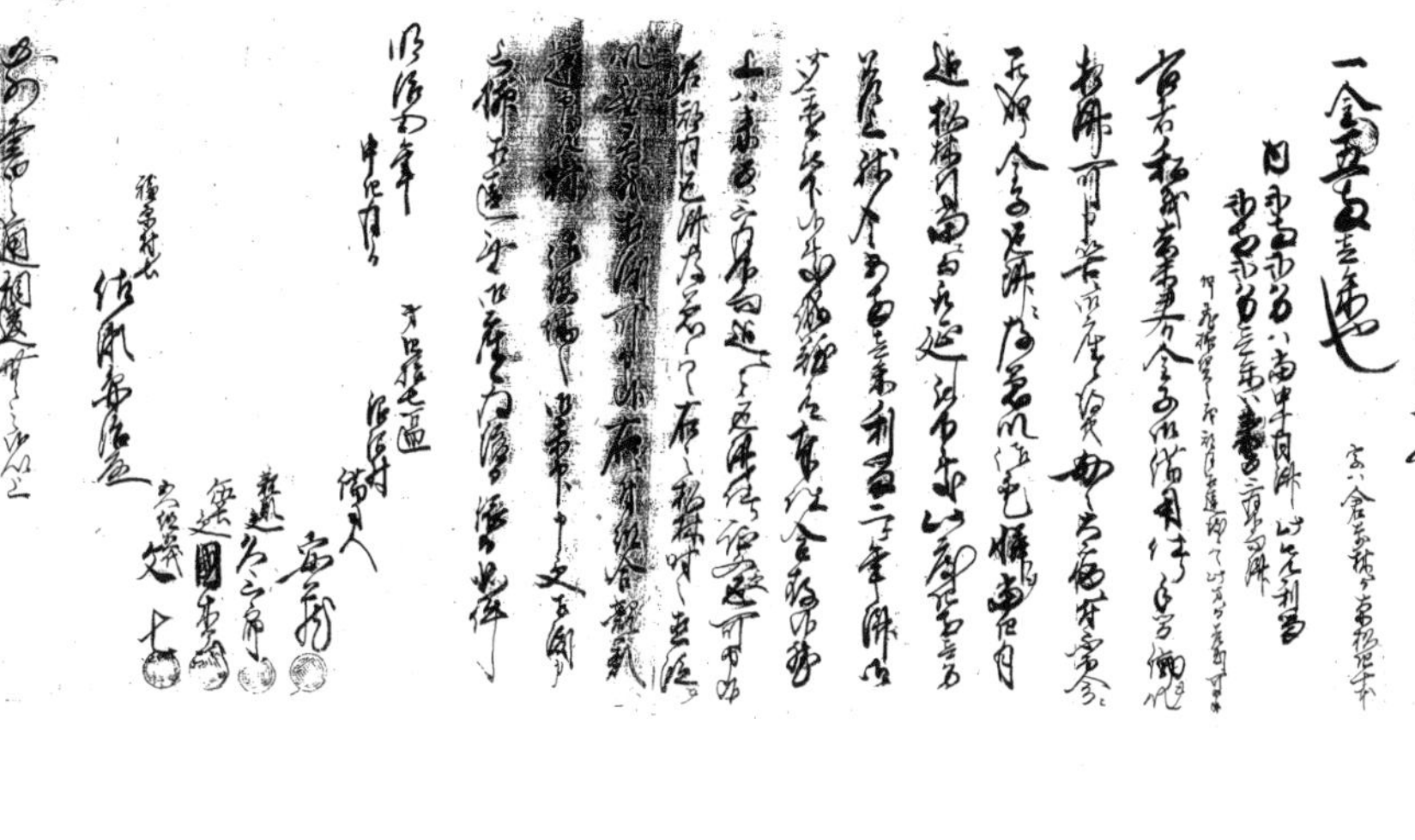

★註　山郷の沼沢村の方への融資証文、最後の肝煎五井家は当地方の医師であった。

④　相渡申枚引當証文之事

一金五両壱朱也　　字八倉前ニ而大小枚四十本
　内　弐両弐分ハ當申十月済　此利留
　　　弐両弐分壱朱ハ来酉三月下旬済
但し飛脚賃之義期月相違致候は丶　此方ニ而差出し可申候
右は私義 去未春金子御借用仕り手間働を以
相済可申筈に御座候得共 母の大病に付不参に
罷成り 金子返済に及兼以 御哀憐を當四月
迄枚林引當にて 取延被下置 此度四両壱分
差上残金五両壱朱利留 二ヶ年済御
聞置被下候處 誠難有奉仕合存候然
上は来酉三月下旬迄には返済仕り証文受返可申候
若 期月返済及兼候は丶 右の枚林時之値段を
以無異義相渡可申候 右に付組合親類
連印を以 村御役場の御朱印申受 相渡申
上抑相違無御座候　為後日依而如件

明治五年　　　第四拾七区
申四月日　　　沼沢村
　　　　　　　借用人　安　蔵㊞
　　　　　　　親類受人　久三郎㊞
　　　　　　　伍長受人　国　杢㊞
　　　　　　　五人組惣代文　七㊞
福原村長 佐瀬圓治殿
前書之通相違無之候以上
　　　　四十七區沼沢村肝煎
　　　　　　五井準次㊞

5、「会津藩側医師馬島瑞延の妻梅女の拝借願」（原文まま）
長崎修行・ドイツ留学最初の馬島済治（小松）のこと
母は悴馬島瑞謙の子、孫「済治」長崎へ罷下り修行の為め祖
母より拝借願

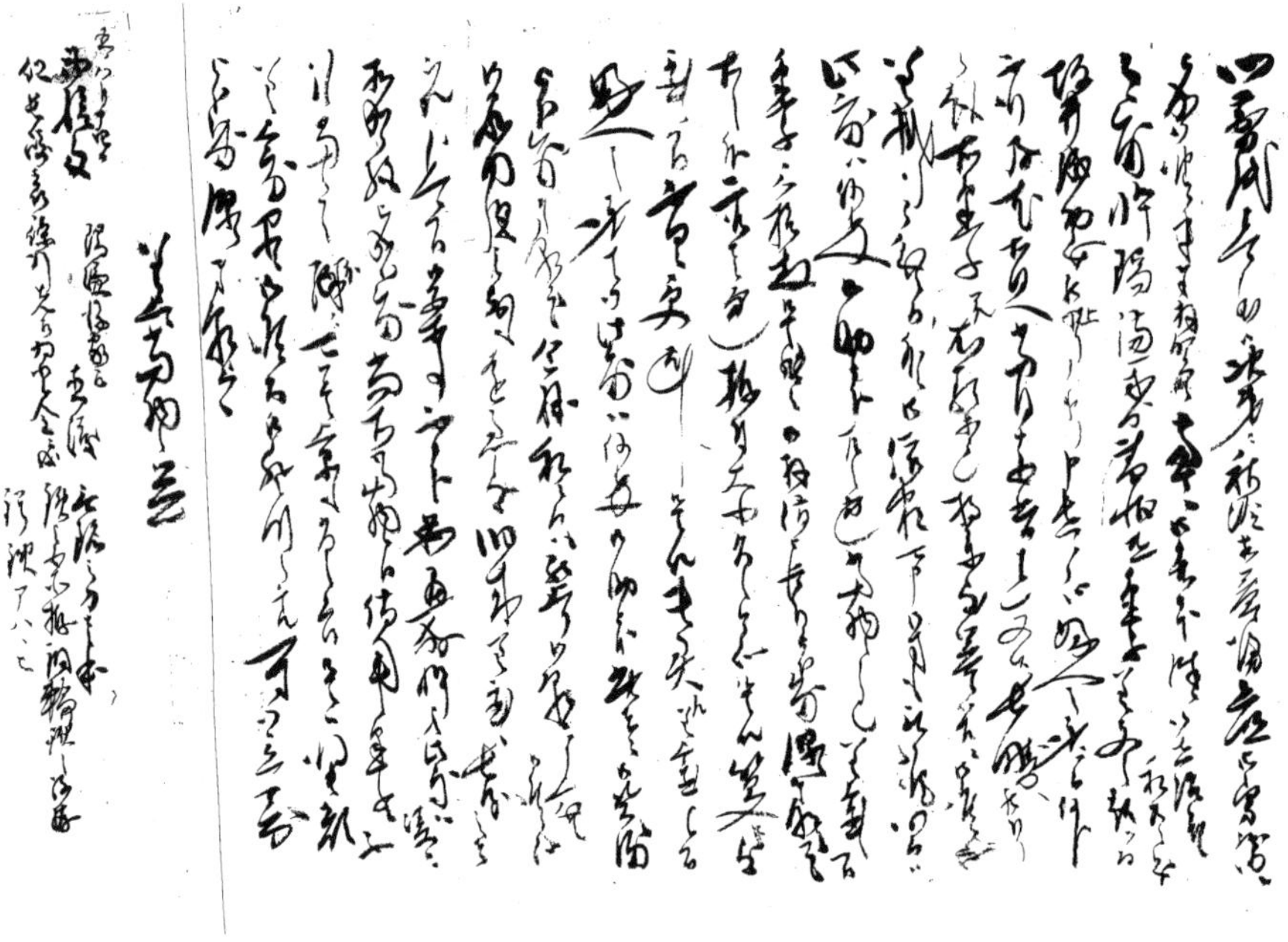

⑤
以前御紙申上候 然ハ次第ニ秋冷相益候得共 愈御勇勝ニ
被成御座候半 奉拝賀候 尚々御肴被下誠ニ御世話忝候
私共之義
今度悴瑞謙方より書状有 金子差支之趣ニ而
坂井成助義罷上り候折 申遣候ハハ 婦人之身ニ而何分
不行及尤右人当月十五六日迄叉候 長崎へ罷下り
候趣 右金子并衣類等迄持参致呉候筈ニ御座候
差掛り候義ニ而 外ニ 御依頼可申御方も無御座仍而ハ
此度ハ何卒 御助被下 左之通当物迄差上置候間
金子三拾両是非々々 御拝借被仰付 被下度深々奉願上候
右之外最壱通拵付大小 名しらず是以質入ニ致
置候間 不日ニ受返し是以貴君江差上置申候間
婦人之身と而 此度ハ何卒 御助被下此者ニ御貸渡
被下度 奉願上全躰私ニ而も罷上御願ニ申上義ニ御座候
御家内様之前も遠慮致 旧来差置候長屋之者
ヲ以申上候間 御安事不被下 萬愚成悴之此度ハ淩ニ
相成候様 被成下度 尚右当物ニ付 借用金子ニ不
引当候ハ、 外ニ可差上品も有之候間 是ハ得 貴殿
差上度 品々御座候間 御登町之節 一寸御立寄
被下度 深々奉願上候

差上候 当物之覚
一丑八月十四日　瑞謙後家江・・・・☆瑞謙の妻（済治の母）
弐拾両　直渡　無銘之刀壱本
但長崎表修行先江為登金ニ致　鉄之白所拵銅輪鉄之緑拵
鉄鍔アハ、ヒ

一 備州長船盛光之刀壱本
粒身フエ巻之鞘入
但是ハ銘聢と不相分

一 無銘之脇差拵付壱本
鉄緑頭模様月ニ柳小家
弐つ程
目貫鳩
鉄スカシ鍔切刄金カケ

一 備州長船勝光拵付
脇差壱本緑頭赤銅
梅彫
鉄鍔梅ニ月彫
目貫銀五つ所

一 兼元拵附ノ脇差壱本
赤銅ニ雲之彫
目貫赤銅之両龍
鉄鍔月ニ兎之スカシ
切刄金掛ケ

一 鎗短と不分 拵附脇差壱本
鉄之緑頭取合頭蝶
緑流ニ鴨
鉄鍔暦斗ニ
散紅葉ニ

一 関兼松之短刀壱本
粒身

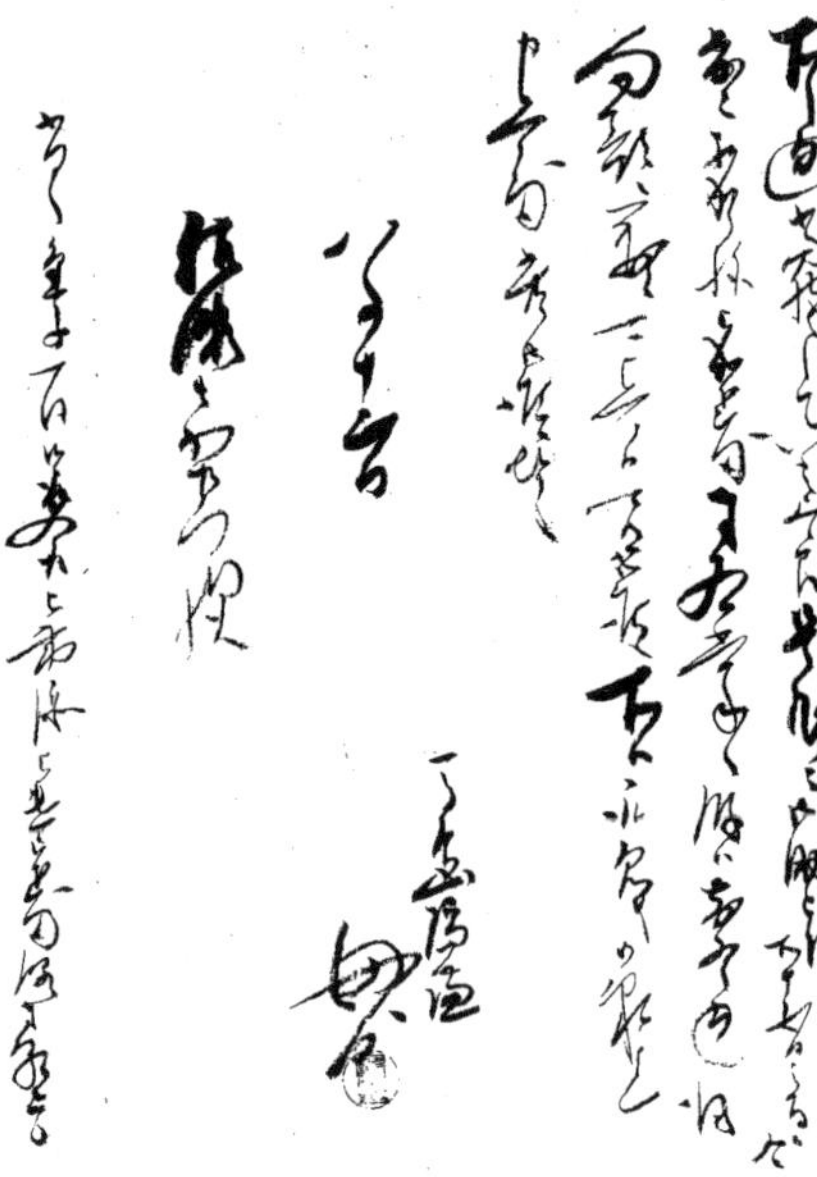

大小七本
右之通 当物として差上候間 是非々々御助被下
右十五日之間ニ仝
前ニ相成候様 被成下度 奉相掌候餘八前文之通得
向顔ニ萬々可申上ニ付 可有御座候 右ハ取急キ御願迄
申上度 如此御座候　頓首

馬島瑞謙

母より㊞

八月十二日

佐瀬嘉左衛門様

尚々金子一同御受取被書添 被遣被下度深々奉願上候

※註　瑞謙は四十八歳他界（安政六年）「母より」済治の祖母に当たる証文のなかに「金子三拾両是非々々 御拝借仰せ付けられ下され深々願い上げ奉り候」とある。丑年とは慶応元丑年である。

☆会津で初めての海外留学（小松済治）関係文書

文書の馬島瑞謙の母とは瑞延の妻、悴瑞謙方より書状があり

父瑞謙は四十八歳他界（安政六年）叔父瑞園にお世話になる。

（一七八三－一八三〇）（一八一一－一八五九）（一八四七－一八九三）
馬島瑞延―馬島瑞謙（長男）―馬島済治（小松）和歌山藩士戊辰後改姓
慶応元年（一八六五）に十八歳で長崎へ
　　　　　　　　　　｜
　　　　　　　馬島瑞園（次男）
（一八二四－一九二〇）大正九年没

馬島瑞園は会津藩御側医師で馬島瑞謙は兄にあたり、兄の子息（馬島済治）が長崎に蘭学・医学の修行に行く際の拝借願である。

父瑞謙が早くに他界したので、祖母が丑八月（慶応丑元年）拝借の当物（担保・当物）として刀、大小七本差し出している。

「後家直」渡しとは済治の母へ渡す事であろう。（母の縁者は郡山市）坂井成助とはどのような関係の人であろうか。

叔父、馬島瑞園は会津において御側医をつとめ且つ、藩校日新館医寮教授をつとめ、吉田松陰が会津に来た時（嘉永五年（一八五二））共に酒を酌み交わしている。

大正九年九六歳没である。南摩綱紀より二歳年上であった。

このことについては野口信一著の『えりすぐりの歴史』にも記述されている。戊辰戦役にて多くの証文が残っている。京都勤番の藩士への支援金の貸付証文など、城下の商人お抱え屋敷証文も多く残っている。その詳細は古文書研究会平成九年、十三年の目録にある。

6、代田組島村の社人武藤薩摩守（武藤家へ縁組）

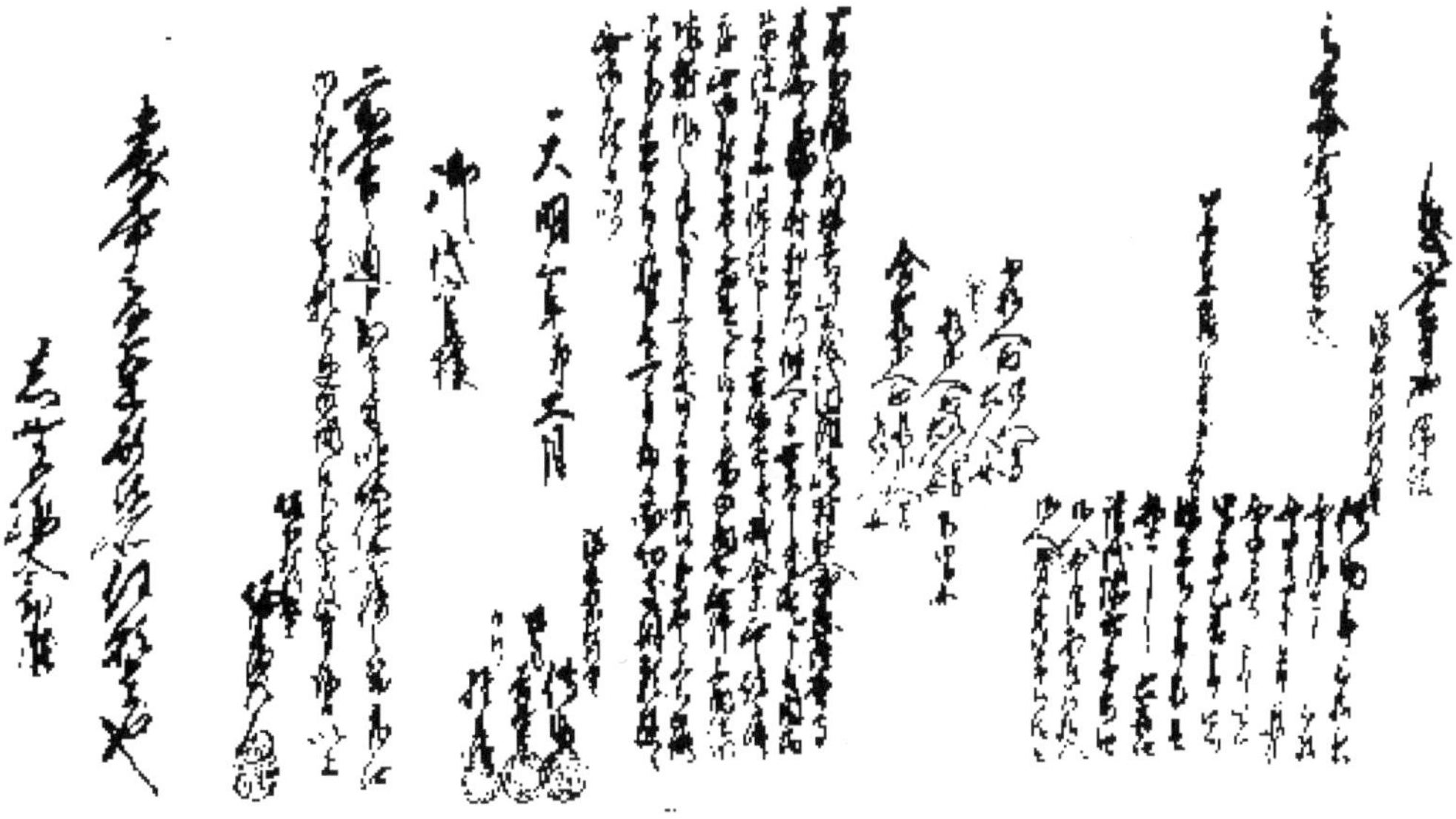

⑥恐れ乍ら書付を以て御訴訟★〔縁組文書、拙家の屏風の下張りにあった〕

高七拾弐石　福原新田村肝煎　傳助　年　三拾六
女房　とし　三拾
女子きよ　年　壱弐
女子わくり　年　七ツ
男子乙吉　年　四ツ
妹しち　年　廿壱
母　年　六拾
譜代弥六　年　廿四
同人女房わき同　拾八
同人弟半次郎同　拾九

下し置かれ度此者養女御暇願上奉り候

小拾人内　四人男　六人女
外ニ
拾弐人内　六人男六人　女下男女
合弐拾弐人　拾弐人男　拾人女

右分限の内妹しち、此度代田組嶋村社人武藤薩摩守養女に　西城戸村卯衛門仲人にて　貰い申すにつき遣し申度内約速（約束）仕り候間　御訴訟〔お願い〕申し上げ候、右味進（未進）ならびに掛り金等無の跡の障りも御座無く候、右の者遣し申し候ても当納所滞り無く上納仕り田地耕作の手支申上間敷く候間、願い奉り候通り右のしち御暇下され置候は丶　有り難く存じ奉るべく候、尤切支丹類族に御座無く候、以上

天明三年卯十一月

福原新田村肝煎　傳　助
地首　善九郎㊞
同断　権兵衛㊞

御代官様

※註　高七拾弐石〔七町の耕作〕無役高〔年貢免除〕と割元御役所に記してある。
★御訴訟・・・・強い願い　★代田組嶋村社人武藤薩摩守は嶋村の宮司武藤家

7、旧給田耕作と肝煎復帰願

1、

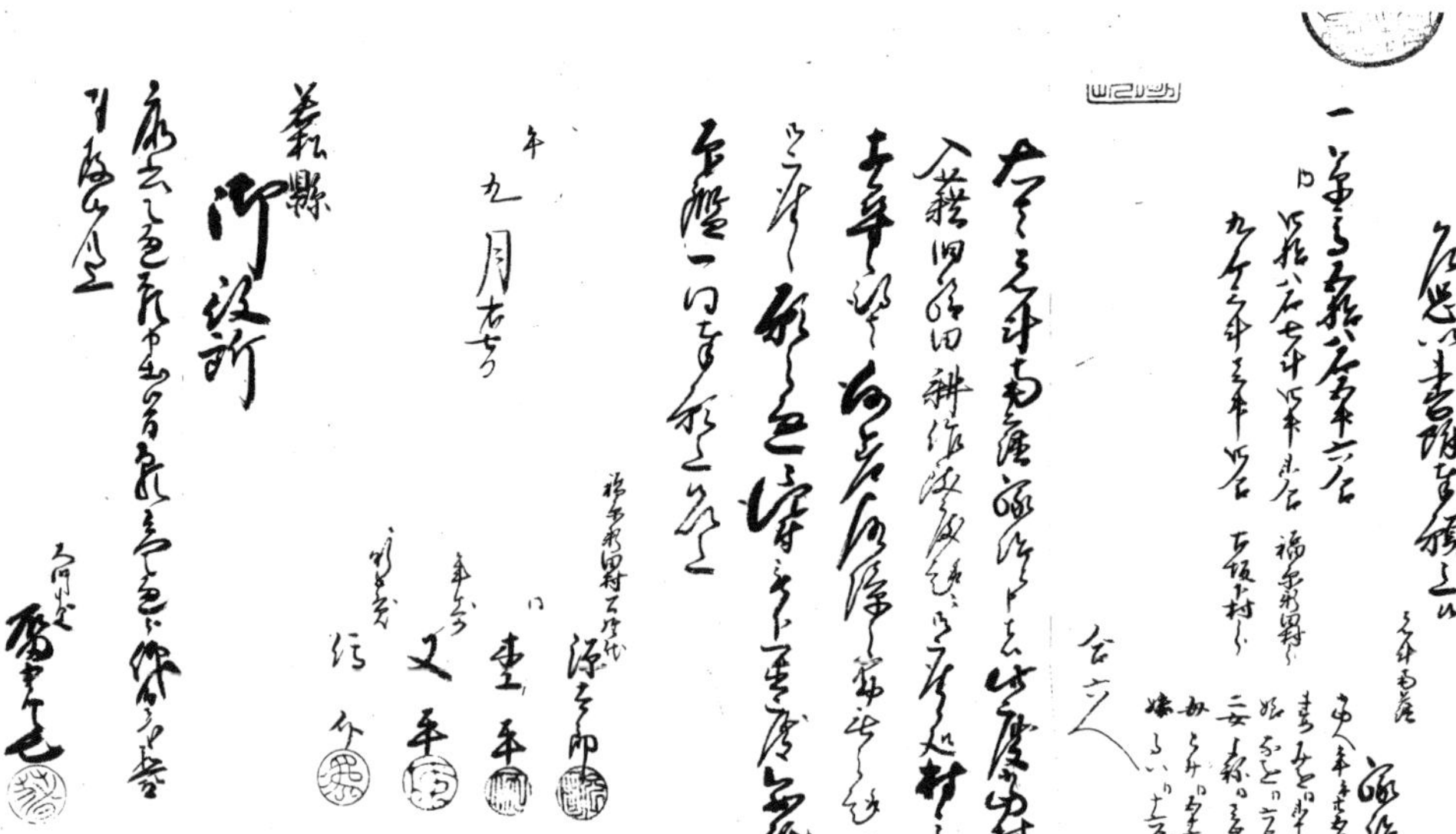

⑦ 乍恐以書附奉願上候

印 割り印二ヶ所あり

一草高五拾八石五升六合

内 四拾八石七斗四升弐合 福原新田村分

九石三斗壱升四合 古坂下村分

元斗南藩 縁治（縁蔵）

当人年 午 廿五歳

妻 みを 同 弐拾歳

娘 なを 六歳・・熊鉄妻

二女よ祢 同 壱歳

母 とみ 同 五十六歳

妹 るい 同 十六歳・・傳八妻

合 六人

右は元斗南藩 縁治と申す者 此度当村へ入籍旧給田耕作致度き趣に御座候処 村方相尋ね候得ば 何差故障の筋これ無く候 趣に御座候 願の通り仰せ付けられ下し置かれ度 別紙印鑑一同願上奉り候以上

午

九月廿七日

福原新田村百姓代 源太郎㊞

同 杢平㊞

年寄 又平㊞

肝煎 傳介㊞（傳八）

若松縣

御役所

前書の通り願い申し出候間 願意の通り仰せ付けられ下し置かれ度存じ奉り候以上

大肝煎 石田五郎七㊞

※註 前掲 妹るい 十六歳・・傳八妻 迂生の曾祖母に当る。

明治三庚午年九月元斗南藩より復帰願

8、

⑧ 恐れ乍ら書附を以って願上げ奉り候
當村肝煎の儀は元より佐瀬傳助家にて代々
津川検断上の席苗字御免にて相勤られ村
中気心渡致罷り有り候 尤同家祖佐瀬嘉左衛門徳正
と申人の開村にて當村菩提所に一寺をも建立し
直に名乗字を寺号に用ひ徳正寺と唱え申し候
右申し上げ候通り 代々引続き村長の家等に御座候処
當家主傳助迚も人柄実躰書算も出来
村中用致し候上仮役をも仰せ付けられ相勤罷
在候 開闢の家柄にも御座候得は肝煎り役
の儀は此仁へ御据置き下し置かれ度運名
誉に願上げ奉り候左候へは 人気も据り一村
平治仕るへくと存じ奉り候間 何卒 御尊
慮を以って右願の通り仰せ付けられ下し置かれ度 深々
願上げ奉り候 以上

坂下組
福原新田村

午
二月

彦四郎㊞
六兵衛㊞

孫　吉㊞
新　助㊞
吉之助㊞
傳九郎㊞
孫治郎㊞
傳右衛門㊞
常三郎㊞
平　吉㊞
亀　吉㊞
傳　吉㊞
藤之助㊞
藤　吉㊞
吉　六㊞
孫　内㊞
孫　助㊞
辰太郎㊞
又　吉㊞
市右衛門㊞
新　兵衛㊞
吉治郎㊞
吉右衛門㊞
善四郎㊞
五右衛門㊞

久　吉㊞
勘左衛門㊞
藤三郎㊞
忠　助㊞
庄　吉㊞
久左衛門㊞
権十郎㊞
老百姓
源太郎㊞
権　蔵㊞
杢右衛門㊞
幸右衛門㊞
地　首
兵左衛門㊞
又兵衛㊞
當分助勤
市兵衛㊞

若松縣
御役所

※註　明治三年庚午二月に若松県に提出した文書のちに当村の肝煎は佐瀬傳八がなる。（若松縣管轄人員録）

9、

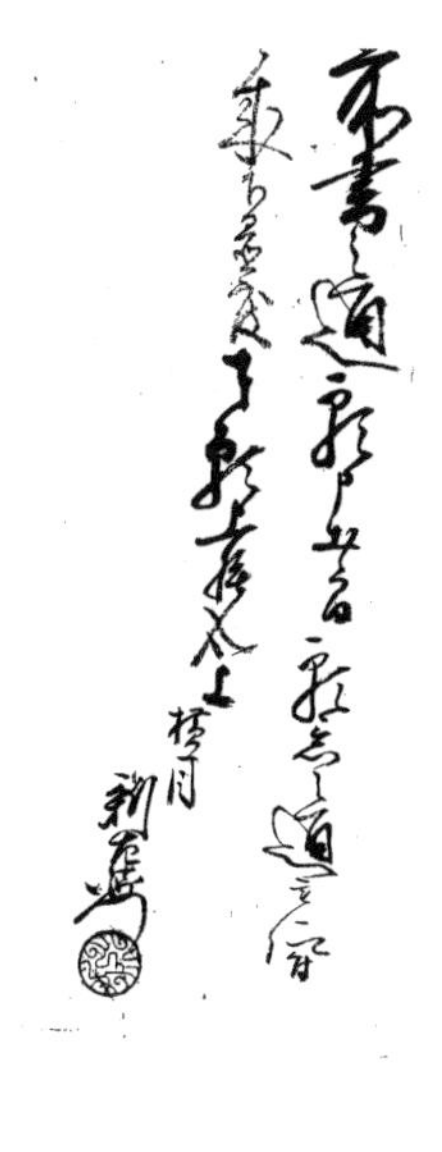

⑨
乍恐以書付奉願上候
私共組合ニ而福原村傳助と申者村方開基家
筋之者ニ而此度肝煎役被仰付被下置度旨村中連印
を以奉願上候処　同人義生得諄相成ニ而御用弁ニ
も相成者ニ御座候間　別紙村方より奉嘆願候通
肝煎役被仰付被下置度私共一同奉願上候以
御哀憐右奉願上候通被仰付被下置候ハハ　一同
難有仕合ニ奉存候以上

午
二月　　坂下組下茅津村肝煎　五郎左衛門㊞
〃　東原村　〃　冨右衛門㊞
〃　細工名村　〃　惣之助㊞
〃　海老沢村　〃　七左衛門㊞
〃　下新田村　〃　庄八㊞

若松縣
御役所

（裏書）
前書之通願申出旨願意之通被仰付
被成下置度奉願上候以上
横目
新左衛門㊞

10、河沼郡会津坂下町大字福原の検地帳について

延寶元年（一六七三）『稲河領福原新田村御検地帳』（土地台帳）

表紙と検地役人　藩祖保科正之入部（一六四三）後 三十年目

⑩

延寶元年　新田帳

稲河領福原新田村御検地帳

上鏡共

丑ノ　紙数拾三枚

十月十五日

裏書

延寶元年（一六七三）

丑ノ　中田六太夫㊞

十月十五日　戸田甚助㊞

外嶋勘助㊞

冨岡久兵衛㊞

前記の福原村の延寶元年（一六七三）、三百三十五年前の新田検地帳（土地台帳）。一代三十年として約十一・二代前の方（弐拾六人）の名前が記されてある。開村後五十五年に当る、字名とごく小さい田地、畠の様子が窺える。

凡て下田であり、やがて中田、上田などになり、その後に耕地は本田と新田となる、藩政時代の年貢「一村の年貢割符状・免相」にみられる。

この検地帳合壱町九反九畝弐拾六歩（分米合弐拾石五斗四升五合）の外にも多くの田地が当時はあったことでしょう。

当村には享保年代の水帳（検地帳）はある。当村より十年ほど遅く稲川領中海津新田村（今の中新田）には寛永十四年（一六三七）八戸にて開田開村された村ですら延寶元年には百拾弐石弐斗壱升八合の石高であったことが記されてある年貢割符状を見ると、左記の検地帳は福原新田村の水帳（検地帳・土地台帳）の一部であることが判る。

11、

⑪　壱年切御抱夫丸御請状之事

一金壱両壱分ハ、夫丸壱人前為御給金受取申所、実正ニ御座候
若御法度之儀、兼而委り奉存候間、少茂相背申間敷候事

一取逃、欠落或ハ病気不届之筋ニ而、御暇被下置候者、何分にも
従　御公儀様被仰付次第屹度埒明可申候、若病死仕候
ハヽ、掛之日数請人罷出相勤可申候事

一御法度之切支丹宗門ニ而、無御座候、浄土宗ニ而、当村徳正寺江
代々参拝仕候事

右之條々少茂相背申間敷候、若違背仕候ハヽ、肝煎地首受人
共ニ如何様ニも可被仰候、屹度埒明可申候、為後日仍而如件

坂下組福原新田村夫丸
伊　之吉㊞

寶暦十三年未四月

同村請人
伊右衛門㊞
同断
杢右衛門㊞
地首
善　九郎㊞
同断
権　兵衛㊞
肝煎
傳　助㊞

夫丸御役所

前書之夫丸請人共慥成之者御座候間、御抱被
下度奉存候、若相違之義ニ御座候ハヽ、私へ被仰
付候、屹度申付為埒明可申候、以上
表書之通任者也　（裏書）

※註　壱年切御抱夫丸御請状之事（金壱両壱分が城下での給金、当村の伊之吉、御公儀より、夫丸役所・・人足手配役所）

12、

⑫　恐れ乍ら口上書を以て願い奉り候　（読み下し）

福原新田村 高六百九拾三石余之当六月廿三日之洪水にて
当村領分鶴沼川筋 川除土手数ヶ所押し切り 田畑并
居村迄 水附甚相い痛し申し候につき 御願い申し上げ候処 御見分
の上 此度川除御普請仰せ付けられ下し置かれ 其御筋より御杖
突衆 遣され段々御普請企て申し候処 全躰養水
堰希た欠落 呑水も御座なく養水の差支に罷り成り
勿論居村囲の土手押し切り申し候得は 少々の増水にも
水押込み申し候故 此度御普請成就仕らず候ては 居村へ相
障り申し候にさき 御願い申し上げ候 御見分人足八百七拾壱人御
割符 仰せ付られ自村百石百人の外組人足加人足の分共
に残らず村中より差出 相勤申すべく候間 所々川除御普
請人足御用捨 成し下し置かれ度願い奉り候 御考弁の上
　御慈悲を以て願い奉り候通 仰せ付けられ下し置かれ候は、
人足出精相勤御普請急に成就仕 深々有り難く
存じ奉く候以上

酉七月

福原新田村老百姓の
　　　　吉三郎㊞
同断　　文　助㊞
地首　杢右衛門㊞
同断　　善九郎㊞
肝煎　　傳　助㊞

御代官様

★註　安永丁酉六年六月廿三日の洪水（一七七七）の川除御普請について八百七拾壱人の人足

13、

⑬

乍恐以書付御訴訟

私義去九月中　小割銭元ニ

此度夫丸郷中間与内金請拂役被仰付奉承知

相勤罷在候然所私親ハ

然所私儀親ハ病死仕倅九才ニ罷成壱人勤ニ而大勢

之百姓共支配仕候得者御城下江罷登り跡ニ而も御用

指支申候殊ニ海道筋ニ罷在御用繁多ニ御座候而

小割銭

漸相勤申候上与内金請拂兼役仕候而ハ御用

奉存候間

犇と指支候儀顕然ニ御座候而恐入至極ニ奉存候

小割銭

御願申上候右夫丸郷中間与内金請払役御用

捨被成下置候ハヽ難有仕合ニ可奉存候以上

亥九月

福原新田村肝煎

傳　助㊞

宝暦六年子七月

御代官様

14、

⑭　乍恐以書付願申上候　　　願書控

福原新田村之儀 私先祖七代以前 佐瀬嘉左衛門と申者
元和年中 以自力新開発仕 或者所々之浪人
者引入 切開候村方ニ而 高七百三拾石余迄ニ相成申候
處鶴沼川遍ニ而 川欠等ニ罷成 当時御高六百八拾三
石余ニ罷成申候 且又乍恐
御当代ニ罷成候而も 御免相三つ四分成りニ而 久年居り
其後四つ弐分成り迄ニ相成候而 数拾年之間居り申候所
段々御免相登り当時ニ而 五つ弐分五厘ニ罷成作徳
少ク罷成連々困窮仕 殊ニ度々之洪水ニ而 石砂入
甚相痛右御高之内 三拾年以来百七石余之無毛
地出来仕 甚恐入奉存候 且又先祖開発之御高
掛少仕甚気毒ニ奉存候ニ付 御願申上候 石百七
石余之内 五拾壱石余来未年 壱ヶ年免壱つ成翌
申年より当年迄五ヶ年半御収納御手当作 被仰付被下置候
ハヽ、村中江配分仕 開発為仕度奉存候 尤夫食農
具等所持不仕者共へハ 私才判を以貸渡耕作可為仕
候間 右石砂入高数御用捨之地所ニ御座候間 御勘弁之上以
御哀憐奉願候通 被仰付被下置候ハヽ、五拾壱石余之御
田地為生帰 於私難有仕合ニ可奉存候 尤来春
者作立も早ク 御座候間 種子籾并やしなひ農具
夫食等之心掛をも為仕度奉存候間 急ニ御下
知被成下置度奉願候 以上

天明六年午十二月　　福原新田村肝煎　傳　助

御代官様

15、

⑮

覚

一　女壱人　水戸様御領分稲田郡
　　　　　稲田村久米七娘
　　　　　　きみ　年四十七歳

右之者当国　柳津村虚空蔵
尊江為参詣正月十日在所
出起当月　廿一日当村領分途中
ニ而病気ニ付早速宿申ニ付薬用致し
候処 段々快方ニ付何卒所生稲田村江
罷帰度候得共　路用毛無之其
上未タ歩行不自由ニ而□□
　□□□願出委曲
役筋江申達候上差起申候
道筋之村々病躰御見届之上
相変儀も候ハヽ　其所江御留置薬
用御差上可被成と奉存候　尤右
相変候儀無之候ハヽ　先之御送可被
成若又申齪齬致右村
之者ニ無之候ハヽ　其所へ留置
天朝御触面之通　御任懸可被成候
儀と奉存候　以上

　　　　　岩城国川沼郡
午三月　福原村肝煎佐瀬傳八
　　岩城国河沼郡福原より
　先々水戸様御領分稲田郡稲田村迄
　　右道筋村々
御役人中

16、

乍恐以口上書奉願候　★原文略

高四石六斗壱升四合　此高村中配当耕作仕申候

福原新田村

此者中病之病身ニ而　小左衛門年六拾七

歩行不罷成候

此者八年以前眼病　女子きよ同三拾三

相煩盲目ニ相成申候　孫　丑松とし拾弐

小三人内　弐人男

壱人女

右小左衛門義　家内死禿三人分限ニ罷成申候所　病身者ニ而御田地耕作不罷成　持高之分村配当ニ致耕作仕候　尤小左衛門義代々極窮者ニ而　幼少之時より身ヲ売身代給金を以家内漸相続営罷在申候所　去々丑年中病之病身ニ罷成歩行不罷成　女子義ハ八年以前より盲目ニ相成親子共ニ働不罷成　及渇命ニ申躰ニ御座候所約介可仕諸親類も無御座候故　五人組之者共并村中廻り扶持など為給置申候得共　余り永々之義ニ而　殊ニ当年之義　夫食一切所持不仕一己之凌さへ罷成兼　申候ニ付　此上約介可仕様無御座旨願出申候ニ付　乍恐無據御願申上候

以御慈悲

右小左衛門并女子きよ両人之者共江　貧人同前之御貸米被仰付下置候ハヽ　為凌飢寒

難有可奉存候　以上

天明三卯十一月　小左衛門五人組

善右衛門

同断　冶兵衛

同断　徳右衛門

同断　助三郎

老百姓　久左衛門

同断　権右衛門

地首　善九郎

同断　権兵衛

肝煎　傳　助

御代官様

17、乍恐奉言上候　平吉嗜達之控　★原文略

福原新田村百姓平吉と申者　持高弐拾八石余外ニ　他村より当村へ　定入作高弐石三斗余　合高三拾石余之御田地耕作仕　且男子三人ヘ娵を取り　家内四夫婦ニ而　拾人分限　馬弐疋江　去子　年出生之馬壱疋有之　飼馬三疋御座候而　相応ニ　営相続仕罷在候処右平吉并倅吉次郎両人共ニ　人柄別段成者ニ而　家内村中江　睦敷御年貢　米金皆済方ハ勿論　諸上納物　凡而期日を不欠　諸人ニ先達　上納候　倅吉次郎儀者　農隙之内村人之子供を預り手跡之指南仕　殊ニ　其身実直之生質ニ而　一己行跡を嗜　村中江之交誼敷親子共ニ　稀成所行之者ニ　御座候而　難打置　乍恐御披露申上候誠ニ以　村内之鑑ニも相成候程之者ニ御座候間　何分厚御称被仰付被下置度奉願上候　則高分限附紙ニ差上申候　以上

文化十二年亥二月

鍬首　市兵衛

鍬首　伝九郎

鍬首　新兵衛

鍬首　吉　六

地首　助左衛門

地首　権　蔵

肝煎　佐瀬音吉

御代官様

18、

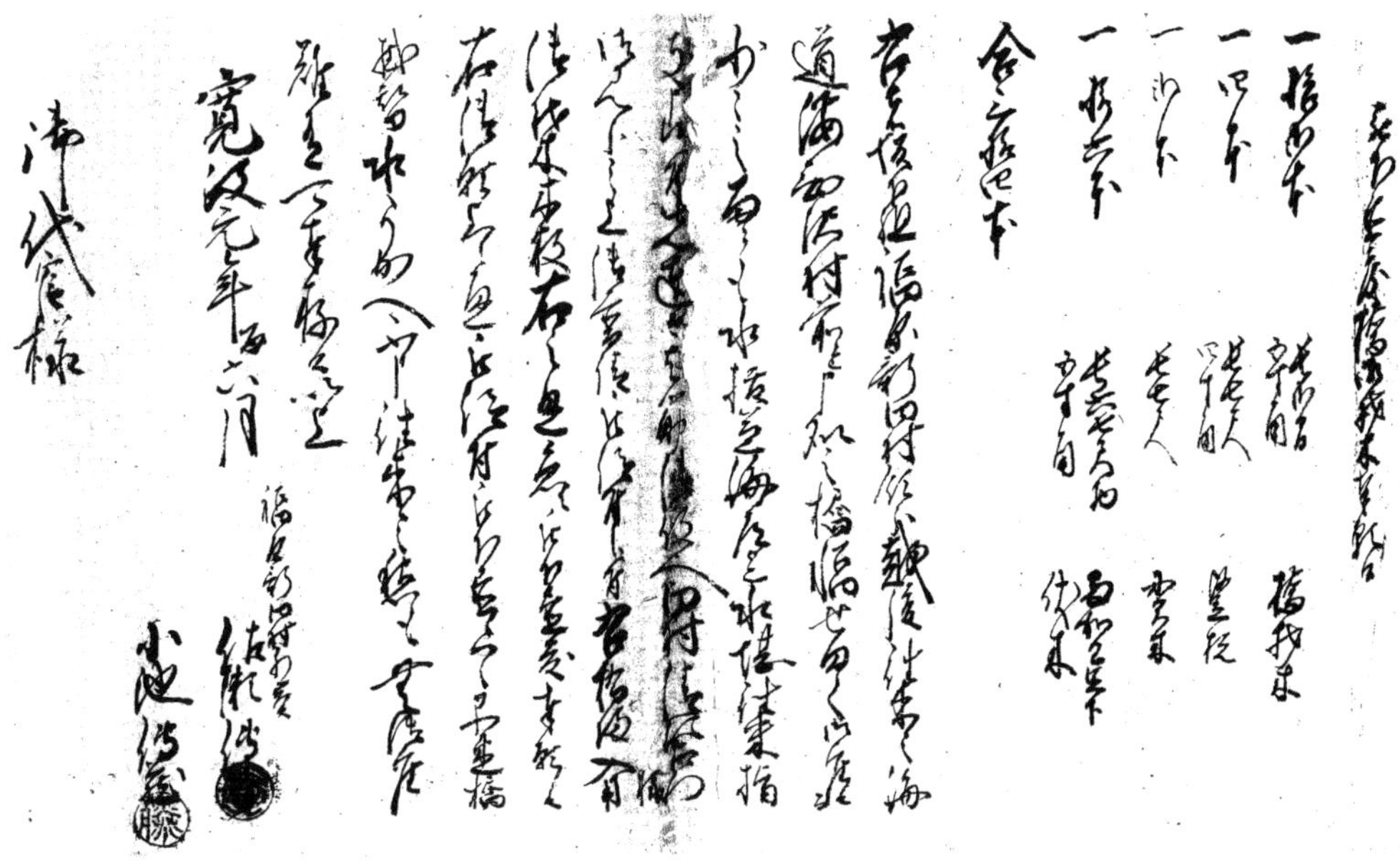

⑱

被下置度橋御材木奉願候（拙家の屛風下張にあった文書）

一 拾弐本 長弐間五寸角 橋材木
一 四本 長七尺四寸角 竪杭
一 弐本 長七尺 貫木
一 拾六本 長六七尺物五寸角 満加わ足下伏木
合三拾四本

右は坂下組福原新田村領分 越後街道往来の海
道海老沢村前と申処之橋幅せ間く御座候処
少々之雨にも水抜兼 海道迄水堪往来指
支申候につき先達て其筋御役人 田村清次左衛門様
御見分の上 御普請仰せ付けられ候につき 右橋場入用
御材木本数 右之通急に下し置かれ度く願い奉り候
右の御願上候通り仰せ付けられ下し置かれ候はゝ早速橋
掛替水うかへ申さず往来の愁も御座無く
難有存じ奉る可く候 以上

寛政元年酉六月

福原新田村肝煎
佐瀬傳助㊞
小池傳蔵㊞

御代官様

※註
会津坂下町の金上小学校北の坂下南バイパス辺が旧越後街道であった。海老沢村南、熊野神社近くには一里壇（塚）があった。前掲は二百二十年前の越後街道の権利の証しの文書、若松城下より高久宿西「大川渡し場」までの道は東原村に公用街道権利があった。地元では殿様街道と云う。慶長の大地震（一六一一）以降より明治十六・七年頃まで、八田野・広田方面より、また高久・佐野より、宮古橋を経て坂下・塔寺・気多宮・七折・藤・野沢・津川へと続く道が新潟（越後）街道となる。しかし明治四十年代頃までは坂下・福原・開津・東原（八幡神社前通り）大川土橋・下神指・若松への往来が多かった。更に金上小学校運動会は東原の河原で行われた記録もある。

19、伊勢講中　八拾人の代参

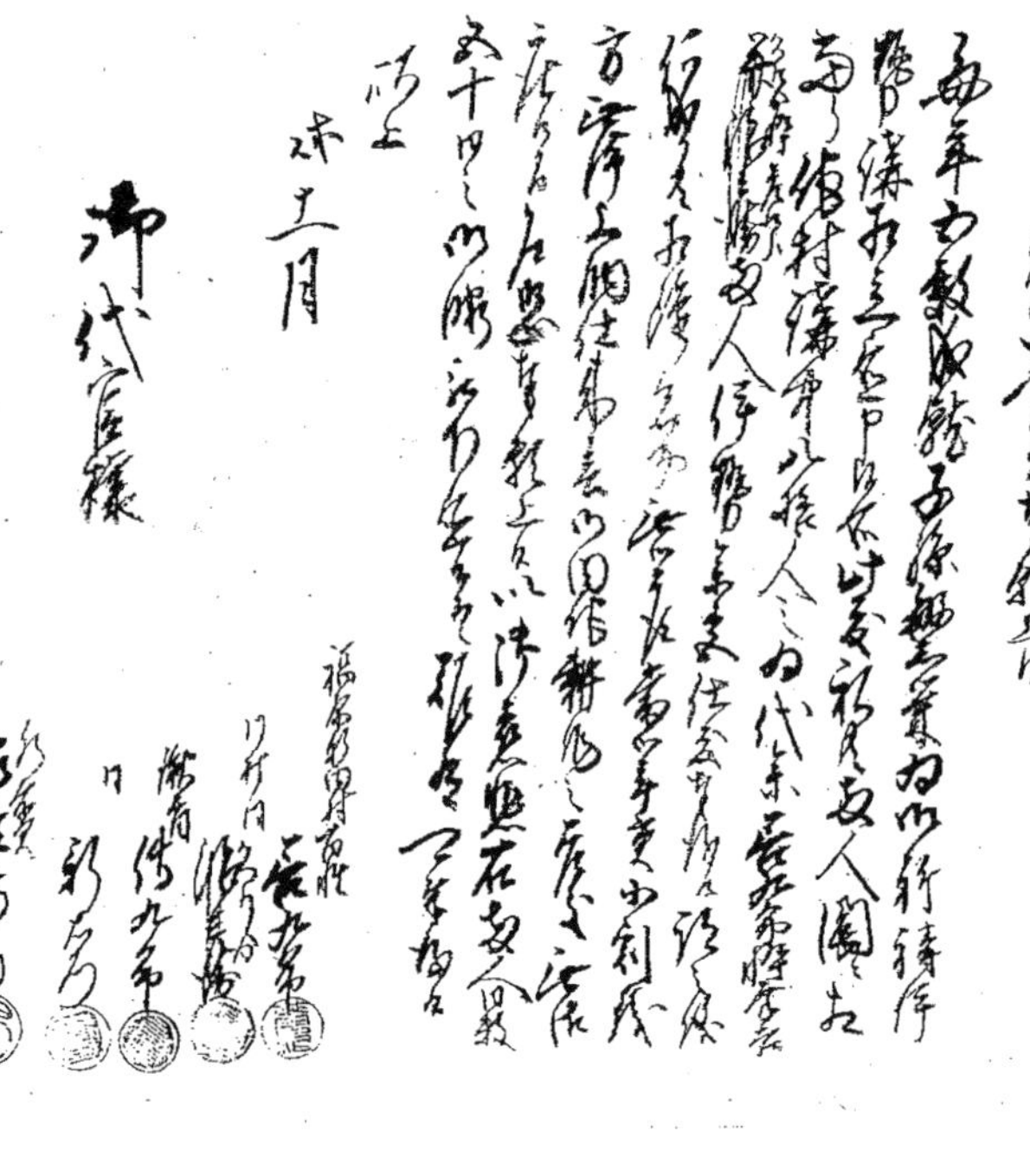

⑲

恐れ乍書付を以て願い上げ奉り候

毎年五穀成就子孫繁栄御祈祷として伊勢講相立置申候所 此度私共両人鬮に相当たり他村講中八拾人の代参として善九郎忰幸吉久左衛門忰彦四郎両人伊勢参宮仕り度存奉り候 跡の儀何成り共相障りの筋御座無く当御年貢小割銭方滞り無く上納仕り来春御田地耕作の差支御座無く候間恐れ乍願上げ奉り候　御慈悲を以て右両人日数五十日の御暇下し置かれ候は丶、有難く存じ奉り候

以上

戌　十一月

福原新田村百姓　善九郎㊞

同村同　久左衛門㊞

鍬首　傳九郎㊞

同　新右衛門㊞

肝煎　佐瀬傳助㊞

御代官様

※註　戌十一月は天保九年である。更に十二年にも伊勢参りに当村の傳九郎忰らが行き道中記がある。

20、他藩への手間取り通判願

⑳　差上げ申し御請書の事

此度当村吉松 文吉 幸助 石松 藤松
三治郎〆て六人の者共白川え手間取りに罷り越し
候につき三代口通判願い奉り候所参宮などにもこれ無く
歟の旨御吟味仰せ付けられ承知奉り候所右の者共
義毎年十一月十二月両月の内白川え手間
取りに参り申講当年茂参り度願出候間申上げ候
右の通り相違御座無く候 御吟味につき御請け差
上げ申し候以上

福原新田村鍬首
市兵衛㊞
同断
吉之丞㊞
地首
善九郎㊞
同断
権　蔵㊞
肝煎
佐瀬傳助㊞

寅閏十一月

御代官様

21、

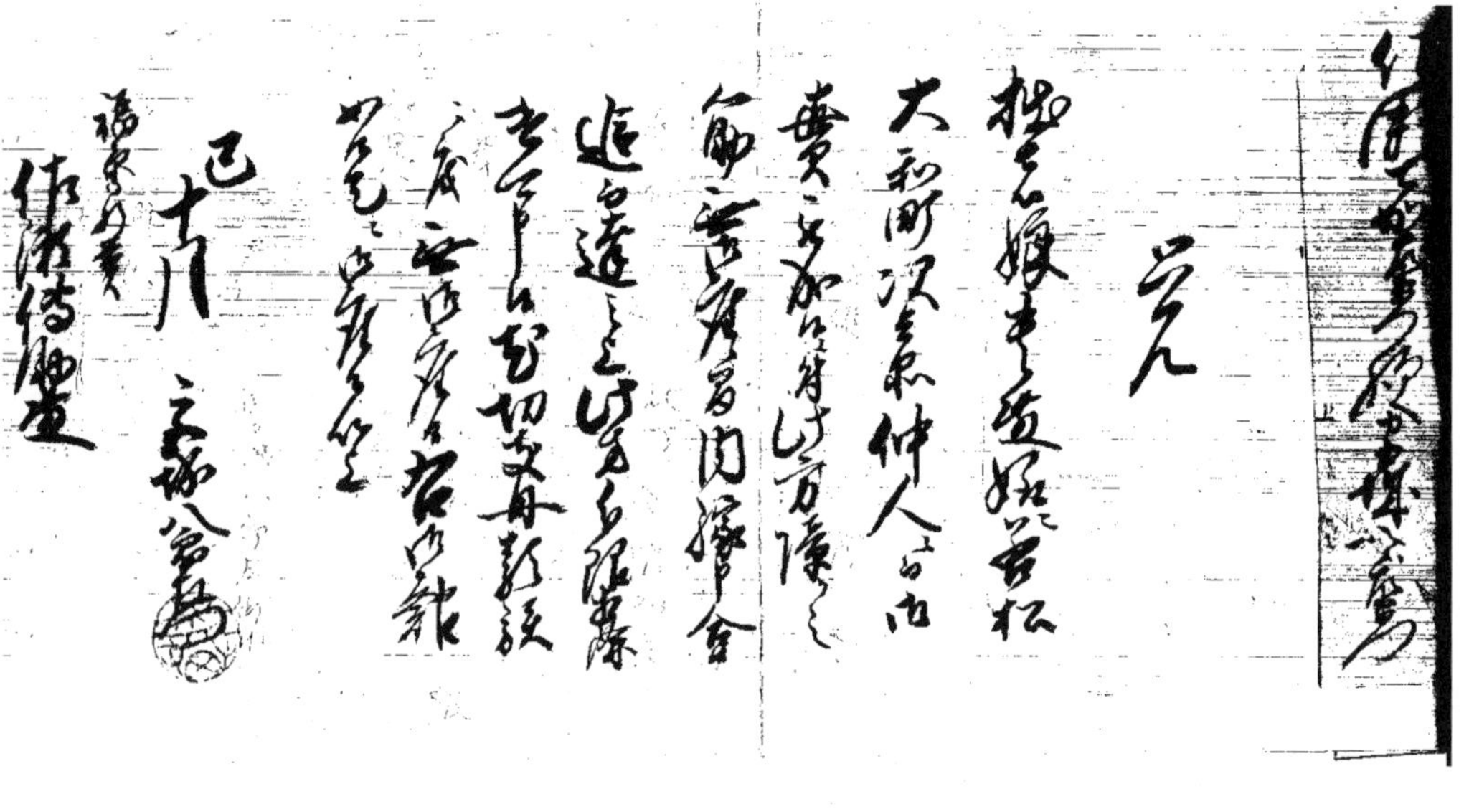

㉑

佐瀬嘉左衛門様　　宮城八郎左衛門

☆拙家の屛風の下張りにあった。

覚

拙者娘貴殿嫁ニ若松
大和町治兵衛仲人ニ而御
貰被成候ニ付此方障り之
筋無御座候間内縁申含
追而達之上此方分限相除
遣可申候　尤切支丹類族
ニ茂無御座候右御報
如是ニ御座候以上

巳　十月　宮城八郎左衛門㊞

福原肝煎
佐瀬傳助殿

※註　宮城八郎左衛門は木曽組の郷頭であり、拙家の系譜にも、宮城家の系譜にも記されている。同家より娘が二人、婿養子が一名縁付いている。

22、

㉒

御手紙啓上仕候　然者奥様御事
御養生不被為叶御死去被成候旨
為御知奉驚入吐口申上可様茂無之
御愁嘆之程奉察入奉絶無語
依而参を以御焼香仕候筈ニ御座候へとも
乍略義使者を以為御悔金五十疋
相備申候皆々様江可然御沙汰被下置度
奉願候右御悔申上度如斯ニ御座候以上

十二月二日

玉木治郎兵衛

佐瀬嘉左衛門様

※註　上条組郷頭玉木治郎兵衛は津川町の手前の野村の方

23、坂下組の代官所より「新年度の村人への申渡し」

★原文略

定

一　善行者御称願　正月五日
一　老養新披露　同　同
一　無跡代百姓高　同　同
分限人別書出し　且家移りし分計壱ヶ年限り
一　明松願　同　同
一　二夫食証文印形之事　同十五日
一　小割定数　正月より十一月迄毎月
　　廿二日納皐并七月を除キ
一　切支丹証文印形之事年賀之節
一　皆済手形受取連判帳　同
一　不足蝋代納　翌年分皆済之節
一　歩役用捨願　二月朔日
一　分限一紙　同　五日
一　歩役書出し　同十五日
一　有牛馬帳　同　同
一　作立目録　同　同
一　分限帳并三等書出し　同　同
一　博労札役銭　三月五日
一　足夫食願　同二十日
一　田植披露　植仕舞不日二
早速可申出候事
一　青作位付　土用入四日め
一　夫雑駄役銭納　六月十日
一　麦出穀書出し　同十五日
一　疫癘御手当願　同　晦日
一　三役金銭納　七月七日
一　新百姓并無跡代百姓願　同　十日
一　御年貢金納　八月より十一月迄
毎月四日十八日
但月賦書出し　八月朔日
一　町蔵収納　二百三十日め
一　郷蔵同　町蔵収納済
次第
一　稲揚披露　揚仕舞不日二
早速可申出候事
一　祝金利納　十月十五日
一　定数皆済　十一月廿五日
一　身売新古共願　中吟味之節
并皆済未進切　一　日
一　米金皆済　十二月十日より
同　十二日迄
一　諸筋出役宿数書出シ　毎月朔日
但有無共二可申出候事
一　諸人足召仕高　十二月十五日
　　二通り
一　二夫食小面　皆済之節
但内割諸費之分共ニ一同弐ヶ年限り
弐通り
一　惣益溜金講　毎月廿二日
但皆済十一月廿五日　納
以上
　　辰正月　御代官所印

※註　地方御家人、佐瀬家の無役高・独礼席

『慶応年間会津藩士名録』地方御家人の内、独礼席は十八戸

艸高四拾八石二斗七合　問屋元締役村方支配役上三宮瀬戸方任役兼務
五目　　三浦文右衛門
艸高四拾二石七斗七升五合　猪苗代　小林兵右衛門
艸高十一石七斗四升八合　神指　古川傳内
艸高廿八石六斗七升一合　上野　上野彦松
弐拾俵　入田付口御留番人兼務
入田付　三浦友八
四石二人　村方支配兼務
入田付　三浦順治
艸高四十三石四斗六升一合外七石八斗一合
福良　武藤善四郎
艸高十四石一斗三升一合　塔寺　金子左兵衛
艸高七石五斗二人　村方支配兼務
中地　平塚泰助
艸高五十八石五升六合　村方支配兼務
福原　佐瀬　縁蔵（嘉左衛門）
艸高四十二石　慶徳　小澤喜兵衛
六石二人　若松　相田八郎右衛門
艸高廿石八斗七升　北柳原　鈴木辰之進
百石　越後御新領　塚原勝七郎
三人　本郷　水野徳蔵
六石二人　鹿瀬　塩野門之助
艸高廿五石四斗四升四合　小荒井　斎藤粂之進
艸高廿五石八斗六升三合　新町　武藤栄蔵

獨禮席は以上十八人　外に百四十余人の地方御家人が記載されている。

★（独礼席とは藩主と一人で謁見できる班席）『加藤長四郎調査より』

※註

天明の飢饉やこの年の七月十六日の洪水により田地に石砂入りに付き嘆願「開村以来、佐瀬家は、当村福原新田村肝煎役を勤め、且つ地方御家人藩士であったが、戊辰戦後、肝煎職を除かれ謹慎の身になりのちに斗南藩士となり、廃藩置県により明治三（庚午）年二月、自由の身となったが斗南藩（下北半島）へは移住しなかったので、佐瀬縁蔵（佐瀬傳助・縁治）通称嘉左衛門（開村碑には加左衛門）を従来通りに肝煎の任に成って欲しいと言う村民の連判書を当時の若松縣役所に出願したときの書付である。上記戸数は四十軒

「明治二（己巳）年二月河沼郡坂下組福原新田村高分限帳」

「明治三（庚午）六月の岩代国河沼郡福原新田村戸籍」

「明治十年一月福島縣第十四区福原村戸籍」

「明治四（辛未）年の若松縣管轄人員録」によれば第十九区坂下組福原新田村とあり、当村の村役人は肝煎佐瀬傳八・年寄佐藤又平・百姓代菊地杢平と記載されている。以前の村役人は肝煎一人・地首二人・老百姓数名であった。代官所への願書などは左の古文書のようであった。


百四十三年前の当主の名前、村の戸数は四拾二軒であった。

人口二百二十三人、馬参拾壱疋、養水堰二ヶ所、加水堰壱ケ所と記載されている。福原村と称するようになったのは明治八年からである。

当村の村名の変遷は左の通り
当村で最も古い文書には「稲河郡之内福原新田之事」の表題で開村当時（元和九年（一六二三））から寛永年間の様子を窺える資料がある。

稲川郡福原新田村之事 河沼郡坂下組福原新田村は藩政二百二十六年の永い時代の村名である。岩代国河沼郡福原新田村　明治二年より
若松縣第十九区坂下組福原新田村　明治四年より
若松縣第大三区四小区福原新田村より福島縣第十四区福原村
河沼郡金上村大字福原村　明治二十二年より
河沼郡会津坂下町福原村　昭和三十年四月より・・現在に至る。

二、当村の菩提寺関係史料について

1、

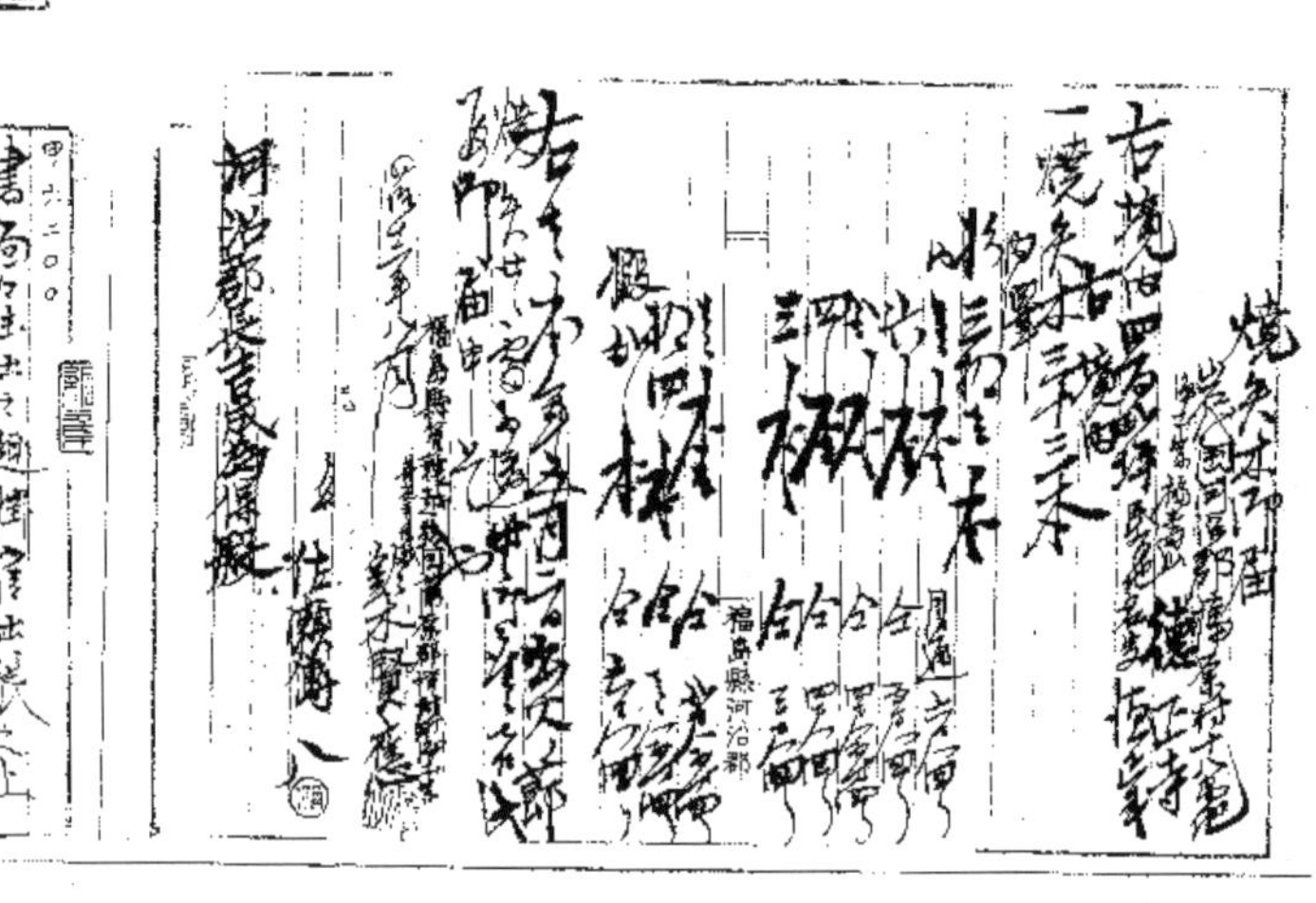

① 焼失木御届

岩代国河沼郡福原村十八番地
浄土宗福寿山　徳正寺

右境内四百弐坪民有地名前　徳正寺
右境内
一焼失木三十三本
内譯
杉三拾壱本
内壱本　目通六尺回り
六本　仝五尺回り
弐本　仝四尺五寸回り
四本　仝四尺回り
三本　仝三尺回り
壱本　仝弐尺五寸回り
拾四本　仝壱尺五寸回り
椴
弐本　仝六尺回り
右は本年五月二日出火ノ節
焼失仕候處相違い無御座候ニ付此
段御届申上候也
福島縣管轄越後国蒲原郡津川町浄土宗
善光寺住職　鈴木賢應㊞
明治十二年八月　戸長　佐瀬　傳八㊞
河沼郡長吉成為保殿

甲六二〇〇　書面届出之趣掛官張之上
何分ノ儀可為及指揮事
明治十二年八月十九日
河沼郡長吉成為保

2、

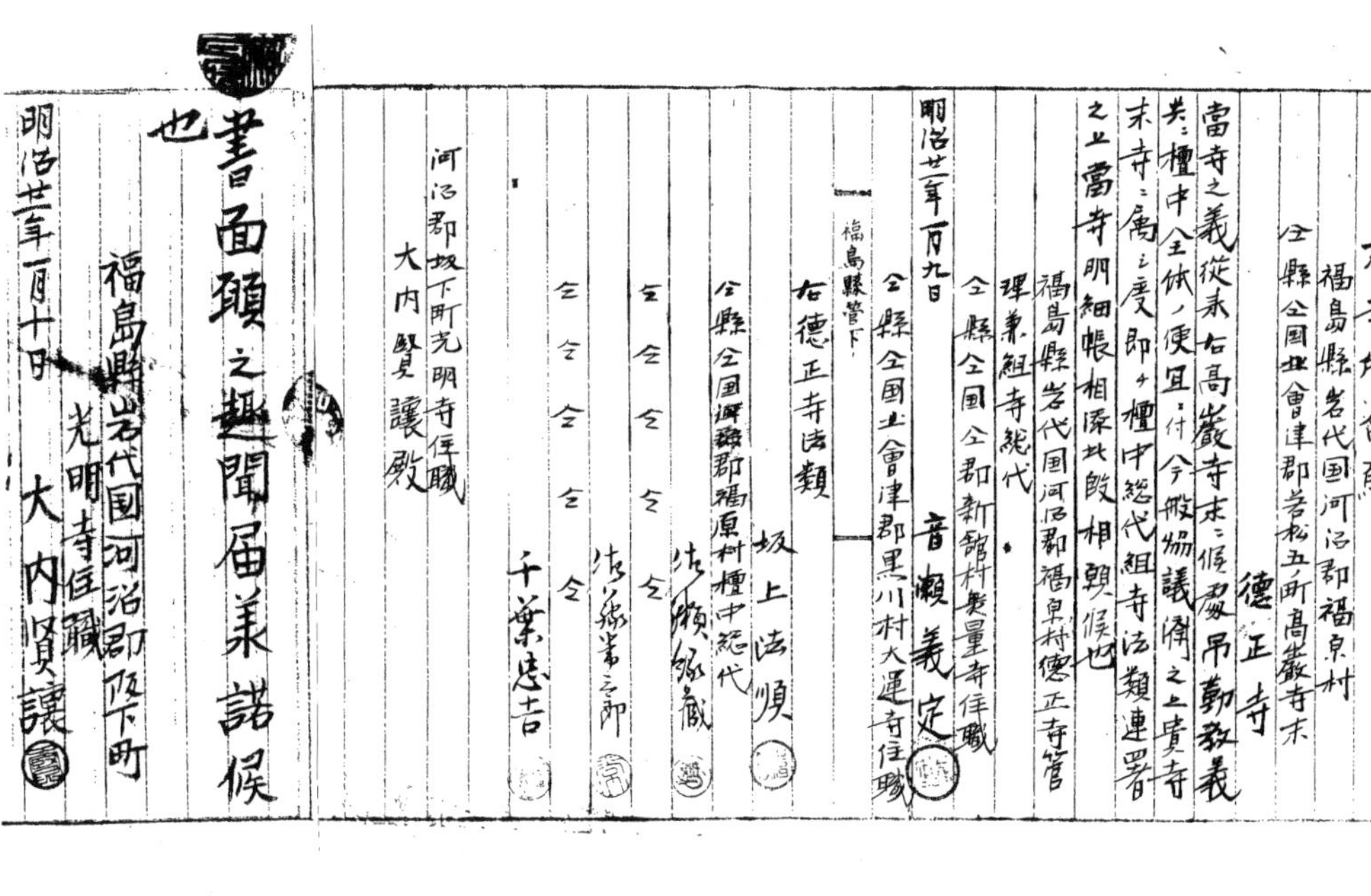

② 末寺所属

福島縣岩代国河沼郡福原村
仝縣仝国北会津郡若松五ノ町高厳寺末
徳正寺

当寺之義 従来右高厳寺末ニ候処 吊勤教義
共ニ 檀中全体ノ便宜ニ付 今般協議済之上 貴寺
末寺ニ属シ度即チ檀中総代 組寺法類連署
之上 当寺明細張 相済此段相願候也

福島縣岩代国河沼郡福原村寺管
理兼組寺総代
仝縣仝国仝郡新舘村無量寺住職
音瀬　義定㊞

明治廿一年一月九日

仝縣仝国北会津郡黒川村大運寺住職
右徳正寺法類
坂上　法順㊞

仝縣仝国河沼郡福原村檀中総代
佐瀬　縁蔵㊞

仝　仝　仝　仝
佐藤常三郎㊞

仝　仝　仝　仝
千葉　忠吉㊞

河沼郡坂下町光明寺住職
大内　賢譲殿

㊞書面願之趣聞届承諾候也
福島縣岩代国河沼郡坂下町
光明寺住職
明治廿一年一月十日
大内賢譲㊞

3、

③

約定証

岩代国河沼郡金上村大字福原徳正寺無住中管理者本寺岩代国河沼郡坂下町住職大内賢譲ト徳正寺檀越惣代人佐瀬縁蔵外三名トノ間ニ徳正寺所属財産及什物賽物等ノ収入處分ニ関シ約定スルコト左ノ如シ

一徳正寺所属ノ田畑并ニ他ノ所右地ヨリ生スル小作料其他ノ収入ハ凡堂宇修繕等ノ寺費ニ充テ惣代人ニ於テ管理處分シ住職ノ関与セサル所トス

一賽物祈祷葬儀回向料等一切ノ受納物ハ凡テ住職ノ所得トス

一徳正寺備附ノ什物及信者ヨリ供納スル絵額堤燈天幕燈籠等ノ物品ハ徳寺ノ所属ニシテ住職ノ左右シ能ハザルモノトス

一徳正寺境内及其所有地ニ属スル樹木ハ火災等ノ為メ堂宇再建ヲ要スル又ハ其他必要ノ場合ニ於テ檀越住職協議ノ上出願伐木スルコトヲ得

但シ平素ニアリテ該樹木ヨリ生ズル収入ハ惣代人ニ於テ所管シ寺費ニ充ツル事

付則

一此約定ニアリテハ管理者大内賢譲ヲ住職ト見做ス

一此約定証ハ二通ヲ製シ壱通ハ大内賢譲壱通ハ惣代人各々之ヲ保管ス

右約定証之通相互異存ナキヲ確証スル為茲ニ署名捺印スルモノ也

岩代国河沼郡坂下町住職
徳正寺管理者大内賢譲㊞

明治廿四年七月

全国仝郡金上村大字福原
徳正寺檀越惣代人　佐瀬縁蔵㊞
〃　〃　〃　〃　斉藤伊左美㊞
〃　〃　〃　〃　千葉忠吉㊞
〃　〃　〃　〃　五十嵐幸左久㊞

4、

④　檀家総代人ヲ定ムル手続

河沼郡金上大字福原徳正寺檀中総代人ヲ撰
挙スル法方ハ尓後左記之項目ニ拠リ執行
スル事

一徳正寺檀家惣代人ハ四名トス

一惣代人ハ満三年毎ニ改選スルモノトス尤期限
中ト難トモ犯罪其他不良之所為アルトキハ臨
時スルコトヲ得

一惣代人ハ檀中ヨリ投票ヲ以撰出シ該
最高札ヲ当撰者トス
但シ臨時改撰ノ外ハ前総代人再三当選
スルモ妨ナシ

一惣代人ハ徳正寺ニ関スル一切ノ事ヲ鞅掌シ
該寺住職不在中ハ本寺坂下光明寺住
職江諸事協議スルコトヲ要ス

一惣代人不良ノ所為アルヲ発見セシ時又ハ責任
不行厘等ノ場合ニ於テハ檀家中ヨリ臨時
改選之儀請求スルコトヲ得

右手続書之通異儀無キ証トシテ各自
調印スルモノ也

明治廿四年七月

右徳正寺檀家惣代人
佐瀬　縁　蔵㊞
千葉　忠　吉㊞
斉藤　伊左美㊞
五十嵐幸左久㊞

第十章　在所での藩主・藩士の鷹狩史料

安政二年の鷹狩 御宿割りなど

一、坂下在所「福原新田村」での藩士鷹狩り「御宿割」の下書き

1、

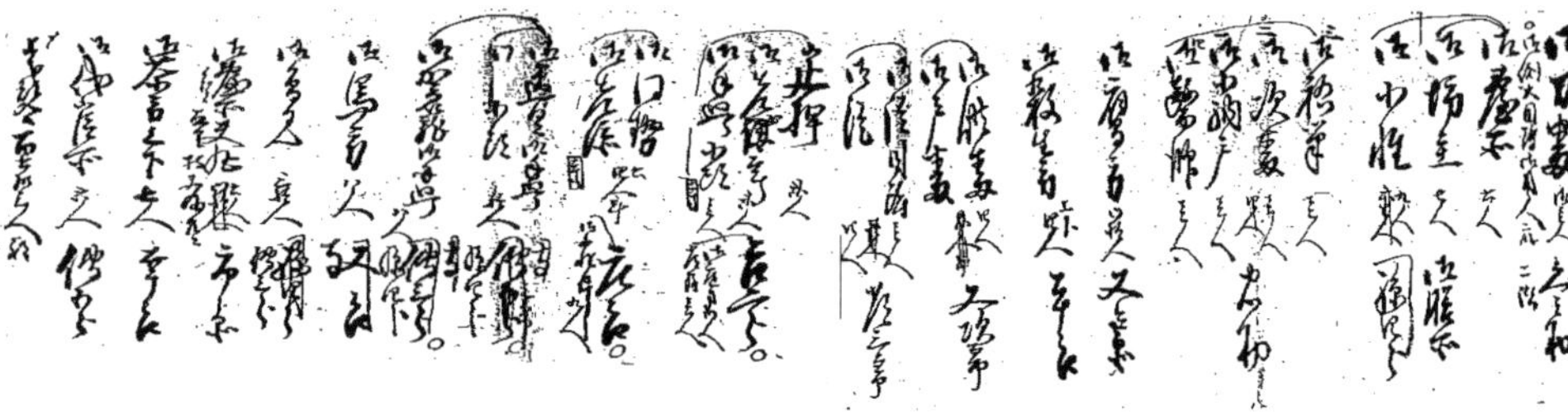

① 御刀番御壱人　久之助

○御側大目附御用人衆二階

御台所　六人

坊主七人　御膳所

御小姓　九人　孫四郎

三御祐筆　壱人

二御次番　壱人

一御納戸　壱人　忠　助

四御医師　壱人

御鷹方弐拾人　又兵衛

御殺生方上下四人　平　吉

御供番七人　又次郎

御戸番

御徒目附壱人　常三郎

御徒　四人

定押　弐人

御先走　弐人　吉次郎

御手廻り子頭　御鷹方五人 常附弐人

御同勢　六人　庄　吉

御先添御小姓廻し九人

御道具御手廻り　寺

同小頭　拾人　傳五郎

孫四郎

御駕籠御手廻り　寺

傳三郎

孫四郎

御馬方　八人　又　吉

寺

御鳥見　三拾人　傳三郎

御台所夫丸　市兵衛

外雨具持夫丸共々

御茶方上下　七人幸　吉

御代官所　六人　傳五郎

〆（締めて）

上下都合百六拾三人程

※註「上下都合百六拾三人程」・・・・百六十一年前、当村に宿泊した。

戊辰戦役の十三年前であった。藩主・鷹狩の付添い役人藩士衆、これ程の役割分担をして鷹狩（鷹を飛ばして小鳥・カカチ・クイナ・バンドリなどを捕獲）に城下より三里ほど（約十二キロ）の我集落に百六拾三人ほど宿泊したことはさぞ村民は大変なことであったろうと思われる。

今でも村の古老は俺の家には鷹方様が泊まったとか、俺の家には御駕籠方様が泊まったなどの話を聞く。時は安政乙卯二年（一八五五）三月一日松平容保、藩主襲赴後初めて若松城下に赴したのは容保二十歳のときであった。それは田植えを終えた六月下旬であったと思われる。

その年八月九日には八田野大野原で追鳥狩りと称して大掛かりな軍事訓練をしている。この年の十月二日、安政の大地震で江戸の上屋敷の和田倉屋敷、三田屋敷などが倒壊し大きな罹災があった。

2、当村に分宿した宿割り　（　）内は現在の宿泊宅姓

★註　本陣は佐瀬家の長屋門の西に蔵があり、続いて御成り門が昭和二十年代まであった。

② 御宿割

一御刀番様　　御本陣　（佐瀬）

一御小納戸様
　御次番様
　御祐筆様
　御医師様　　忠　助　（上野）

一御殺生方様　　傳九郎　（千葉）

一御戸番様
　御供番様　　又治郎　（佐藤）

一御鷹方様　　又兵衛　（佐藤）

一御厩別當様　　久之助　（古川）

一御下乗様　　傳五郎　（千葉）

一御徒目附様
　御徒様　　常三郎　（佐藤）

一御庭方常附様　　寺
　　孫吉　（五十嵐）

一 定押様
　御先走様
　御手廻小頭様　　吉次郎（斎藤）

一 御同勢様
　御先添様
　御小姓廻し様　　庄吉（上野）

御駕籠
一 御手廻り様　　又吉（佐藤）

御道具
一 御手廻り様
　同小頭様　　孫四郎（長峯）

一 御台所夫丸衆
　雨具持夫丸衆　　市兵衛（林邊）

一 御茶方　　幸吉（五十嵐）

一 御馬口取別當様　　籐吉（佐藤）

一 御馬方夫丸衆　　寺

一 御鳥見之者　　傳三郎（千葉）

一 御代官所　　平吉（斎藤）

〆

★坂下代官所役人
世話役人

☆註　当村に藩主松平容保や、藩士が前記の農家に分宿した、当時の家屋が六戸ほど現存する。また当時は戸数四拾戸であった。

3、献立の様子や買い物の下書

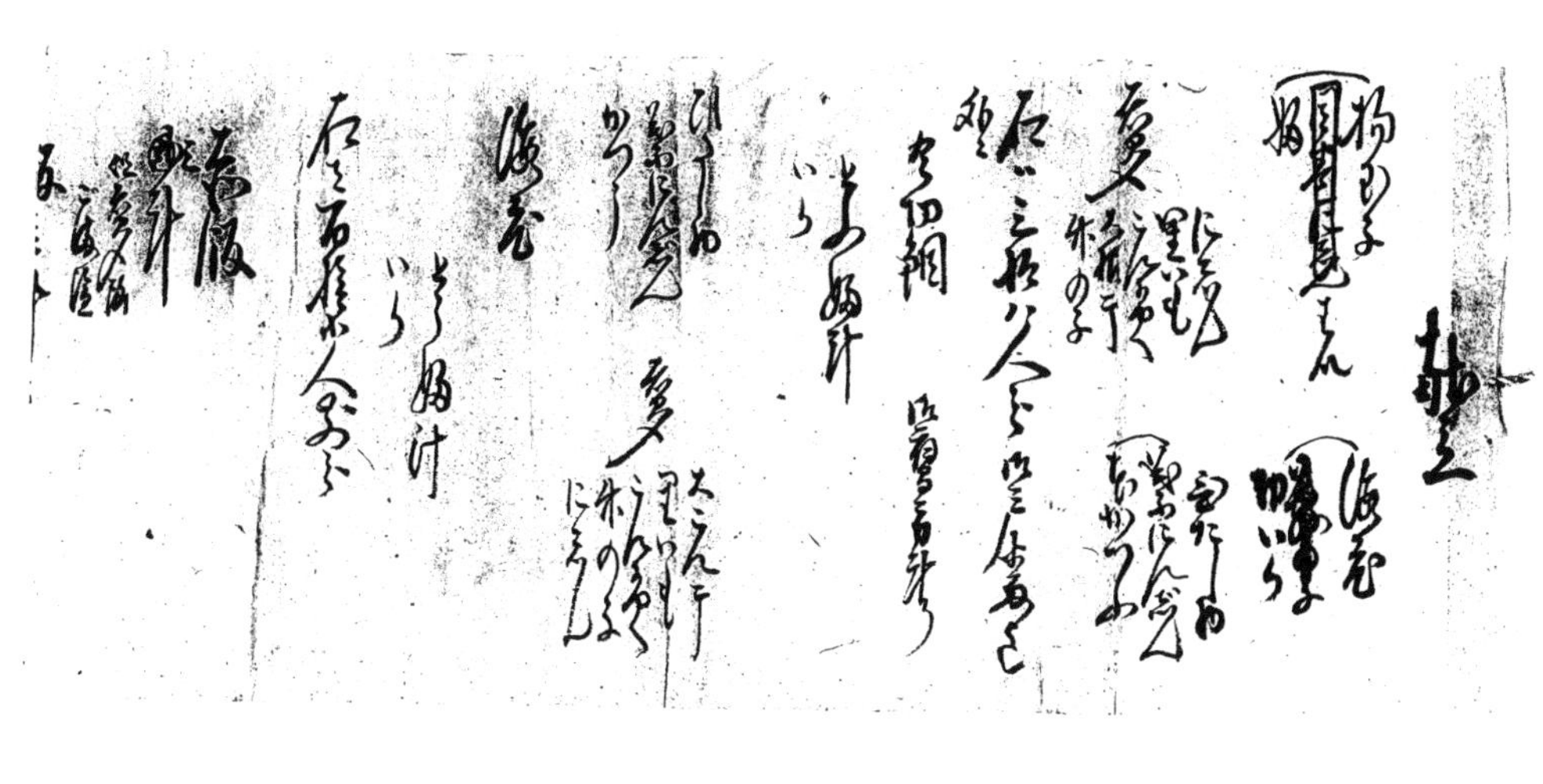

☆欠文あり

欠落している。

③　献　立　　☆欠文あり

（揚玉子　　（海老
婦　　切いか
に志ん　　ひたし物
里いも　　（葉にん志ん
煮〆　こんにゃく　（本かつふ
大根干
竹の子
右ハ三拾八人分御戸番迄
外ニ
今切鯛　御鷹方計り
とうふ婦計り
いか
大根干
ひたし物　里いも
葉にん志ん　煮〆　こんにゃく
かつう　竹の子
に志ん
海老
とう婦汁
いか
右ハ百拾弐人前分
赤飯
□汁
但煮〆
ご満塩

4、

欠落している。

④

買物

一は以　○七百匁
一大今切鯛　○三枚
一同身おろし　○弐枚
一三メ婦　○百五拾
一竹の子　○弐拾束
一上に志ん　四束
一葉に志ん　○百五拾把
一こんにゃく　弐拾
一大根干　壱斗五升
一海老　五升
一刻ミいか　○五百匁
一とう婦　七十
一里いも　三斗
一上わし　○五把
一茶　たうち　○弐百人分
一紙緒草履　○四拾足
　但拾五人位
一手桶　○弐つ
　但百五拾人位
一ひしゃく　弐本
一紙緒抜草履
　但中抜き上
一たまり壱斗五升　○町より
　但こわ口也

欠　紙

☆欠　紙

山本権八之墓

一いか　七把

一酒壱石　彦二郎

一かつう　弐本

一草履　三拾足

但宿ニて可渡分

一手水たらへ　壱つ

一そき　拾把

一うど　五把、

一足かす針　壱把、

四百匁　弐把、

☆欠　紙

※註　戊辰戦役の折り佐瀬家が家財・諸道具を村人に預けた品を返す、差上げるように達したと村役人が佐瀬家に渡した札。

「奈與竹能碑　源保男書」

差上一札之事

一此度御軍来に付き御屋敷御分捕り相い成され
其の上焼払に相い成り候聞へもこれ有依って諸品
諸道具村役人立合にて銘々に預け置き候分
残らず差し上げ申し候 若し又村中に取り落し品など
見懸り候は、役人立添え、屹度差し上げ申し候 右に
つき一札差し上げ申し候 以上

明治元年
辰十一月　村中 ㊞
惣役人㊞

佐瀬縁次様

※註　慶応四辰年九月五日219Pの写真の長屋門近くにて佐瀬嘉左衛門徳報は西軍に撃たれ戦死する。墓碑には没年が記されている。前文は西軍が来襲するとの情報により、佐瀬家の家財や諸道具類を同村の家々に預け、戦乱に備え村民へ預けた品々を回収するのに、落度がないか村の役員が立会いで調べてきっと返すように、と佐瀬家に出した証文である。
当村の古老もこのことをよく話している。この頃の各村々では農民のヤァーヤァー騒動があったが当村では一向に農民騒動は無かった、だからこそ証文なども残されていた。

●坂下近郷の戦いは九月五日頃であり、坂下町光明寺や光照寺には西軍の墓地もあり、佐瀬嘉左衛門徳報の墓地は迂世の徳正寺に上掲の墓がある。

あとがき

西郷頼母近悳〔保科近悳・八握髯翁〕の晩年、明治三十二年四月六日に霊山神社の宮司を辞し予てより甥らと相談し会津に退隠する。この事は明治三十年十二月に妹の亭主の鈴木真一や甥の井深梶之助、一瀬多喜衛らに宛てた便りなどにより、また古稀を迎える二年前、霊山神社の宮司の頃より妹や甥らと相談されていた手紙によって知る事ができる。

その便りの生の史料を紹介することが、八握髯翁の晩年の暮らしを知る上で大切な事だと思う。長屋暮らしは物乞いのような暮らしではなく、決して寂しくなく、妹三人と山田重郎や梶之助ら甥との交誼があり、お手伝い「おなか」さんも居られ、「西郷頼母近悳」について多くの本に記されている暮らしとは異なることを筆者はこの史料で確認した。

翁の妹の嫁いだ一瀬要人の二男熊鉄が、明治二十四年に佐瀬家に婿入りし、翁のご逝去には親戚代表として関わって居た為に、明治三十六年五月四日に遺品を預かり大正十年頃に養子の保科近一に返送したが、残っていた中に「断巻片泉」下巻なる巻物や、親族の手紙などがあった。ただ封筒がなく妹の住所が不明であったなど、欠文の手紙が多かった。

さて、会津坂下町古文書研究会で佐瀬家の史料を整理、目録を作った経緯から本誌は八握髯翁の便りの下書き、妹三人〔特に美越・八代・幾よ〕と甥〔井深梶之助・彦三郎・山田重郎〕らの便り、同姓の西郷勇左衛門近潔・庄右衛門らの便りを紹介した。

特記すべきは勇左衛門近潔の頼母様宛ての便りには萱野権兵衛について『猶以本文認漏候所 萱野権兵衛首謀之所を以 刎首被仰付候所 立場柄不止得事とは乍申 気之毒千萬 於当人ハ無此上の奉公とも可申哉 最期之時分平生之所思候 如立派なる事ニ 御座候由 其節ハとかく落涙のミ御座候 右刎首之命下節、今さらに聞も悲しな君の為 なき身はたれもかはらされどもかくひとりすんじ罷在候事ニ 御座候、幸便を待候而 差出し候 心得ニ 而認置候事も御座候 以上』と記している。

更に、佐瀬家に関する地方御家人としての給田、文久二年の京都守護職、京都勤番に関する「覚」証文、「家世実紀」にある塩囲い献上の確かな史料があり、即ち地方御家人としての奉公を紹介し、夫々の方々に判断して戴きたく史料を掲載いたしました。

松平容保殿が鷹狩として安政二年六月、田植え後に拙村に百六拾三人ほどの藩士が分宿している史料などを掲載した。今でも当村の古老は俺の家には御鷹方・祐筆様・御茶方様・医師様・・・が泊まったなどお茶飲みの話題になっている。文書の解読には、湯川村の九七歳の片桐正伸先生のご指導を戴きました。先生はいつも読書を欠かさず、書を嗜み、近隣の老若の方々に長年書道を教えてこられました。「国宝勝常寺の記念指定碑」を書き正堂書の墨書がある。週に二度ほどデーサービスに通われて居りますが、目や耳は達者で度々訪ね二・三時間ほど、古文書の内容、時代考証や会津の歴史を語り合い本当に生涯の師であると思う。

今後は史料の発掘に努め、我流でスキャナとパソコンを使い小史誌を創りたいと思う。いずれにしましても史料〔古文書〕を読み、確かな歴史の裏づけにより温故知新を念頭に、過去と現在を繋ぎ、未来の郷土を想像しながら余生を楽しみたい。文書の解読には多々誤りがありますので、ご指摘ご指導戴きたく存じます。

※註 一瀬熊鉄の父一瀬要人、山本覚馬・八重の父山本権八の墓碑は門田一ノ堰村光明寺境内にあり、建立に関わった住職や檀信徒総代栗城氏らと其の関係者、一瀬要人之墓の裏に刻まれている碑文（よく見えない）も調査したいものである。

【参考史料・引用文書】

佐瀬俊一家所蔵文書　江川和宏家所蔵文書
稲垣宗平家所蔵文書　宮城卓二家所蔵文書
佐瀬　渉家所蔵文書　生江敬久家所蔵文書
志田孝雄家所蔵文書　「家世実紀」稽古堂写本
須藤紋衛門所蔵文書
阿賀町、玉木秀治所蔵掛軸、宮崎敏写真
「会津武家屋敷著」西郷頼母遺品展より
「西郷頼母」堀田節夫著
「風信」牧野登著
「栖雲亭通信」創刊号、一号、二号、三号、四号　西郷頼母研究会
「ウグイスよ永遠なれ」島田ユリ著
「岩代国河沼郡坂下組福原新田高分限帳」
「慶應年間会津藩士人名録」　勉強堂発刊
「会津歴史年表」会津史学会発刊
「会津史談会72号」青木利秋執筆
「朝鮮王妃殺害と日本人」金文子
「福島県史料情報」第38号　日下金三郎文書807号
「福島県商工課水産係舊藩時漁業制度調」
「明治二己巳年二月河沼郡坂下組福原新田村高分限帳」
「明治三庚午六月の「岩代国河沼郡福原新田村戸籍」
「明治四辛未年の「若松縣管轄人員録」
「明治十年一月福島懸第十四区福原村戸籍」

平成二十七年十月
佐瀬　渉

■著者略歴

佐瀬　渉（さぜ　わたる）

昭和十一（一九三六）年一月会津坂下町生まれ

法政大学経済学部卒。南会津・若松商業・喜多方商業・若松商業高等学校教諭を経て、元会津坂下町史編さん専門員

現在「会津史談会員」「会津史学会員」「坂下古文書研究会員」

主な調査史料書

『風間神社と東高野墾田之碑』

『越後街道大川渡し場と宮古・舟橋橋』

史料が語る、保科近悳の晩年

発　行／二〇一六年二月二十四日
著　者／佐　瀬　　渉
発行者／阿　部　隆　一
発行所／歴史春秋出版株式会社
〒九六五－〇八四二
福島県会津若松市門田町中野
☎〇二四二（二六）六五六七
印　刷／北日本印刷株式会社